D1702122

Palladio

Manfred Wundram · Thomas Pape
Photographs: Paolo Marton

ANDREA
PALLADIO

1508–1580

Architekt zwischen Renaissance und Barock

TASCHEN

HONG KONG   KÖLN   LONDON   LOS ANGELES   MADRID   PARIS   TOKYO

Die Entwurfszeichnungen stammen aus den »Quattro Libri« von Andrea Palladio
und aus dem Buch »Le Fabbriche« von Ottavio Bertotti Scamozzi.

Um sich über Neuerscheinungen von TASCHEN zu informieren, fordern Sie bitte
unser Magazin unter www.taschen.com/magazine an, oder schreiben Sie an TASCHEN,
Hohenzollernring 53, D–50672 Köln, contact@taschen.com, Fax: +49-221-254919.
Wir schicken Ihnen gerne ein kostenloses Exemplar mit Informationen über alle unsere Bücher.

© 2008 TASCHEN GmbH
Hohenzollernring 53, D–50672 Köln
www.taschen.com

Originalausgabe: © 1988 Benedikt Taschen Verlag GmbH
Umschlaggestaltung: Sense/Net Andy Disl und Birgit Reber, Köln
Redaktion: Marion Zerbst
Korrektur: Max Bováry
Übersichtskarten: Held & Rieger, Fellbach
Fotos Seiten 12/13, 120/121, 124/125: AKG, Berlin

Printed in China
ISBN 978-3-8365-0546-8

Inhalt

Andrea Palladio
Architekt zwischen Renaissance und Barock
6

Villa Godi	10	118	Villa Barbaro
Villa Piovene	20	134	Villa Foscari
Villa Forni-Cerato	26	146	Santa Maria della Carità
Villa Gazotti	32	148	San Giorgio Maggiore
Villa Pisani (Vicenza)	34	156	Il Redentore
Palazzo und		164	Villa Emo
Villa Thiene	40	176	Palazzo Valmarana
Villa Saraceno	54	184	Palazzo Schio
Villa Poiana	58	186	La Rotonda
Palazzo della Ragione	64	202	Villa Sarego
Palazzo Iseppo Porto	74	210	San Francesco della Vigna
Palazzo Chiericati	78	212	Palazzo Barbarano
Villa Cornaro	88	216	Loggia del Capitaniato
Villa Pisani (Montagnana)	98	222	Palazzo Porto-Breganze
Villa Chiericati	102	224	Le Zitelle
Palazzo Antonini	106	226	Teatro Olimpico
Villa Badoer	112	234	Tempietto Barbaro

Nachwirkung   239

Bibliographie   245
Lageplan der Werke   246
Fachbegriffe   248

Palladio
Architekt zwischen Renaissance und Barock

Kein zweiter Architekt der abendländischen Kunstgeschichte hat eine zugleich derart spontane wie auch über Jahrhunderte hinweg unvermindert fortdauernde Nachwirkung gehabt wie Andrea Palladio. Der sogenannte Palladianismus sprengt alle Grenzen kunstlandschaftlicher Sonderformen. Er breitet sich nicht nur in den romanischen Ländern aus, sondern ergreift gleichermaßen Deutschland, die Niederlande, Skandinavien, die osteuropäischen Staaten und bildet eine der wichtigsten Wurzeln der englischen Architektur des 17. und 18. Jahrhunderts. Und obwohl Palladio sich während seines gesamten Schaffens auf die »reine« Architektur konzentriert hat, wirken die von ihm geprägten Formen auch in andere Bereiche hinein, etwa in die englische Möbelkunst des 19. Jahrhunderts.

Eine dergestalt umfassende Nachfolge, die epocheübergreifend das Werk eines einzelnen Künstlers zu einem eigenen Stilbegriff werden läßt, setzt voraus, daß hier Normen geschaffen, gleichsam Modelle entwickelt wurden, die unabhängig vom Einzelwerk übertragbar sind. Insofern sieht man in Palladio den ersten »Klassizisten« der neuzeitlichen Architektur, also den Meister, der in intensiver Auseinandersetzung mit der Baukunst des Altertums diese nicht nur für seine Gegenwart wiederzubeleben, sondern geradezu zu imitieren und zu überzeitlicher Gültigkeit zu erheben versuchte. Palladio hat zu dieser Einschätzung und der Einengung des Blicks auf sein Werk selbst wesentlich beigetragen. Er veröffentlichte nicht nur 1554 als Ergebnis seiner ersten Romreisen das Buch »L'Antichità di Roma«, eine Art Inventar der um die Mitte des 16. Jahrhunderts in Rom erhaltenen oder bereits wiederentdeckten Baudenkmäler, sondern bekennt in der Einleitung seiner 1570 erschienenen »Quattro Libri dell'Architettura«, daß er sich den Vitruv zum Führer und Meister gewählt habe, da »die alten Römer ... auch im Bauen alle, die nach ihnen kamen, übertroffen haben.«

Daß der Horizont, vor dem seine Bauten gesehen und verstanden werden wollen, wesentlich weiter gesehen werden muß, hat unter anderem bereits Goethe erkannt, der an seinen Freund und Berater Heinrich Meyer am 30. Dezember 1795 schrieb: »Je mehr man Palladio studiert, um so unbegreiflicher wird einem das Genie, die Meisterschaft, der *Reichtum*, die *Versabilität* und Grazie dieses Mannes.« – 1980, aus

»Die dorische Säulenordnung nahm ihren Anfang bei und bekam ihren Namen von dem griechischen Volk der Dorer, die in Asien wohnten...
Bei den Alten sieht man bei dieser Ordnung keine Postamente, wohl aber bei den modernen Architekten... Diese Ordnung hat keine eigene Basis, weshalb man sie bei vielen Gebäuden ohne Basis errichtet... Aber gelegentlich wird die attische Basis verwendet, durch die sie sehr an Schönheit gewinnt...«
(Andrea Palladio, 1570, »Über die dorische Ordnung«)

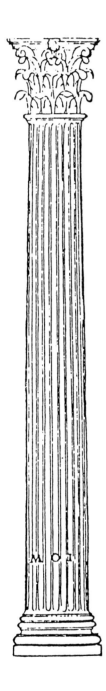

»In Korinth, der berühmten Stadt des Peleponnes, wurde diese Säulenordnung zum ersten Mal gefunden. Man nennt sie Korinthia, und sie ist die geschmückteste und schlankeste von allen oben genannten Ordnungen. Ihre Säulen sind denen der Ionika gleich. Werden sie kanneliert, so müssen sie vierundzwanzig Kanneluren haben. Die Stege zwischen den Kanneluren sollen ein Drittel von der Breite dieser Kannelur haben... Die Säule hat eine attische Basis, aber sie unterscheidet sich von jener, die bei der dorischen Säulenordnung verwendet wird, dadurch, daß sie um den fünften Teil des Säulendurchmessers vorspringt...« (Andrea Palladio, 1570, »Über die korinthische Ordnung«).

Anlaß des 400. Todestages Palladios, wurden neben der Etikettierung des Architekten als des Klassizisten schlechthin denn auch eine Reihe von anderen Schlagworten für sein Werk geprägt: Palladio als Meister, der unter dem Einfluß oberitalienischer Humanistenkreise das Wunschbild eines neuen Arkadien zu verwirklichen versucht habe; Palladio, der in seinen Villen und Palastfassaden als treuer Diener feudaler Auftraggeber allgemeingültige Herrschaftsformen in Anschauung umzusetzen vermocht habe; Palladio schließlich, in einem strengeren stilgeschichtlichen Sinne, als ein Meister, der ungeachtet seiner »Klassizität« ein typischer Vertreter des sogenannten Manierismus gewesen sei.

Alle diese Klassifizierungen enthalten gewiß einen Kern an Wahrheit, treffen aber wie alle Verallgemeinerungen nicht das Zentrum seines Werkes. Die immer erneut zu stellende Frage sollte heißen: Worin bestehen denn die von Goethe apostrophierten Begriffe »Reichtum« und »Versabilität«? Und ferner: Da die Baukunst der römischen Antike zweifellos eine der Grundlagen von Palladios Werk ist – *was* hat Palladio von der Antike tatsächlich übernommen, und *wie* hat er diese Anregungen, der jeweiligen Aufgabe und seiner jeweiligen Entwicklungsstufe entsprechend, seinen eigenen künstlerischen Vorstellungen anverwandelt?

Palladio, mit bürgerlichem Namen Andrea di Piero, wird am 8. November 1508 als Sohn eines Müllers in Padua geboren. Sein Vater schließt für den Dreizehnjährigen einen sechsjährigen Lehrvertrag mit der Werkstatt des Architekten und Steinmetzen Bartolomeo Cavazza da Sossano in Padua ab. Die näheren Umstände seiner Ausbildung sind bis zum heutigen Tage unklar geblieben. Im April 1523 flieht Andrea aus der Werkstatt Cavazzas nach Vicenza, wird aber wegen Vertragsbruchs zur Rückkehr gezwungen. Ein Jahr später kann der junge Steinmetz der Maurer- und Steinmetzzunft in Vicenza beitreten und wird in die angesehene Werkstatt des Giovanni di Giacomo da Porlezza in Pedemuro aufgenommen. Nichts deutet zunächst auf eine den handwerklichen Bereich überschreitende Laufbahn. Der 1530 unternommene Versuch, eine eigene Werkstatt zu gründen, scheitert offenbar nach kurzer Zeit. 1534 ist Andrea noch als Mitglied der Werkstatt von Pedemuro nachweisbar. So bleibt einerseits seine bereits erwähnte Äußerung, er habe sich von seinen ersten Jahren an dem Studium der Baukunst gewidmet, eine durch die späteren Erfolge verklärte Erinnerung, andererseits dürfte die lange Tätigkeit als Steinmetz sein Gespür für die qualitätsvolle Aus- und Durchbildung des Details geschärft haben.

Für den 19. Februar 1538 ist die erste Begegnung mit dem in humanistischen Kreisen hochangesehenen, schriftstellerisch vielfältig tätigen Grafen Giangiorgio Trissino (1478–1550) in Vicenza überliefert. Über die persönlichen Beziehungen des jungen Steinmetzen, dem am 26. August 1540 die Berufsbezeichnung Architekt verliehen wird, und dem Vicentiner Adligen sind wir nicht unterrichtet. Jedenfalls muß Trissino Andrea di Piero sowohl Zutritt zu den vornehmen Vicentiner Auftraggeberkreisen verschafft als ihm auch ein umfassendes Studium der zeitgenössischen und der römischen Architektur ermöglicht haben. Im Sommer 1541 kann er vermutlich mit seinem Gönner eine erste Reise nach Rom antreten, der ein zweiter, längerer gemeinsamer Aufenthalt vom Spätherbst 1545 bis in die ersten Monate des Jahres 1546 folgt. Trissino ist es auch, der dem Architekten 1545 den Namen »Palladio« nach Pallas Athene, der Schutzgöttin der Künste, überträgt. Während eines weiteren Romaufenthaltes in den Jahren 1546–47 widmet Palladio sich auch Studien in Tivoli, Palestrina und Albano. Die Hoffnung, 1549 eine Anstellung in der Bauhütte von St. Peter in Rom zu finden, scheitert an dem Tode Papst Pauls III. Als Frucht seiner Romreisen legt Palladio 1554 das Werk »L'Antichità di Roma« vor.

In den vierziger Jahren beginnt auch Palladios nachweisbare Tätigkeit als Architekt. Auf eine Reihe von Villen im vicentinischen Bereich und den repräsentativen Auftrag zum Palazzo Thiene in Vicenza folgt am 11. April 1549 mit der Ernennung zum Hauptarchitekten an der sogenannten Basilica, den Loggien für den Palazzo della Ragione in Vicenza, der erste Höhepunkt seiner Laufbahn: Palladio darf von nun an neben den älteren Jacopo Sansovino (1486–1570) und Michele Sanmicheli (1484–1559) als der bedeutendste Baumeister Oberitaliens gelten, wird allerdings jene in seiner entwicklungsgeschichtlichen Bedeutung bald überflügeln. Palladios Ruhm breitet sich aus. Rund um 1550 beginnt die Freundschaft mit dem venezianischen Patrizier Daniele Barbaro, der ihm Zutritt zu den aristokratischen Kreisen Venedigs verschafft. Eine Reise nach Trient im Jahre 1552 wird auf Einladung des dortigen Fürstbischofs Kardinal Christoforo Madruzzi, auf dessen Initiative hin 1545 das Unionskonzil in Trient begonnen hatte, durch einen Aufenthalt in Innsbruck erweitert.

Alles andere als ein Frühgereifter, erreicht Palladio zu Beginn seines fünften Lebensjahrzehnts die Höhe seiner inneren und äußeren Laufbahn. Handwerklich gründlich geschult, architekturgeschichtlich umfassend gebildet, humanistisch vielseitig interessiert, kann er seine Phantasie in alle Richtungen entfalten. Es folgen in den fünfziger Jahren vor allem repräsentative Villen für die Vicentiner, aber auch für die venezianische Aristokratie. Die Villen des Veneto sind weithin, allerdings in grober Verallgemeinerung der Tatsachen, eine Art von Synonym für Palladios Werk geworden. Neben Palladio und in seiner Nachfolge sind zahlreiche andere Architekten in diesem Bereich tätig gewesen.

Vor allem aber bedeutet die Villenarchitektur nur *neuen* Schwerpunkt in Palladios Schaffen. Seit den sechziger Jahren des 16. Jahrhunderts kommen repräsentative Paläste und Palastfassaden vor allem in Vicenza hinzu, und gleichzeitig bietet Venedig, dessen »malerischer« Grundhaltung in der Gestaltung der Palastfassaden Palladios »klassischer Stil« fremd bleiben mußte, repräsentative Aufgaben im Bereich der kirchlichen Architektur: Nachdem 1560–61 der Kreuzgang von Santa Maria della Carità, 1560–62 das Refektorium des Klosters San Giorgio Maggiore und nach 1562 der Entwurf zur Fassade von San Francesco della Vigna entstanden waren, folgt 1565 die Grundsteinlegung zur Kirche San Giorgio Maggiore, 1576 der Baubeginn der Wallfahrtskirche Il Redentore – Werke, deren entwicklungsgeschichtliche Bedeutung der der Bauten aus dem profanen Bereich durchaus das Gegengewicht hält.

Palladios Ansehen bei seinen Zeitgenossen nimmt ständig zu. 1556 hatte er zu den Gründungsmitgliedern der »Olympischen Akademie« in

»Die ionische Säulenordnung entstand in der asiatischen Provinz Ionien, und es steht geschrieben, daß der Tempel der Diana in Ephesus nach dieser Ordnung errichtet worden ist... Da man bei vielen alten Gebäuden attische Basen bei dieser Säulenordnung benutzt, die mir viel besser gefallen, habe ich oberhalb des Postamentes diese attische Basis... gezeichnet... An die Ecken der ionischen Kolonnaden oder Säulenumgänge pflegt man Kapitelle anzubringen, die nicht nur vorn Voluten haben, sondern auch an jenen Teilen, die gewöhnlich die Seiten des Kapitells bilden. Diese Kapitelle haben darum Fronten an zwei Seiten ausgebildet. Man nennt sie Eckkapitelle. Wie man sie macht, werde ich in meinem Buch über die Tempel zeigen...«
(Andrea Palladio, 1570, »Über die ionische Ordnung«)

»Die toskanische Ordnung ist, soviel Vitruv dazu sagt und man auch wirklich sieht, die einfachste und schlichteste unter allen Ordnungen der Baukunst. Denn sie hat noch etwas von den ersten Ursprüngen behalten und es fehlen ihr alle jene Verzierungen, die die anderen Ordnungen so ansehnlich und schön werden lassen. Diese Säulenordnung hat ihren Ursprung in der Toskana, einem der vorzüglichsten Landstriche in Italien, von dem sie auch ihren Namen erhalten hat...

Wenn aus der Toskana nur einfache Kolonnaden gemacht werden, dann kann man die Interkolumnien sehr groß machen, werden die Architrave doch nur aus Holz gemacht. Deshalb bleibt sie sehr zweckmäßig dem Gebrauch bei Villen, um Wagen und andere bäuerliche Geräte unterzustellen, und auch wegen der geringen Kosten...«
(Andrea Palladio, 1570, »Über die toskanische Ordnung«)

Vicenza gehört. 1566 reist er als Gast des Herzogs Emanuele Filiberto von Savoyen nach Turin und besucht von dort aus die Provence. Im gleichen Jahr ernennt ihn die Accademia del Disegno in Florenz zu ihrem Mitglied. 1568 muß er wegen Arbeitsüberlastung eine Einladung an den kaiserlichen Hof in Wien ausschlagen. 1570 tritt er als beratender Architekt die Nachfolge Sansovinos in Venedig an.

Der Reichtum künstlerischer Lösungen und Ausdrucksmöglichkeiten entfaltet sich in den letzten beiden Jahrzehnten seines Schaffens immer mehr. Palladio paraphrasiert nicht eine in den verschiedensten Aufgabenbereichen erworbene Meisterschaft, sondern stößt von Hauptwerk zu Hauptwerk in neue Bereiche künstlerischer Gestaltung vor. Dabei berücksichtigt er stets die durch die geographische oder städtebauliche Situation gegebenen Vorbedingungen, insbesondere im Hinblick auf die Sichtbarkeit eines Werkes und dessen Funktion. Sein Ansehen verschaffte ihm offenbar ungewöhnliche Freiheiten gegenüber den Auftraggebern.

In seinem letzten Lebensjahr gehen für Paladio zwei Wünsche in Erfüllung, die ihn in Gedanken und Entwürfen seit langer Zeit beschäftigt hatten: Die Olympische Gesellschaft in Vicenza überträgt ihm die Planung eines Theaterbaues, des »Teatro Olimpico«, und sein alter venezianischer Freund und Gönner, Marcanton Barbaro, beauftragt ihn mit der Errichtung einer Familienkapelle in Form eines Zentralbaues bei der Villa Barbaro in Maser. Über diesen Arbeiten ist Palladio am 19. August 1580 gestorben – entweder in Vicenza oder in Maser während der Beaufsichtigung der Arbeiten am dortigen Tempietto.

Über Palladios Persönlichkeit wissen wir wenig – erstaunlich wenig für ein Zeitalter, in dem Künstlerviten und Künstleranekdoten immer zahlreicher aufgezeichnet werden. Nicht einmal ein authentisches Bildnis ist überliefert. Über sein Familienleben informieren nüchterne Dokumente: Am 14. April 1534 wird die Mitgift seiner Ehefrau Allegradonna, Tochter eines Zimmermannes, geschätzt. Aus der Ehe gehen vier Söhne – Leonida, Marcantonio, Orazio und Silla – sowie eine Tochter, Zenobia, hervor. Die kurz aufeinanderfolgenden Todesfälle der Söhne Leonida und Orazio zu Beginn des Jahres 1572 haben den Vater offenbar tief getroffen.

Im Umgang mit Auftraggebern wie Arbeitern muß Palladio freundlich, aufmerksam und gewandt gewesen sein. Die Gründlichkeit seiner eigenen Ausbildung in der Werkstatt von Pedemuro hat er nach Berichten von Zeitgenossen an seine Werkstattmitglieder weitergegeben und es zugleich vermocht, jedem Freude an der ihm übertragenen Aufgabe zu vermitteln.

Jeder Versuch, aus Charakter und Biographie einen Schlüssel zu Palladios Werken zu finden, muß scheitern, wie umgekehrt seine Werke auch den geringsten Hinweis auf seine Persönlichkeit verweigern. Palladio ist damit von vornherein der Gefahr von Fehlinterpretationen aus der wechselseitigen »Deutung« von künstlerischem Phänomen und persönlichem Temperament entgangen, die für andere herausragende Künstler des 16. Jahrhunderts so vielfältige Irrwege eröffnet hat. Der Mensch Palladio scheint rückblickend in ähnlicher Weise objektiviert wie jedes seiner Werke.

Villa Godi
Lonedo di Lugo (Vicenza)

»In Lonedo, im Vicentinischen, befindet sich der folgende Bau des Herrn Girolamo de' Godi. Er liegt auf einem Hügel mit herrlicher Aussicht und an einem vorbeifließenden Fluß, der der Fischerei dient«.

Mit diesen Worten leitet Andrea Palladio in seinen »Vier Büchern zur Architektur« die Beschreibung der Villa Godi in Lonedo ein. Das gut erhaltene Gebäude darf als eines der frühesten Werke Palladios gelten. Seine Fertigstellung, die um 1540 anzunehmen ist, fällt noch in die Zeit vor Palladios erster Romreise.

Obwohl durch seine Beziehungen zu Giangiorgio Trissino bereits zu humanistischen Studien angeregt, zeigt Palladio mit diesem Gebäude eher eine Auseinandersetzung mit der Architektur seiner Zeit. Wohl birgt die Form der Villa Godi einen Nachklang der Villa seines Gönners Trissino in Cricoli, an der Palladio als Architekt der Pedemuro-Werkstatt

Unten: Grundrißzeichnung der Villa Godi aus den »Quattro libri«. Zu der Villa gehörte ursprünglich ein ausgedehnter Komplex von Wirtschaftsgebäuden. Von der geplanten Anlage steht heute nicht viel mehr als das Herrenhaus.

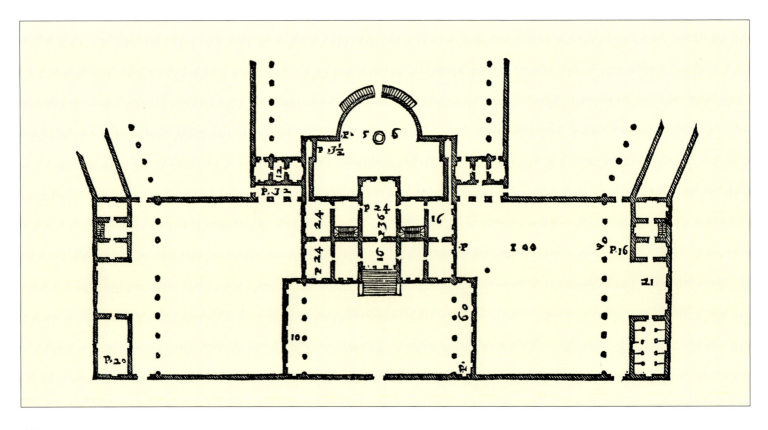

Rechts: Die Villa Godi von der Treppenanlage der Villa Piovene aus gesehen: Aus dieser Perspektive wird der Nachklang der Kastellarchitektur, wie sie im Veneto häufig zu finden war, besonders deutlich.

S. 12/13: Das erste gesicherte Werk Palladios trägt noch deutliche Züge der zeitgenössischen Architektur. Eine harmonische Einheit von Landschaft und Architektur scheint noch nicht angestrebt. Der Baukörper präsentiert sich als massiger, aus drei Kompartimenten zusammengesetzter Block. Repräsentations- und Wohnbereich sind deutlich voneinander geschieden und bieten kein geschlossenes Erscheinungsbild.

Unten: Fassadenansicht der Villa Godi aus den »Quattro libri«. Der tatsächlich ausgeführte Bau erscheint in dieser Zeichnung in einer nachträglich modifizierten Form: Die Durchfensterung der Risalite ist durch einen regelmäßigen Dreierrhythmus bestimmt, der eingezogene Mittelteil überragt turmartig die Seitenkompartimente.

S. 14: Blick durch die Dreifacharkade der Loggia auf die weite Landschaft vor dem Anwesen. Die Villa Godi ist von einem großen Park umgeben. Dieser Park wurde im 19. Jahrhundert neu angelegt.

Rechts: Die Treppenanlage unterstreicht die Wirkung der Risalite. Sie ist von Balustern eingefaßt und entspricht in ihrer Breite der mittleren Arkade der Loggia. Daß dieser schmale Treppenlauf den eingezogenen Mittelteil völlig in seiner Bedeutung hinter die Risalite zurücktreten läßt, scheint Palladio in späteren Jahren selbst empfunden zu haben: In den »Quattro libri« läßt er eine große Freitreppe auf die Loggia zuführen.

mitgewirkt hatte. Bei beiden Gebäuden wird ein eingezogener Mittelteil von zwei Eckrisaliten flankiert. Auch sind beide Gebäude achsensymmetrisch angelegt. Doch daß eine Abhängigkeit des einen vom anderen Gebäude nicht vorliegt, zeigt der völlig andere Umgang Palladios mit dem im Veneto üblichen Typus der Zweiturmvilla: Wie ein Keil schiebt sich der Mittelteil der Villa zwischen die massigen Risalite, die jeder für sich den Mittelteil nicht unerheblich an Breite übertreffen. Das in der Zweiturmvilla vertretene Verhältnis von Risalit und Mittelteil wird dadurch ins Gegenteil verkehrt.

Der Eindruck von der Übermächtigkeit der Risalite liegt allerdings nicht nur in den tatsächlichen Maßverhältnissen begründet; die Gliederung der Fassade ist durchaus dazu bestimmt, diesen Eindruck zu verstärken. Stellt in Cricoli die Symmetrieachse gleichzeitig jenen Teil des Gebäudes vor, auf den die Fassadenmodulierung blicklenkend hinführt, bezeichnet sie in der Villa Godi einen Parameter für die Formentsprechung jener Kompartimente, die links und rechts von ihr angeordnet sind. Dabei erhalten die Risalite gegenüber dem Mittelteil der Villa ein deutlich sichtbares Übergewicht. Wenngleich sowohl Mittelteil als auch Risalite durch einen regelmäßigen Rhythmus von Vertikalachsen gegliedert werden, entsteht durch die Doppelfenster-

gruppen an den Risalitfassaden, denen eine an die Außenmauern der Risalite gedrängte Durchfensterung entspricht, ein optisches Gegengewicht zur Mittelachse der gesamten Fassade. Die durch die Gliederung der Risalitfassaden geschaffenen Leerräume, die als glatte, unbehandelte Mauerflächen den Anblick der Fassade prägen, lassen die Risalite in einem Maße massiv erscheinen, das im Mittelteil des Gebäudes keine Entsprechung findet. Im Gegenteil: Das Piano nobile ist von einer durch eine Dreibogenstellung begrenzten Loggia aufgebrochen; im Kellergeschoß flankieren, optisch vorbereitet durch Blendbögen im Untergeschoß der Risalite, zwei Arkadenstellungen eine zur Loggia führende Treppenanlage. Den oberen Abschluß bilden zwei sogenannte Mezzanin- oder Halbgeschoßfenster, zwischen die das Wappen der Familie Godi in das Mauerwerk eingelassen ist.

Ein Gang um das Gebäude vermittelt den entgegengesetzten Eindruck: Ist der Mittelteil an der Frontseite eingezogen, so ragt er auf der Gartenseite als Risalit aus dem Baukörper hervor. Palladio muß der Baukörper als festumrissener Block gegolten haben, dem ohne Hinzufügung an entsprechender Stelle nichts fortgenommen werden dürfe. Die Serliana an dieser rückwärtigen Fassade war ursprünglich nicht vorgesehen: Ein römisches Thermenfenster mußte ihr im Jahre 1550 weichen, als im Zuge der Freskierung der Sala im Piano nobile Palladio zu Umbauarbeiten gerufen wurde.

Oben links: Im Saal der Musen sind rahmende Säulen durch sogenannte Karyatiden – monumentale Frauenfiguren, die die Funktion einer architektonischen Stütze übernehmen – ersetzt. Diese gemalte Scheinarchitektur gliedert die Wand in einzelne Bildfelder, die durch Darstellungen von Musen und Dichtern in arkadischen Landschaften ausgefüllt werden. Der Saal der Musen ist der einzige Saal in der Villa Godi, dessen Freskendekoration von Battista del Moro ausgeführt wurde.

Oben rechts und S. 17: Die Ruinen eines griechischen Tempels bieten die Kulisse für die Darstellung olympischer Götter. In dem Bestreben, die Antike wieder aufleben zu lassen, wurden Darstellungen von Göttern in den venetischen Villen nur in solchen Räumen ausgeführt, die in Größe und Proportion der Würde des Themas gerecht wurden.

S. 18/19: Die »Pax Veneziana« war nach der langen Zeit der kriegerischen Auseinandersetzungen, namentlich nach den Wirren der Liga von Cambrai ebenso ersehnt wie willkommen. In vielen Freskenzyklen in den venetischen Villen fand das seinen Niederschlag. Häufig wurden, wie hier in der Villa Godi, Szenen dargestellt, die Frieden und Gerechtigkeit symbolisierten.

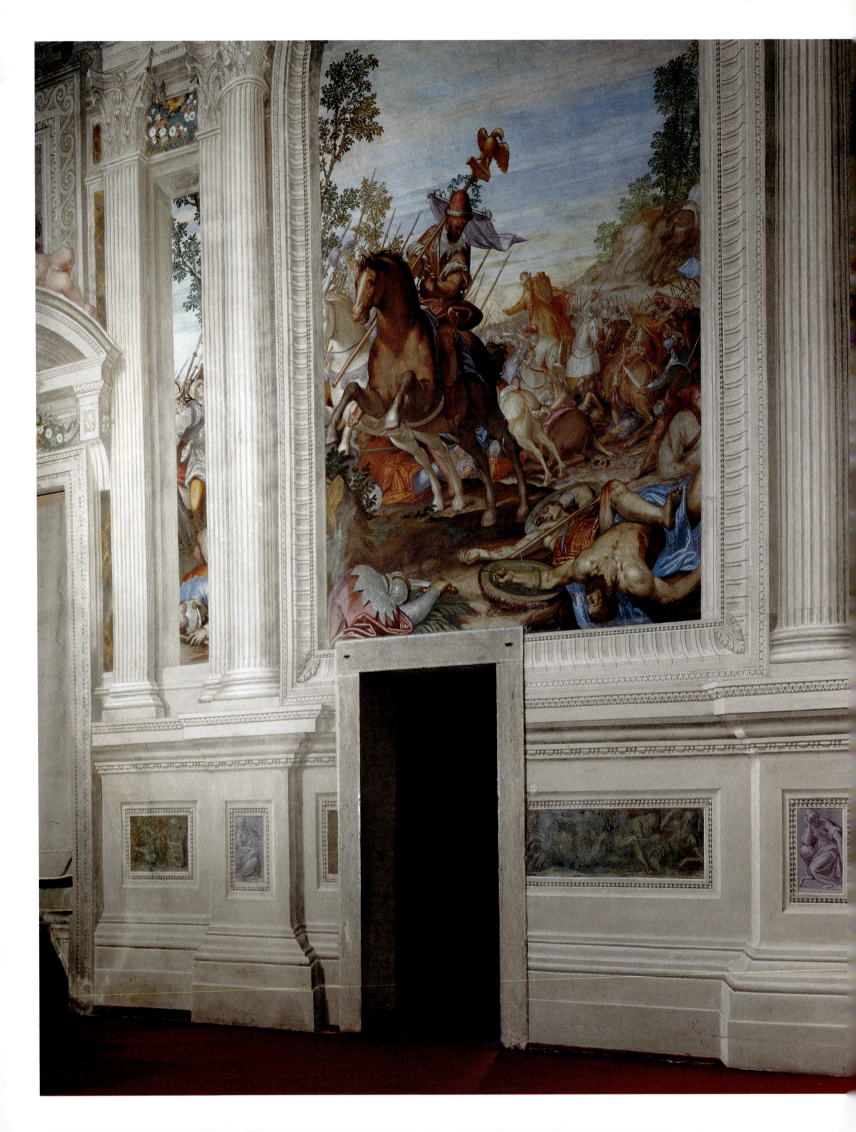

Villa Piovene
Lonedo di Lugo (Vicenza)

In unmittelbarer Nachbarschaft zur Villa Godi entstand um 1539/40 die Villa Piovene. Es liegt nahe, in ihr ein Konkurrenzprojekt zur Villa Godi zu vermuten. Und in der Tat lassen sich zwischen den Familien Godi und Piovene Rivalitäten nachweisen, die, menschlich im Sinne der damaligen Zeit durchaus verständlich, den Ehrgeiz von Battista Piovene und Tommaso, des ersteren Sohn und vermutlicher Auftraggeber des Projektes, in solche Bahnen zu lenken imstande waren. Allerdings schienen die Piovene ihre Villa weniger in der Größe mit jener der Godi

Unten: Die Villa Piovene ist nicht durch Palladios Architekturtraktat als sein Werk gesichert, kann ihm jedoch mit hoher Wahrscheinlichkeit zugeschrieben werden. Ihre Verwandtschaft mit der Villa Godi wird durch die vorgezogene Loggia verunklärt. Die zweiläufige Treppenanlage, die auf die Loggia zuführt, stört die Ausgeglichenheit des Fassadeneindrucks. Sie ist eine Zutat späterer Jahre.

messen zu wollen, sondern eher in der Wahl der ausführenden Werkstatt, nämlich jener des Giovanni di Giacomo da Polezza in Pedemuro, der auch die Ausführung der Villa Godi oblag.

Die Villa Piovene, wie sich anhand von Dokumenten mutmaßen läßt, war ursprünglich kleiner, als sie sich heute präsentiert. Die mittig vorgezogene Loggia – sechs ionische Säulen, die einen Dreiecksgiebel tragen – ist eine um 1570 von Palladio begonnene und nach dessen Tod im Jahre 1587 vollendete Arbeit. Ebenfalls in den 1570er Jahren anzunehmen ist die Erweiterung des Herrenhauses um die äußeren vertikalen Fensterrhythmen, die, wenngleich in Palladios Sinne, nicht von ihm ausgeführt wurde. Die zweiläufige Treppenanlage, die vom Untergeschoß zur Loggia führt, ist wie die beiden Wirtschaftsflügel mit den »barchesse« auf Francesco Muttoni zurückzuführen. Wenngleich Palladios Autorschaft nicht ohne Kontroversen hingenommen wurde und auch nicht für das gesamte Anwesen anzunehmen ist, darf das Herrenhaus aber doch als sein Entwurf gelten, der zumindest hinsichtlich der Fassadengestaltung in seinem Sinne durchgeführt worden zu sein scheint.

Heute präsentiert sich die Villa Piovene in der malerischen Kulisse eines Gartens, dessen Anlage auf das 19. Jahrhundert zurückgeht. In der Ebene des Flusses Astico gelegen, ist ihr Bauplatz durchaus glücklich gewählt. Im Widerspiel der reichen Gartengestaltung und der mit Skulpturen aus der Werkstatt Orazio Marinalis geschmückten Treppen-

Rechts und S. 22/23: Erst im Jahre 1740 wurde die Villa Piovene vollendet. Aus dieser Zeit stammen das Portal und die ausgedehnte Treppenanlage, die vom Portal aus auf das Herrenhaus zuführt. Die Skulpturen, die die Treppenanlage schmücken, stammen aus der Werkstatt Orazio Marinalis. Wie bei der Villa Godi, so schien auch bei der Villa Piovene keine homogene Verschmelzung von Architektur und Landschaft erstrebt. Das Widerspiel von barocken und renaissancehaften Formen verstärkt diesen Kontrast.

S. 24 und rechts: Die Säulenloggia der Villa Piovene gehört nicht zur ursprünglichen Planung des Anwesens. Andrea Palladio wurde im Jahre 1570 noch einmal an der Villa tätig. In dieser Zeit ist das Entstehen der Loggia anzunehmen. Die Wahl der ionischen Ordnung für die Säulen zeigt Palladios Bestreben, die Schlichtheit des Herrenhauses zu unterstreichen.

anlage nimmt sich die Villa Piovene eher schlicht und bescheiden aus. Der Eindruck von unorganischen Motivverflechtungen, die die Frontfassade bestimmen, ist verwirrend. Diese Irritation ist unbestreitbar auf die späteren Zusätze an der Fassade zurückzuführen. Die um die späteren Zutaten entkleidete Villa Piovene weist sichtlich Bezüge zur Villa Godi auf, die um so deutlicher hervortreten, bezieht man die Erweiterung des Herrenhauses um die äußeren Vertikalachsen mit in die Betrachtung ein. Die raumgreifende und stark schattenwerfende Loggia überlagert fünf Vertikalrhythmen und ruft somit optisch wirksam ein Drängen der Fassadengliederung zur Mittelachse hervor. Ohne diese Loggia werden Unterschiede wie Gemeinsamkeiten der beiden benachbarten Villen offensichtlich.

Einer vergleichbaren Fassadengliederung hinsichtlich der Durchfensterung des Mauerwerks stehen unterschiedliche Grundrißdispositionen gegenüber. Ist bei der Villa Godi der Mittelteil eingezogen, um rückwärtig wieder aus dem Baukörper herauszudrängen, steht die Villa Piovene auf rechteckigem Grundriß. Durch das Fortfallen der Risalite verlieren die Außenflügel jedoch ihre Dominanz zugunsten des die Mittelachse betonenden Mittelteils. Gleichwohl wird auch an der Fassade der Villa Piovene ein hohes Maß an glatter, unmodulierter Mauerfläche formuliert, deren Ruhe durch die späteren Ergänzungen empfindlich gestört wird, wohingegen eine ursprünglich zu denkende Fassadengestaltung mit einer Dreibogenstellung im Mittelteil des Piano nobile und eine darauf zuführende einfache Treppenanlage den Eindruck von Ruhe eher bekräftigt haben wird.

Villa Forni-Cerato

Montecchio Precalcino (Vicenza)

Hinterfangen von einer Felderlandschaft, steht in Montecchio Precalcino bei Vicenza die Villa Forni-Cerato. Der Doppelname, mit dem sie stets bezeichnet wird, geht auf das Jahr 1610 zurück. In diesem Jahr ging, testamentarisch verfügt, das Gebäude von Girolamo Forni, der als ihr Bauherr angesehen werden darf, in den Besitz von Giuseppe, Girolamo und Baldissera Cerato über. Sowohl die Zuschreibung an Palladio als auch die Annahme von Girolamo Forni als Bauherrn muß auf Vermutungen angewiesen bleiben. Daß Palladio der ausführende Architekt war, wird erstmalig im 18. Jahrhundert von Francesco Muttoni und Ottavio Bertotti Scamozzi erwähnt. Die moderne Forschung stimmt diesen beiden Architekten nahezu einhellig zu. Auch verrät die wahrscheinlich zwischen 1541 und 1542 erbaute Villa ihren Schöpfer mehr als deutlich.

Ihr heutiger Zustand bezeugt dies eindrucksvoller, als es in den vorangegangenen Jahrhunderten der Fall war. 1924 wurden Fassadenreliefs entfernt, die durch einen Kupferstich Marco Moros dokumentiert sind, mit Palladios Formensprache jedoch überhaupt nicht einhergehen

Villa Forni-Cerato. Grundriß und Ansicht nach Ottavio Bertotti-Scamozzi. Zum erstenmal präsentiert Palladio einen klar umrissenen Quader als Gebäudekern. Wie durchgängig in seinen frühen Werken zu beobachten, gliedert Palladio den Grundriß in drei vertikale Bahnen, wobei die mittlere den Repräsentationsbereich ausweist, während die beiden äußeren die Wohnfluchten bezeichnen.

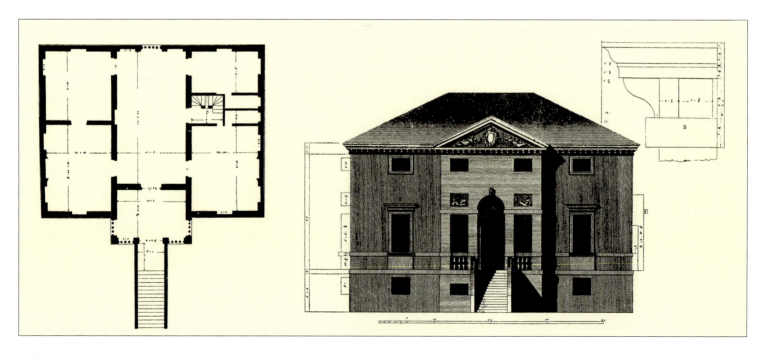

26

Rechts: Auch die Villa Forni-Cerato gehört zu jenen Bauten, die nicht durch Palladios Architekturtraktat als sein Werk ausgewiesen sind. Im 18. Jahrhundert wird er erstmals als ihr Urheber erwähnt. Ihn als ausführenden Architekten anzunehmen, wird auch durch stilistische Merkmale nahegelegt.

S. 28/29: Die Entstehung der Villa Forni-Cerato dürfte in der Zeit um 1541/42 anzunehmen sein. Der aus dem Baukern heraustretende Risalit beherrscht die Fassade. Die beiden seitlichen Gebäudekompartimente sind harmonisch auf diesen bezogen.

und ebensowenig als von ihm geplant zu denken sind. Heute ist von der Fassadendekoration, die auf Allesandrio Vittoria zurückzuführen ist, lediglich eine Maske über dem Rundbogen der Eingangsserliana zu sehen. Die Flußgötter verbildlichenden Reliefs sind Kopien aus dem 20. Jahrhundert. Das gilt auch für das Wappen im Giebelfeld. Der Baukörper selbst hat mit Ausnahme der Rückfront mit einer heute noch sichtbaren Serliana, die als Antwort auf jene der Frontfassade aufzufassen war, später jedoch durch einen Balkon ersetzt worden ist, keine Veränderungen erfahren.

Die Villa Forni-Cerato ist relativ klein von Maßen und in der Höhe durch den Dreierrhythmus von Kellergeschoß, Piano nobile und Mezzaningeschoß gegliedert. Dieser Dreierrhythmus bestimmt die Villa auch in der Breite. Als dominierender Bauteil ragt die Loggia an der Frontfassade hervor. In bemerkenswerter Verwandtschaft zur Villa Godi übergreift eine Treppenanlage das Kellergeschoß und führt auf die Loggia zu, die durch eine Serliana geöffnet ist. Diese Serliana nimmt die gesamte

Breite der Loggia ein und verleiht ihr besonderes optisches Gewicht. Die Betonung der Mittelachse ist überaus deutlich und wird nicht wie in den vorangegangenen Bauten durch an die Außenmauern gedrängte Fenster irritiert. Im Gegenteil: Die Durchfensterung ordnet sich sinnfällig in das proportionale Gefüge der Villa ein. Doch nicht nur in dieser Hinsicht bezeichnet die Villa Forni-Cerato einen bedeutsamen Schritt in der Entwicklung Palladios; auch werden erstmalig klare Geschoßabgrenzungen an der Fassade sichtbar gemacht. Tritt die Frontserliana auch in schlichter Form auf, springt doch aus dem Mauergrund zu seiten des Rundbogens ein Gesims hervor, das um die Loggia herumgeführt wird und in den oberen Fensterabschlüssen seine motivische Entsprechung findet. Unterhalb der Fenster verläuft ein doppeltes Gesimsband, das die Loggia organisch mit dem übrigen Baukörper verbindet. Außer seiner strukturierenden Funktion bildet es sowohl den oberen als auch den unteren Abschluß von zwei Balustern, die in die äußeren Pfeilerweiten der Serliana eingestellt sind. Bezieht man in die Betrachtung mit ein, daß die Baluster optisch die Höhendifferenzen zwischen den Fenstern im Piano nobile und den äußeren Pfeilerweiten der Serliana ausgleichen, präsentiert sich die Villa Forni-Cerato als ein Bauwerk, in dem die für Palladios weitere Entwicklung kennzeichnende Unterordnung des einzelnen Fassadendetails in bezug auf die gesamte Fassade erstmals zum Ausdruck gelangt.

Oben links: Wie auch bei der Villa Godi übergreift die Treppe, die auf die Loggia der Villa Forni-Cerato zuführt, das Kellergeschoß. Die Treppe ist einläufig und entspricht in ihrem Breitenmaß der Breite der mittleren Serlianaöffnung.

Oben rechts: In die beiden Felder über den äußeren Öffnungen der Serliana sind Reliefs, die zwei Flußgötter darstellen, eingelassen. Beide Reliefs sind Kopien aus dem 20. Jahrhundert.

S. 31: Ein alter Kupferstich zeigt die Villa Forni-Cerato mit reichem Stuckwerk verziert. Diese Dekoration wurde im beginnenden 20. Jahrhundert entfernt. Lediglich die Maske über dem Bogen der Eingangsserliana kündet noch von dem auf Alessandro Vittoria zurückgehenden Dekoro.

Villa Gazotti
Bertesina (Vicenza)

Die äußere Form der Villa, deren heutiger Zustand ziemlich verwahrlost ist, verrät den Auftraggeber als einen Mann, der seinen Wohlstand nach außen hin deutlich sichtbar machen will und der zudem über ein Vermögen verfügt, das es ihm ermöglicht, ein Leben ohne Arbeit zu führen. Erstmals präsentiert Palladio einen klar umgrenzten Quader als Baukörper. Einen Anklang an die Villa Godi bietet die dreifache Arkade im Mitteltrakt, die, von einem Dreiecksgiebel bekrönt, die dominierende Form der Fassade ist. Sie verkörpert weniger originäres Gedankengut Palladios – Vergleichsbeispiele lassen sich in der Villa Agostini in Cusignana di Arcade sowie in der Architektur Giovanni Maria Falconettos finden – als sein Bestreben, bestehenden Formen neuen Ausdruck zu verleihen. Neuartig ist, daß die dreifache Arkade die gesamte Geschoßhöhe des eingeschossigen Baues einnimmt. Auch die Verwendung eines Dreieckgiebels in der profanen Architektur als Würdesymbol findet in der zeitgenössischen Architektur im Veneto keine Entsprechung. Ursprünglich sollte eine breitangelegte Freitreppe auf die Loggia zuführen; die schmale Treppe, die heute auf die mittlere Arkade der Loggia hinleitet, ist ein später zu datierender Zusatz.

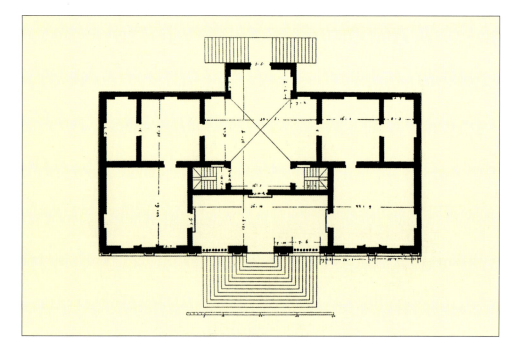

Der Grundriß der Villa Gazotti – hier eine Zeichnung von Francesco Muttoni – zeigt den Weg, der zur Überwindung der Vorgaben durch den Typus der Zweiturmvilla beschritten wird: Zwischen den beiden vorspringenden Eckkompartimenten vermittelt eine quasi vorgezogene Loggia, durch deren Einsatz das Gebäude als nahezu regelmäßiger Quader begriffen werden kann.

Detail der Pilasterordnung. Komposite – also aus der Durchdringung von ionischer und korinthischer Ordnung gebildete – Kapitelle bilden die oberen Abschlüsse der Pilaster und tragen ein mehrfach verkröpftes und differenziert abgestuftes Gebälk.

Die Fenster der Villa Gazotti sind mit Randleisten ausgestattet. Über den Fensterstürzen treten kräftig vorspringende Dreiecksgiebel aus dem Mauerwerk hervor. Durch Stützen aus Rollwerk, die die Giebel tragen, wird zwischen den unterschiedlichen Reliefhöhen vermittelt.

Lange Zeit war der Zustand der Villa Gazotti recht verwahrlost. In jüngster Zeit werden jedoch Bemühungen unternommen, den Bau wieder in seinen alten Zustand zu versetzen.

Der Baukörper der Villa ruht auf einem Sockel, der durch ein über die gesamte Fassadenbreite verlaufendes Gesimsband abgegrenzt ist. Dies dient auf der einen Seite als Substruktion zum Schutze der Wirtschaftsräume vor Feuchtigkeit, hebt die Villa auf der anderen Seite aber auch aus der umgebenden Landschaft hervor. Diese Möglichkeit, dem Gebäude eine exponierte Stellung zu verleihen, nutzte vor Palladio schon Falconetto, der die im Jahre 1534 begonnene Villa Vescovile in Luvigliano auf einen Sockel aus schwerer Rustika stellte.

Neben dieser Aneignung modernen Baudenkens zeigt die Villa Gazotti eine im Veneto völlig neue Behandlung der Wandflächen. Nicht die geschlossenen Fassadenteile, sondern die offene Loggia nimmt die dominierende Stellung an der Fassade der Villa ein. Überdies zeigt Palladios Fassadenbehandlung deutlich erkennbar sein Bestreben, die Wandfläche plastisch zu gliedern. Acht schwach aus der Mauerfläche hervortretende Pilaster mit Kompositkapitellen gliedern die Fassade in sieben Vertikalrhythmen. Dabei ist der durch die dreifache Arkade bestimmte Mittelteil leicht mit der übrigen Fassade verkröpft. Die Fenster sind durch ein über die Fassadenbreite laufendes Sohlbankgesims, das sich mit den Pilasterbasen verkröpft, fest in den Baukörper eingebunden. Im Gegensatz zur Villa Godi und der Villa Piovene sind die Fenster nicht mehr lediglich Wandperforierung, sondern durch die plastische Profilierung und die hervortretenden oberen Abschlüsse durch die Dreiecksgiebel eigenständige Gestaltungselemente an der Fassade der Villa Gazotti.

Wenngleich sich Palladio bemüht, die gewöhnlich als Begrenzung zu erfahrende Wand gleichsam zu öffnen, kann nicht übersehen werden, daß die Fassade der Villa Gazotti oberhalb der Fenster noch viel unartikulierte Wandfläche aufweist. Gleichwohl ist die mehrfache Wandabstufung durch die plastische Gliederung durch Pilaster, Fensterprofile und abschließende Dreiecksgiebel ein deutlicher Hinweis darauf, daß Palladio nunmehr bestrebt ist, die durch die venetischen Zweiturmanlagen vorgegebenen massiven Baukörper durch plastische Gliederung und weite Öffnungen zu modellieren und zu strukturieren.

Villa Pisani
Bagnolo di Lonigo (Vicenza)

Nur wenige Kilometer von dem vicentinischen Schloß Lonigo entfernt, entstand nach 1542 in der Ortschaft Bagnolo die Villa Pisani. Andrea Palladio nennt in seinen »Quattro Libri« Vittore, Marco und Daniele Pisani als ihren Besitzer. Einer auf das Jahr 1544 zurückgehenden Grundstückseinschätzung zufolge darf angenommen werden, daß die Villa zu dem Zeitpunkt bereits bewohnbar war, zumindest also das Herrenhaus fertiggestellt. Um 1560 wurde Palladio an der Villa Pisani noch einmal tätig: Die Wirtschaftsflügel entstanden.

Das Grundstück liegt am Flusse Guà und war seit den 1520er Jahren im Besitz der Familie Pisani, der im Jahre 1523 sowohl das Adelsprädikat als auch die Herrschaft über Bagnolo verliehen wurde.

Bereits vor der Errichtung der Villa Pisani existierte auf dem Grundstück an der Guà eine palastartige Villa, die jedoch durch einen Brand zerstört worden war. Auch wird im Zusammenhang mit dem Vorgängerbau von einem mittelalterlichen Kastell gesprochen, auf das Palladio in seinem Neubau habe anspielen wollen.

Palladio selbst beschreibt die Villa, deren Projektierung äußerst kompliziert verlaufen war, in seinen vier Büchern zur Architektur ausgiebig. Eine Nebensächlichkeit findet er dabei besonders bemerkenswert, nämlich »daß nicht darauf geachtet wurde, die kleineren Treppen an eine Stelle zu legen, auf die, wie ich im ersten Buch empfohlen habe, das Sonnenlicht fällt, da diese Treppen zu nichts anderem dienen, als zu den unten und oben liegenden Räumen, die als Getreidespeicher oder Halbgeschosse genutzt werden, zu führen«. An dieser Stelle bietet sich uns die Möglichkeit, ein Stück palladianischen Denkens zu begreifen: Man könnte ja aus dem vorher Gesagten folgern, daß die Villa Pisani aus drei Geschossen bestünde. Dies jedoch tut sie im Sinne Palladios nicht. Für ihn zählen nur jene Stockwerke als Geschosse, die der Herrschaft als Wohnstatt dienen. Besteht die Villa Pisani also auch aus Kellergeschoß, Piano nobile und Mezzaningeschoß, so ist sie doch im Sinne unseres Architekten eingeschossig.

Diese Art der Geschoßeinteilung, verbunden mit der oben zitierten Beschreibung, gibt noch über ein Weiteres Auskunft: Die Villa Pisani ist

S. 35: Villa Pisani, Bagnolo. Grundriß und Aufriß aus den »Quattro libri«. Das Anwesen sollte als landwirtschaftlicher Nutzbau dienen. Der Anbau von Reis und Hanf muß sehr ertragreich gewesen sein. In der Größe des heute nicht mehr erhaltenen Hofes fand dieser Reichtum seinen Niederschlag. Die Wirtschaftsflügel hätten ein Gebiet von der Größe der Piazza San Marco umschlossen.

S. 36/37: Die Villa Pisani liegt am Flüßchen Gua. Ihre dem Wasser zugewendete Fassade übernahm die Repräsentation der Herrschaft der Pisani. Die angedeuteten Türme sowie die rustizierten Rundbögen künden von der Macht der adeligen Familie.

als Villa rustica, also als landwirtschaftliches Nutzgebäude gedacht, das der adligen Herrschaft – die Pisani waren Grafen – auch die Annehmlichkeiten eines standesgemäßen Lebens bieten sollte. Die Verbindung von Nützlichkeit und Annehmlichkeit wird in dem in den »Quattro Libri« veröffentlichten Entwurf des Anwesens deutlich: Die Villa liegt am unteren Ende eines von Wirtschaftsflügeln umgrenzten Hofes. Den vorderen Abschluß bilden sogenannte »barchesse« – geschlossene Säulengänge –, denn auch bei Regenwetter sollte die Herrschaft jeden Teil des Anwesens erreichen können, ohne vom Regen durchnäßt zu werden. In den Wirtschaftsflügeln waren Ställe und Getreidespeicher untergebracht. Mit der eingeschossigen Anlage der Villa Pisani löst Palladio eine Forderung Leon Battista Albertis ein, der im ausklingenden Quattrocento feststellte, daß es auf dem Lande überhaupt keine Veranlassung gäbe, mehrgeschossig zu bauen, da ja Platz genug vorhanden sei, sich auf dem Boden auszubreiten. In der Tat schließen die Wirtschaftsflügel

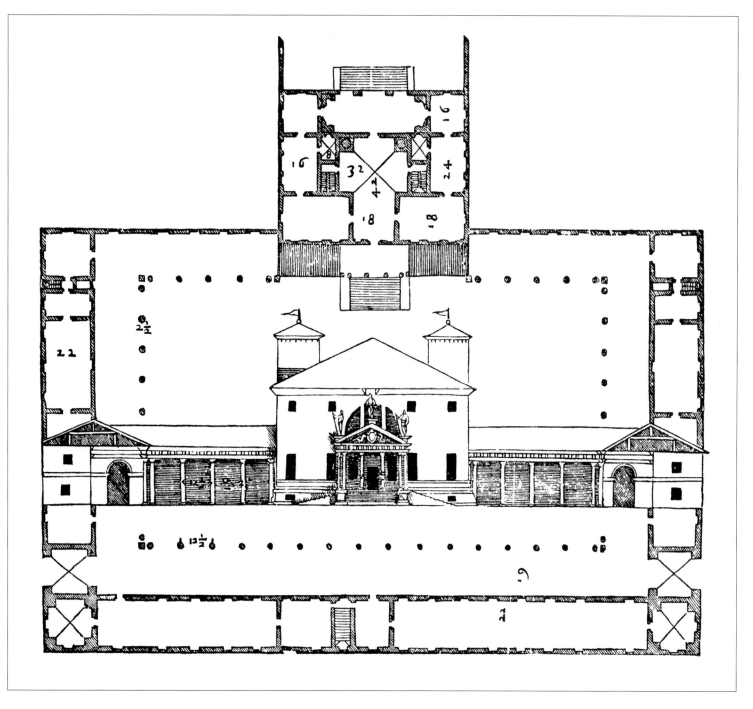

laut Michelangelo Muraro immerhin ein Areal von der Größe der Piazza San Marco ein.

Heute können wir nur noch das Herrenhaus sehen; die Wirtschaftsflügel fielen im Laufe der Zeit der Zerstörung anheim. Der Herrschaftsbau selbst zeigt neben der Anwendung zeitgenössischer Architekturtheorie erneut Palladios um 1542 noch bestehende Verpflichtung an die venetische Tradition der Villenanlage: Die dem Flusse zugewendete Fassade präsentiert sich als Zweiturmanlage. Macht und Herrschaft der Pisani werden sicherlich bei Palladios Entscheidung für eine neuerliche Verwendung dieses Villentypus eine Rolle gespielt haben. Der Fluß Guà, der an der Villa Pisani vorbeifließt, war schiffbar, und die Fassade, die sich dem Fluß zuwendet, hatte öffentlichen Charakter. Bei der Betrachtung dieser Fassade drängt sich jedoch die Frage auf, ob die Anwendung ihrer einzelnen Elemente nicht lediglich aus der ihnen innewohnenden Bedeutung erklärbar wird. Sicherlich, die zwei Türme repräsentieren die Herrschaft der Pisani über Bagnolo; die Repräsentation wird allerdings nicht über die Höhe der Türme vermittelt. Diese überragen den kubischen Baukörper nämlich nur unbedeutend. Vielmehr fehlt an der Flußseite der Villa das Mezzaningeschoß der Hoffassade. Lediglich durch ein Triglyphengesims vermittelt, schließt die dreifache Arkade direkt mit einem mächtigen Dreiecksgiebel ab. Weniger tatsächlich vorhandene Türme übernehmen also die Repräsentation von Wehrhaftigkeit, sondern der Schein, daß die tiefgezogene Loggia durch zwei Türme flankiert sei.

Ähnlich manieriert ist die rustizierte Dreibogenstellung. Betrachtet man diese Arkatur losgelöst vom übrigen Baukörper, so stellt man fest, daß sie durchaus kunstvoll angelegt ist. In spannungsreichem Licht- und Schattenspiel bilden sich aus der Rustizierung sechs Pilaster toskanischer Ordnung heraus. Jeweils zwei bilden die äußeren Pfeiler der Dreibogenstellung, während die beiden inneren Pfeiler durch jeweils einen Pilaster definiert werden. Unschwer ist jedoch zu erkennen, daß die Rustizierung als Blendwerk aufgelegt ist, das nicht einmal um die Pfeiler herumgeführt wird, denn deren Laibungen bereits sind glatt verputzt. So kunstvoll die Gestaltung der Loggia sich präsentiert, so unorganisch ist sie auch in den Baukörper eingefügt. Unbestreitbar ist auch die Loggienrustizierung eine architektonische Dokumentation von Machtanspruch. Ebenso unbestreitbar aber ist die Flußfassade der Villa Pisani eine Fassade mit repräsentativem Öffentlichkeitscharakter, die architektonisch nicht das einlöst, was sie optisch verspricht.

Der Blick auf die Hoffassade zeigt die für Palladio in diesen Jahren typische Durchfensterung im Sinne einer geometrischen Flächengliederung. Wie auf der Fassade zum Flusse hin, ist auch an der Hoffassade die Betonung der Mittelachse unübersehbar. Diese Betonung wird durch die Wahl eines ungeraden Vertikalrhythmus erzielt, dessen Wirkung durch das Thermenfenster in der Mitte der Fassade noch gesteigert wird, das mit dem Eingangsportal und den beiden direkt angrenzenden Fenstern ein überbreites Vertikalmodul bildet. Die selbst im ausgeführten Zustand erfahrbare Wirkung wäre noch deutlicher zum Ausdruck gekommen, wäre die von vier Säulen getragene Vorhalle an der Hoffassade ausgeführt worden.

S. 39: In dem großen Saal nahmen die Pisani ihre repräsentativen Verpflichtungen wahr. Die Fresken im Deckengewölbe stammen aus dem 16. Jahrhundert. Das Thermenfenster an der dem Garten zugewandten Fassade sollte ursprünglich an der Flußseite seine Entsprechung finden. Der mächtige Giebel schloß dies jedoch aus.

Palazzo und Villa Thiene

Die Palladio-Forschung hat sich immer schon schwergetan, dem Palazzo Thiene seinen Platz in der stilistischen Entwicklung des Schaffens Andrea Palladios zuzuweisen. Keine Probleme hingegen bereitet die Frage nach dessen Urheberschaft. Mit mehreren Abbildungen versehen ist dieser Palast in Palladios Architekturtraktat beschrieben. Auch bei dem Palazzo Thiene muß man sich damit abfinden, daß er nur fragmentarisch ausgeführt wurde. Lediglich zwei aneinandergrenzende Palastflügel sind errichtet worden. Geplant waren deren vier, die einen Hof von repräsentativer Größe umschlossen hätten. Doch selbst der ausgeführte Teil des Entwurfes läßt jene Größe erahnen, mit der sich der Palazzo Thiene präsentiert hätte.

Auf dem Gelände, auf dem der Palazzo zu stehen kam, hatte sich ursprünglich ein anderer Familiensitz der Thiene befunden. Dokumente berichten von einem Palastbau, der offensichtlich im Jahr 1495 abgeschlossen gewesen sein mußte. Doch kurz nach dessen Fertigstellung stürzte die Loggia ein. Zwar wurden des öfteren Reparaturarbeiten an diesem Palastbau vorgenommen, doch Marcantonio Thiene, der Enkel des Erbauers, plante 1542 einen Neubau, den Andrea Palladio in die Tat umsetzen sollte.

Palladio beschreibt in seinem Traktat die Lage des Palastes als inselähnlich. Natürlich hätte dieses großartige Monument nicht von Wasser umspült werden sollen; im Gegenteil: Die Kellerräume des Palastes konnten unter die Erde gelegt werden, »da dieses Gebäude an der höchsten Stelle der Stadt liegt, wo also keine Gefahr beteht, daß das Wasser zu Unannehmlichkeiten führt« (Andrea Palladio). Als gleichsam insular hingegen muß Palladio die Tatsache empfunden haben, daß der Palast von vier Straßenzügen begrenzt werden sollte. Hinzu kam, daß eine der vier Fassaden auf »die belebteste Straße der Stadt« geblickt hätte und der Palast sich des weiteren in der Nähe des Hauptplatzes von Vicenza – der Piazza dei Signori, die über Jahrhunderte hinweg das administrative Zentrum der Stadt war – befunden hätte.

Da der Palast an solch repräsentativer Stelle gelegen sein sollte, erwartet man vielleicht, daß reich gestaltete Fassaden vom Range des Palastbesitzers künden würden. Das Gegenteil ist der Fall: Der Bau

*»Dies Haus liegt in der Mitte der Stadt, in der Nähe des Hauptplatzes, weshalb es mir nützlich erschien, auf der zum Hauptplatz hin gelegenen Seite einige Läden einzurichten, muß doch der Architekt an den Vorteil des Erbauers denken, wo immer es sich bei ausreichendem Platz einrichten läßt. Jeder Laden hat über sich einen abgeteilten Raum für die Händler, und darüber befinden sich die Räume der Herrschaft. Dieses Haus liegt wie auf einer Insel, da es von vier Straßen umgeben ist. Der Haupteingang, oder sagen wir besser das Haupttor, hat eine vorgebaute Loggia und geht auf die belebteste Straße der Stadt hinaus. . . . Die Keller und ähnliche Räume liegen unter der Erde, da dieses Gebäude an der höchsten Stelle der Stadt liegt, wo also keine Gefahr besteht, daß das Wasser zu Unannehmlichkeiten führt.«
(Andrea Palladio, 1570)*

erscheint überaus massiv, und ein vollständig ausgeführter Palast hätte an eine modifizierte Form eines römischen Castrums erinnert. Das rustizierte Pianereno erhebt sich unvermittelt vom Bodenniveau. Die Ausführung der Rustika ist monoton. Lediglich oberhalb der Fenster ist die monotone Abfolge der Quaderschichtung unterbrochen. Die Fenster selber wirken wie aus dem mächtigen Quaderwerk herausgeschnitten. Oberhalb der Fenster sind glatt verputzte Blendbögen eingelassen, die von Rundbögen quasi schützend ummantelt werden. Diese Rundbögen sind, wie auch das gesamte Pianereno, aus Rustikaquadern gebildet, treten jedoch nicht aus der Wand hervor, sondern sind in die übrige Rustizierung eingegliedert. In die Blendbögen schneidet, ausgehend von den Fensterstürzen, trapezoides und somit sternförmig auseinandertretendes Quaderwerk. Dieser malerische Eingriff ist die einzige Schmuckform, die die Fassade des Pianereno belebt.

Dem optischen Anspruch des Palazzo Thiene, Festungsarchitektur zu sein, wird auch im Piano nobile entsprochen. Wie das Pianereno, so ist auch das Piano nobile in Rustika ausgeführt, einer Rustika, die allerdings gemäßigter ist als jene des Pianereno.

Das Piano nobile erfährt eine gewisse Belebung durch den regelmäßigen Wechsel von Dreiecks- und Segmentbogengiebeln. Dennoch

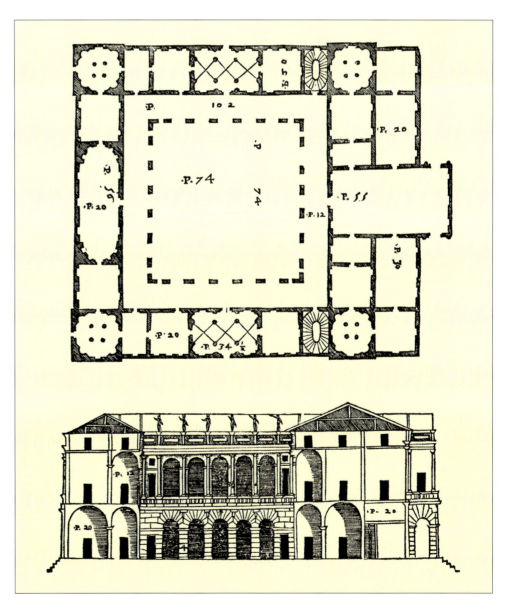

Rechts: Grundriß und Aufriß des Palazzo Thiene aus den »Quattro libri«. Der Palazzo Thiene in Vicenza gehörte zu den ersten Aufträgen öffentlicher und städtischer Repräsentation Palladios. Mit der Architektur spielt Palladio auf die militärische Tradition seines Auftraggebers an. Von dem Entwurf sind jedoch nur zwei der geplanten vier Flügel ausgeführt worden.

S. 42/43: Von der massiven Geschlossenheit der Straßenfassade des Palazzo Thiene ist bei den Hoffassaden nicht mehr viel übriggeblieben. In weiten Bogenstellungen öffnet sich eine doppelgeschossige Loggia zum Hofe hin.

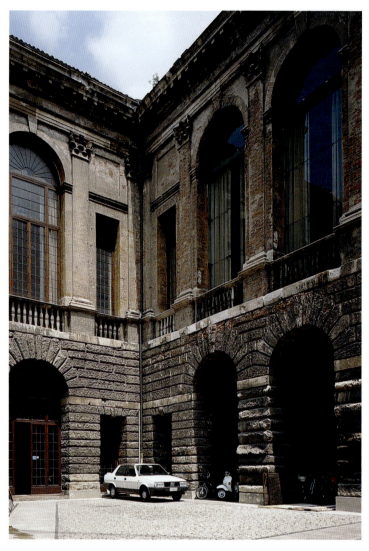

erscheint auch das Piano nobile ungewöhnlich massiv. An anderen Palastfassaden Palladios läßt sich des Architekten Bestreben beobachten, leere, undekorierte Wandflächen mit Schmuckwerk anzufüllen; an der Fassade des Palazzo Thiene wird hingegen der entgegengesetzte Weg beschritten. Bis auf das Gesims sind die Fenster heruntergezogen, so daß dieses zusätzlich als Sohlbank zu dienen hat.

Aus den Fensterlaibungen ragen Kragsteine in regelmäßiger Abfolge stark hervor, und Palladio gibt sich bei dem Einsatz dieses Motivs keine Mühe, seine sicherlich vorhandene Sympathie für das Formengut Giulio Romanos zu verhehlen.

Dennoch kann nicht ohne weiteres über die Form der Fenstereinfassung hinweggegangen werden. Bei genauer Betrachtung bleibt nicht verborgen, daß auf der Höhe der Fensterstürze ein schmales ionisches Gebälk um die Palastfassade herumführt. Der Baulogik der Renaissance zufolge muß ein solches Gebälk von entsprechenden Säulen ionischer Ordnung getragen werden; die Suche danach ist schwer, aber nicht aussichtslos: Wir finden sie vor den Fensterlaibungen als Stützen der vorspringenden Fensterstürze, jedoch gut versteckt durch die bereits beschriebenen Kragsteine.

Daß Säulen mit einem Rustikamantel umhüllt werden, war in der Zeit um 1545 bereits teilweise als ausgeübte Praxis zu beobachten; doch geschah dies durch ein Rustikaband, das sich der Rundform der Säule

Oben links: Hervorgerufen durch die gleichförmige, rohe Rustikaquaderung des Untergeschosses und den weitgehend schmucklosen Mauerflächen aus glatter Rustika im Piano Nobile vermittelt der Palazzo Thiene einen recht massiven Eindruck. Dadurch, daß die beiden ausgeführten Flügel des Palastes die Ränder von zwei schmalen Straßen säumen, sind ihre Straßenfassaden vollends der visuellen Beherrschbarkeit entzogen.

Oben rechts: Im Jahre 1872 wurde der Palazzo Thiene von der Banca Popolare übernommen. Umfangreiche Renovierungsarbeiten griffen in die innere Disposition des Baus ein. Auch an der Fassade wurden Änderungen vorgenommen.

Oben: Hoffassade des Palazzo Thiene. Detail des Piano nobile. Ursprünglich waren die Loggien als offene Umgänge konzipiert. Die Fenster wurden erst in späteren Jahrhunderten eingesetzt.

anpaßte. Hier jedoch, an der Fassade des Palazzo Thiene, arbeiten zwei gegensätzliche Formen gegeneinander, ein Kampf, den die Rundform der Säule deutlich sichtbar verliert.

Dieses Vorgehen bietet nun zwei Interpretationsmöglichkeiten an, die einander nicht widersprechen. Zum einen sei auf den Festungscharakter des Palastes verwiesen. Seine Schutzfunktion erstreckt sich offensichtlich auch auf die Säulen, die von der Rustika wie mit einem Schutzmantel umgeben werden. Zum anderen darf aber auch nicht übersehen werden, daß ein solches Vorgehen die Rundform der Säule an die glatten, kantigen Elemente anpaßt, die die Fassade strukturieren. Die Vertikalgliederung des Piano nobile erfolgt durch den Einsatz von Pilastern, die als sichtbares Zeichen von zum Einsatz gelangten stützenden Elementen fungieren. Die Pilasterstellung ist durch einen regelmäßigen Rhythmus bestimmt.

Wie durchgängig im Schaffen Palladios zu beobachten, so zeichnet sich auch hier der Palastgrundriß an der Fassade ab. Ein Blick auf diesen Grundriß zeigt, daß in den vier Ecken der Palastanlage Räume auf achteckigem Grundriß eingefügt werden sollten. Palladio erwähnt diese in seiner Beschreibung als schon durch ihre Form sehr angenehme Räume.

Diese exponierte Stellung der Räume wird auch an der Palastfassade sichtbar: Ihren Fenstern sind Doppelpilasterstellungen zur Seite gestellt, die zudem die Funktion übernehmen, die Palastecken zu verstärken. Die für das Piano nobile gefundene Lösung der Fassadenbehandlung ist durchaus gelungen und originell. Das umlaufende ionische Gebälk gliedert den dem Piantereno aufliegenden Fassadenbereich in zwei Geschosse und verleiht somit den Pilastern, die das Attikagebälk stützen, geschoßübergreifenden oder, genauer, kolossalen Charakter.

Der Rhythmisierung durch die Pilaster und dem regelmäßigen Wechsel von Dreiecks- und Segmentbogengiebeln als Fensterbekrönung steht dennoch ein äußerst massiver Fassadeneindruck gegenüber. Durch die Ausbildung eines Scheingeschosses durch das ionische Gebälk ist zum einen die auf den ersten Blick äußerst unproportionale Durchfensterung des Piano nobile legitimiert. Zum anderen aber entsteht so ein Leerraum, der durch keinerlei Schmuckwerk angefüllt oder durch die Anlage eines Mezzaningeschosses funktionalisiert ist. Die durch das Quaderwerk bestimmte Wandfläche tritt so mit all ihrer massiven

Unten: Grundriß und Ansicht der Villa Thiene aus den »Quattro libri«. Die in dem Architekturtraktat veröffentlichte Zeichnung kann kaum Anspruch auf Gültigkeit für den Bau erheben. Palladio ließ einen idealisierten Entwurf zu dem Projekt drucken, das bereits seit mehreren Jahren zum Erliegen gekommen war.

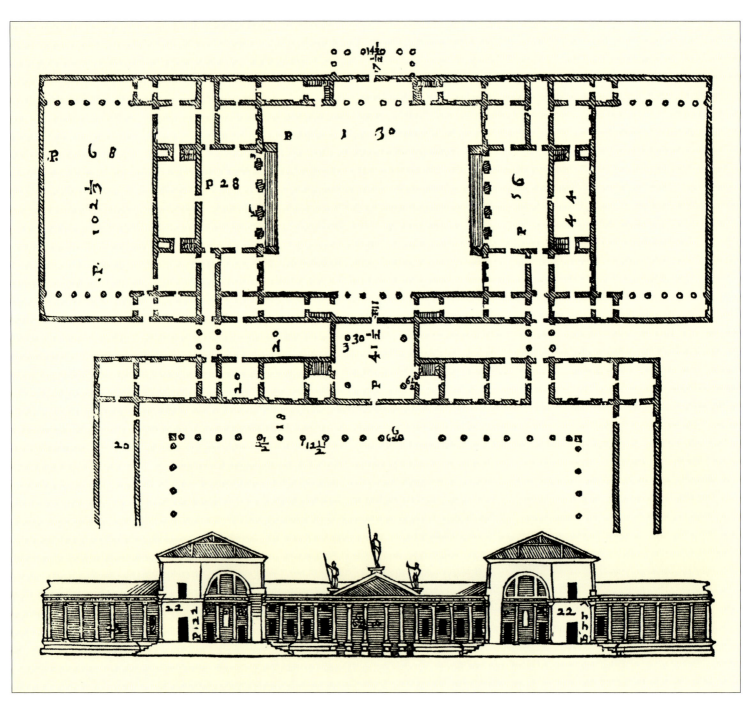

Geschlossenheit in Erscheinung. Dieser Eindruck von Abgeschlossenheit findet im Palastgrundriß seine Entsprechung. Von einer regelmäßig quadratischen Grundfläche bestimmt, zeigt der Palastgrundriß vier in sich abgeschlossene Raumfluchten, die durch die risalitähnlichen Eckräume, von denen bereits gesprochen wurde, miteinander verbunden sind.

Dennoch können Unterscheidungen vorgenommen werden. Jenem Palastflügel, der die Hauptstraße gesäumt hätte, wäre die Aufgabe der Palastrepräsentation zugefallen. Im Gegensatz zu den drei übrigen Palastflügeln ist er nicht durch eine einfache Raumflucht gekennzeichnet; verklammert durch ein Vestibül, das an der Fassade als Risalit in Erscheinung getreten wäre, sind hier zwei Raumschichten voreinandergelagert. Die vordere hätte, offensichtlich als durch regelmäßige Bogenstellungen begrenzt zu denken, einer Loggia Raum gegeben. In der Raumflucht hinter der Loggia sollten Geschäfte eingerichtet werden. Der Palastflügel also, der die Palastrepräsentation zu übernehmen gehabt hätte, wäre zugleich der gleichsam öffentliche Teil des Palastes geworden. Die Frontloggia ist nicht umlaufend. Die drei übrigen Palastflügel also wären nur durch eine einfache Raumflucht gekennzeichnet gewesen, der keine weitere Raumschicht vorgelagert worden wäre. Ihrer Struktur nach entsprechen sie jedoch der als Geschäftszeile fungierenden Raumanlage der Hauptfassade. Jeweils die mittleren Räume sind diejenigen mit dem größten Raumvolumen; die angrenzenden Räume sind auf diese mittleren in ihrer Entwicklung vom kleinsten zum größten Raum hin ausgerichtet.

Die in sich abgeschlossenen Raumanlagen präsentieren die Palastflügel als jeweils autonome Bestandteile der gesamten Palastanlage und bestärken im Inneren des Palastes, was an der Fassade bereits zum Ausdruck kommt, nämlich daß es sich beim Palazzo Thiene um ein nach außen und nach allen Seiten sich schließendes Bollwerk handelt, das neben seiner Wohnstatt gewährenden Funktion zusätzlich die des Schutzes übernimmt.

Wie jedoch ist eine solche Architektur im Zentrum einer Stadt zu erklären? Die Beantwortung dieser interessanten Frage muß bei der politischen Stellung Vicenzas um das Jahr 1540 ihren Ausgang nehmen. Die auf der Terraferma gelegene Stadt unterstand der Administration Venedigs. Die Zeiten für Venedig hingegen waren alles andere als rosig. Die Wurzeln dieser Krise reichen in das ausgehende 14. Jahrhundert zurück. Um sich vor der Bedrohung durch die Festlandprovinzen zu schützen, hatte Venedig begonnen, seinen Machtbereich auf der Terraferma auszuweiten. Diese Expansionspolitik war zudem von der Absicht getragen, die dortigen Handelswege zu sichern. Der Angliederungsprozeß war um 1405 weitgehend abgeschlossen. Zu den Städten, die nunmehr der Verwaltung der Serenissima unterstanden, gehörte auch Vicenza. Die erfolgten Angliederungen wurden von der ländlichen Bevölkerung durchaus positiv aufgenommen; die Administration dieser Städte lag von nun an nicht nur in den Händen Venedigs, von Venedig wurden auch deren Mitglieder gestellt.

Der ortsansässige Adel war von der Politik nicht nur ausgeschlossen, die venezianische Administration schützte zudem die Landbevölkerung

S. 48/49: Die heutige Hauptfassade der Villa Thiene bekam ihr jetziges Aussehen im 19. Jahrhundert. Damals wurde das große Portal in die Mitte der Fassade eingebrochen. Wahrscheinlich war diese Fassade nicht die des Herrenhauses sondern die eines Wirtschaftsflügels.

vor dessen Übergriffen. Das verdroß diese Adligen verständlicherweise außerordentlich. Aber nicht nur die schmählich übergangenen Adligen beobachteten die Expansion Venedigs mit Unbehagen; auch die Festlandprovinzen standen der venezianischen Expansionspolitik überaus skeptisch gegenüber, befürchteten sie doch, daß Venedig seinen Herrschaftsbereich immer weiter ausdehnen würde. Angeregt durch den Herzog von Mantua und unterstützt durch Papst Julius II, wurde gegen Ende des Quattrocento eine heilige Liga gebildet, an der sich einige italienische Herzogtümer, der Papst sowie Ludwig XII. von Frankreich, Maximilian I. von Österreich und Karl V. von Spanien beteiligten. Ihr erklärtes und 1509 in Cambrai beschlossenes Ziel war es, der Serenissima ein Ende zu bereiten und deren Besitzungen aufzuteilen. Zwischen 1509 und 1513 mußte sich Venedig gegen diese Liga seiner Haut wehren. Doch selbst als die Liga 1513 wegen innerer Unstimmigkeiten auseinanderbrach, ruhten die kriegerischen Auseinandersetzungen nicht. Die dem ortsansässigen Adel der Terraferma gegenüber gezeigte Politik jedoch hatte sich bereits gerächt und wiederholt zu illoyalem Verhalten geführt.

Kriege kosteten zu allen Zeiten viel Geld, und auch Venedigs finanzielle Quellen drohten beinahe zu versiegen. Hinzu kam noch, daß durch die Entdeckung eines Seeweges nach Indien durch Vasco da Gama, einen Portugiesen, Venedigs Gewürzhandelsmonopol ins Wanken geraten war. Mit den Brüsseler Verträgen aus dem Jahre 1517 konnte Venedig immerhin seine Besitzungen auf der Terraferma bestätigt erhalten.

Zwischenzeitlich hatte man jedoch aus der administrativen Fehlpolitik der vergangenen Jahre gelernt: Die ortsansässigen Adligen wurden in die venezianische Politik auf der Terraferma mit einbezogen. Auch besann man sich auf die Wichtigkeit der Städte der Terraferma für die Lagunenrepublik, sowohl in militärischer als auch in wirtschaftlicher Hinsicht. Viele Venezianer begannen ihr Geld in Landkäufen auf der Terraferma zu investieren und legten somit einen Grundstein für das Phänomen der Villegiatura.

Doch auch das Bewußtsein um die militärische Bedeutung des Festlandes für Venedig zeigte ihre Auswirkungen. In diesem Zusammenhang darf nicht übersehen werden, daß in jener Zeit bereits Kanonen die kriegerischen Auseinandersetzungen bestimmten und im Falle Venedigs auch über Niederlagen entschieden. Man mußte also darangehen, die Städte entsprechend zu befestigen.

Erste Bestrebungen in Richtung Stadtbefestigung wurden bereits 1510 durch den Architekten Fra Giocondo in Treviso in die Tat umgesetzt. Nach 1517 nahmen diese Bestrebungen an Intensität zu und erstreckten sich nicht nur auf die Stadtmauern, sondern auch auf Palastanlagen. Wegweisend für ein solches Vorgehen war der Architekt Michele Sanmicheli, der mit der häufigen Verwendung von massiver Rustika durchaus stilprägend wurde.

So nimmt es nicht wunder, daß man in dem Palazzo Thiene einem Stadtpalast begegnet, der mit seiner massiven Bauweise und durch seine selbst am Fragment noch ablesbare Monumentalität den Anspruch zu erheben scheint, Festungsarchitektur zu sein. Zwar waren seit den

S. 51: Detail eines Fensters im Piano nobile des Palazzo Thiene. In dieser Aufnahme wird deutlich, was im Vorbeigehen nur mit Mühe gesehen werden kann. Die Kragsteine, die das Fenster einfassen, umschließen Säulen ionischer Ordnung. Immerhin stellte Palladio die Voluten der Kapitelle über Kreuz – wohl um sie dem über die Straße flanierenden Beschauer nicht ganz zu verbergen.

Brüsseler Verträgen dreißig Jahre vergangen. Doch Venedigs Interesse an einer befestigten Terraferma war nach wie vor groß, und Marcantonio Thienes Palastprojekt als das Projekt eines Bauherrn, der 1523 von Venedig geadelt wurde, obwohl sein Vater sich Venedig gegenüber illoyal verhalten hatte und sich während der Auseinandersetzungen Venedigs mit der Liga von Cambrai in mantuanischem Exil befunden hatte, fügt sich in diese Interessen ein.

Daß es sich jedoch nicht nur um eine reine Loyalitätsbekundung handeln konnte, sondern die massive Architektur des Palazzo Thiene auf ihre Weise in hohem Maße eine Repräsentation der Macht Marcantonio Thienes darstellen sollte, steht außer jeder Diskussion. Sein Bestreben, Macht und Rang durch Architektur auch optisch wirksam werden zu lassen, findet in einem weiteren Projekt seinen Niederschlag, das Palladio für Marcantonio Thiene entwerfen sollte, nämlich im Bau einer Villa in Quinto. Die Auftragsvergabe muß um 1546 angesetzt werden, einem Zeitpunkt, zu dem die Arbeiten an dem Stadtpalast in vollem Gange waren. Die Thiene waren reiche Handelsleute, deren Wohlstand unter anderem aus dem Handel mit Seide herrührte. Der Vater Marcantonios, Giangaleazzo, beteiligte sich zudem an der Bonifikation der Sumpfgebiete der Terraferma. Aus dieser Zeit stammt ein Besitz der Familie Thiene in Quinto, auf dem ein Villenneubau errichtet werden sollte.

Palladios Urheberschaft ist auch hier durch seinen Architekturtraktat gesichert, obwohl die veröffentlichte Zeichnung wohl kaum mit dem tatsächlichen Villenprojekt zu vereinbaren ist. Daß umgekehrt der Eindruck, die gegenwärtige Fassade der Villa Thiene sei die Hauptfassade, ein sehr trügerischer ist, lehrt die Geschichte. Sowohl der mächtige Giebel als auch das Portal sind Bauänderungen aus dem 19. Jahrhundert. Das, was sich heute als Hauptfassade präsentiert, war ursprünglich nur Nebenfassade, die aber immerhin repräsentativ ausgestattet werden mußte, da sie sich dem vorbeifließenden Fluß Tesina zuwandte.

Auf Palladios tatsächliche Absichten können wir nur aufgrund von Zeichnungen des Architekten Francesco Muttoni schließen. Ihm wurde 1740 der Auftrag erteilt, die Villa, jedenfalls teilweise, fertigzustellen. Das ursprüngliche Projekt, das er in Zeichnungen überliefert, scheint sich an der Villa Gazotti-Marcello orientiert zu haben. Allerdings muß die in den »Quattro libri« vorgestellte Planung von zwei Herrenhäusern, die einander gegenüberliegen, als sehr utopisch angesehen werden. Die Projektierung von nur einem Herrenhaus, wenn auch mit der Anlage von zwei getrennten Wohnsuiten, wie Muttoni sie beschreibt, darf als wahrscheinlicher gelten.

Wie der Stadtpalast der Thiene, so sollte auch die Villa in Quinto in immensen Größendimensionen errichtet werden. Beiden Projekten muß ein außergewöhnlicher Ehrgeiz von seiten des Bauherrn zugrunde gelegen haben, ein Ehrgeiz, der Marcantonio Thiene allerdings seine finanziellen Mittel überschätzen ließ. In seinem Drang, seinem Rang Ausdruck zu verleihen, war er zu weit gegangen. Schon bald nach dem Baubeginn kamen die Arbeiten an der Villa zum Erliegen. Offensichtlich war Marcantonio Thiene bestrebt, den Teil der Villa, der bereits fertigge-

»Hat man nun diese Dinge in der Zeichnung und im Modell berücksichtigt, kalkuliere man sorgfältig alle anfallenden Kosten und kümmere sich beizeiten um Geld und um die Vorbereitung des notwendigen Materials, das gebraucht wird, damit während des Bauens nichts fehlt, was die Vollendung des Gebäudes verzögern oder verhindern könnte. Es wird dem Erbauer zu nicht geringem Nutzen reichen, wenn es mit der gebührenden Schnelligkeit vollendet wird und wenn seine Mauern in gleicher Art und zur gleichen Zeit errichtet werden, damit sie nicht jene Risse zeigen, die in jenen Gebäuden zu sehen sind, die zu unterschiedlichen Zeiten und ungleichmäßig vollendet worden sind.«
(Andrea Palladio, 1570)

Oben: Die Gartenfassade der Villa Thiene ist auf Francesco Muttoni zurückzuführen. Befremdlich wirken das Thermenfenster im abschließenden Giebel sowie die rundbogig abgeschlossenen Fenster und Portale im Mittelteil der Fassade. Mit Palladios Formensprache sind diese Elemente nicht in Einklang zu bringen.

stellt war, bewohnbar zu machen. So ließ er den Maler Giovanni Indemio einige Räume mit Fresken ausstatten. Kurze Zeit nach dem Baustopp in Quinto mußten auch die Arbeiten an dem Vicentiner Stadtpalast eingestellt werden.

Als Marcantonio Thiene 1558 starb, hinterließ er seinem Sohn Ottavio zwei Baufragmente, die zu vollenden dieser offenbar nicht willens war. Dokumente bezeugen jedoch, daß er daran dachte, einen Garten anlegen zu lassen, in dessen Mitte sich ein Labyrinth befinden sollte. Wie bereits erwähnt, wurde um 1740 noch einmal ein Versuch unternommen, den Villenbau weiterzuführen. Die Eingriffe Muttonis veränderten das Projekt entschieden. Doch auch danach war die Villa Thiene Veränderungen ausgesetzt, und so darf, wenn auch durch Giebel und Portal verfremdet und umgedeutet, lediglich die Nordfront der Villa Thiene als Werk Palladios gelten. Gleich dem Turmbau zu Babel waren beide Monumentalprojekte des Marcantonio Thiene am übertriebenen Ehrgeiz ihres Bauherrn gescheitert.

Villa Saraceno
Finale di Agugliano (Vicenza)

Der Villa Forni-Cerato an Form und Aussehen nicht unähnlich, liegt die Villa Saraceno auf einem künstlich erhöhten Gebiet am Ufer des Liona-Kanals in Finale di Agugliano, einer Ortschaft bei Vicenza. Ist man willens, den »Quattro Libri« Andrea Palladios uneingeschränkt Glauben zu schenken, müßte die Villa Saraceno ein vorzügliches Anwesen dargestellt haben, an dem der Zahn der Zeit sein trauriges Werk vollbracht hat, um uns als Ergebnis dieses Wirkens ein Herrenhaus vorzuführen, dem nurmehr eines der wirtschaftlich zu nutzenden Gebäude verblieben ist. Denn die Zeichnung in Palladios Architekturtraktat präsentiert ein Anwesen, in dessen Mitte ein Herrenhaus dominiert, das zu beiden Seiten von Wirtschaftsflügeln flankiert ist, die sich wie Arme um den Hof des Anwesens schließen. Zu erwähnen wären noch zwei zylindrische Türme an den Eckwinkeln der Wirtschaftsflügel.

Was hat es nun mit dieser Villa auf sich? An der Bauherrnschaft Biagio Saracenos ist nicht zu zweifeln. Mit wichtigen Ämtern bekleidet, gehörte er zu den Patriarchen von Vicenza. Wenngleich auch nicht dokumentarisch gesichert, so läßt sich doch mit hoher Wahrscheinlichkeit vermuten, daß die Villa um 1545 entstand. Das Jahr 1560 verzeichnet eine Erweiterung des Anwesens um einigen Landbesitz. In der betreffenden Urkunde vom 31. Januar 1560 wird aber auch erwähnt, daß dieses Stück Land an Biagio Saracenos Wohnsitz grenzt. Dieser Wohnsitz muß auch schon 1552 bestanden haben, jenem Jahr, in dem Biagio Saracenos Eigentumsrechte an dem Grundstück, das er von seinem Vater ererbt hatte, bestätigt wurden. Diese allem Anschein nach fertiggestellte Villa weist Palladios Beschreibung in den »Quattro Libri« als landwirtschaftlichen Nutzbau aus. Zum Schutze vor den Hochwassern des Liona-Kanals wurde das Niveau des Zimmerbodens um fünf vicentinische Fuß über das ohnehin schon künstlich erhöhte Gelände angehoben. Die Lage der Villa an einem Fluß wurde einer Forderung Palladios gerecht, die in einer Lage an einem schiffbaren Gewässer schon durch die Möglichkeit der Verschiffung von landwirtschaftlichen Gütern einen Vorteil erblickte. Auch im Inneren der Anlage war alles auf Nützlichkeit bedacht.

Am ehesten läßt sich die äußere Gestalt des Herrenhauses mit Entwurf und Beschreibung in Einklang bringen. In schlichter und für Palladios

»Das Herrenhaus der Anlage ist errichtet worden: doch es fehlen die Anbauten, um die Erfindung des Palladio zu vervollständigen. Die Küchen und die anderen Diensträume, die Portiken, die Stallungen, die Wirtschaftsräume hat man nicht einmal begonnen: und es wird im Bedarfsfall ergänzt, entweder an Gebäuden, die bereits bestanden oder an solchen, die später errichtet worden sind.«
Ottavio Bertotti-Scamozzi, 1778

S. 56/57: »Aber nicht geringen Nutzen und Erholung wird der Edelmann vielleicht aus der Villa ziehen, wo er den übrigen Teil seiner Zeit damit verbringt, seine Besitzungen im Auge zu haben und sie zu vervollkommnen sowie mit Fleiß und mit Hilfe der Kunst der Landwirtschaft sein Vermögen wachsen zu lassen.« (A. Palladio 1570)

Unten: Grundriß und Aufriß der Villa Saraceno aus den »Quattro libri«. Der Bauherr Biagio Saraceno war vornehmlich an dem nutzbringenden Charakter der Villa interessiert. Mit Palladios Entwurf ist am ehesten die Fassade in Einklang zu bringen. Im Innern der Villa erfuhr der Entwurf einschneidende Veränderungen. Noch im 18. Jahrhundert stellte ein zeitgenössischer Architekt fest, daß augenscheinlich nur dem Bedarf entsprechend gebaut würde.

frühes Schaffen typischer Formensprache dominiert als Betonung des mittleren Gebäudeteils ein Risalit, der oben seinen Abschluß durch einen Dreiecksgiebel findet und der durch eine dreifache Arkatur aufgebrochen wird. Eine breite Treppenanlage führt auf die Loggia zu und betont diese in ihrer dominierenden Stellung. Im Dialog mit der Loggia stehen zwei vertikale Fensterreihen, die die Geschoßeinteilung der Villa deutlich machen. Die Fenster des Piano nobile sind stärker profiliert als die Mezzaninfenster und verfügen zudem über einen Dreiecksgiebel als oberen Abschluß.

Der erste Widerspruch zu der Zeichnung in Palladios Architekturtraktat taucht in dem mißlichen Verhältnis von Bogenstellung, Architrav und Giebel der Loggia des ausgeführten Baues zueinander auf. Dieses Mißverhältnis ist in der 1570 veröffentlichten Zeichnung klassischkorrekt korrigiert worden. Doch auch das Innere der Villa weist Unstimmigkeiten auf. Die aber fielen bereits 1740 dem Architekten Francesco Muttoni ins Auge. Noch deutlicher wird Ottavio Bertotti-Scamozzi, der 1778 berichtet, daß weder die Küchen noch die Wirtschaftsflügel existierten. Man baute dem jeweiligen Bedarf entsprechend oder erweiterte die bereits bestehende Bausubstanz. So steht nun auf der einen Seite die Beschreibung in Palladios Architekturtraktat, auf der anderen die Aussage zweier Zeitgenossen des 18. Jahrhunderts, die der ersten widerspricht. Eine plausible Lösung des Problems bietet Lionello Puppi in seiner ausführlichen Palladio-Monographie an; er vermutet, daß die Texte in den »Quattro Libri« in der Absicht angeglichen wurden, ein beispielgebendes Lehrwerk herauszubringen.

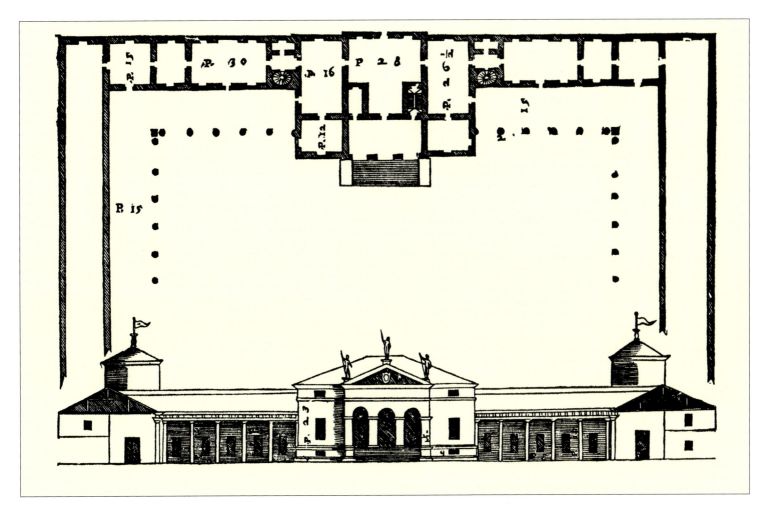

Villa Poiana
Poiana Maggiore (Vicenza)

Zwischen 1548 und 1549 erteilte Bonifacio Poiana Andrea Palladio den Auftrag zur Errichtung eines Landsitzes in Poiana Maggiore bei Vicenza. Bonifacio Poiana gehörte zu einer Familie mit ritterlicher Tradition und enger Bindung an das Kriegshandwerk. Hatte er sich während des Krieges gegen die Liga von Cambrai der Republik Venedig gegenüber absolut loyal verhalten, schloß er sich nun in der »Pax Venezia« der Erschließung der Terraferma an und widmete sich der Landwirtschaft. Das bei Palladio in Auftrag gegebene Anwesen hatte zwei Bedingungen zu erfüllen: Auf der einen Seite sollte die Architektur Position und Tradition der Poiana optisch wirksam werden lassen; auf der anderen Seite sollte das Anwesen landwirtschaftliche Nutzanwendung finden.

Die Lösung, die Palladio präsentierte, zählt zu den schönsten seiner Bauten. Auf einer Anhöhe gelegen, zieht die Villa Poiana durch ihre schlichte Form die Blicke auf sich. Ihre Proportionen sind wohlausgewogen: die Glieder der beiden Hauptfassaden verhalten sich zueinander wie 1:2:1. Nicht zu Unrecht bemerkt Michelangelo Muraro, daß

Unten: Grundriß und Aufriß der Villa Poiana aus den »Quattro libri«. Von dem Entwurf wurde zu Palladios Lebzeiten nur das Herrenhaus errichtet. Bonifacio Poianas Interesse an seinem Anwesen galt offensichtlich in der Hauptsache dessen Erholungscharakter. Dementsprechend wurden zunächst jene Teile des Anwesens fertiggestellt, die der Erholung dienten.

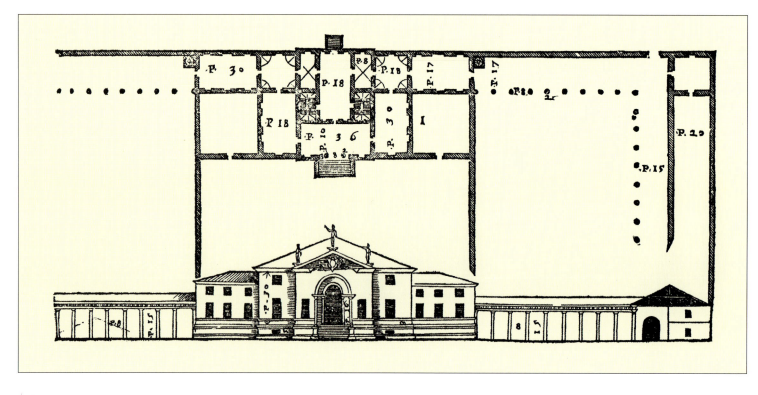

Oben: Auf dem Gelände bei der Villa Poiana wurde eine Inschrift aus dem Jahre 31 vor Christus gefunden, die von dem Legionär Billienus berichtet, der sich nach der Seeschlacht von Aktium hier niedergelassen hatte. Auch Bonifacio Poiana hatte das Kriegshandwerk betrieben, ehe er sich um 1549 seine Villa bei Poiana Maggiore von Andrea Palladio errichten ließ.

S. 60/61: Die Villa Poiana zählt zu den Höhepunkten in Palladios Schaffen. Die Fassade ist harmonisch rhythmisiert; ihre einzelnen Kompartimente verhalten sich zueinander wie 1:2:1. Überdies ist die Villa Poiana mit ihren schlichten Formen auf die sie umgebende Landschaft bezogen.

das Gebäude dadurch kleiner wirkt, als es tatsächlich ist. Wieder einmal dominiert der durch seine leichte Verkröpfung mit der Fassade leicht vortretende, risalitartige Mittelteil des Gebäudes. An diesem Risalit gelangt ein Motiv zur Ausführung, mit dem Palladio schon in frühen Entwurfszeichnungen für Villen-Aufrisse experimentiert hat: der Sprenggiebel. Durch die Sprengung des Kragsteingesimses ist er organisch mit der Mauerfläche des Risalits verschmolzen. Eine einfache Serliana dominiert sowohl an der vorderen wie an der rückwärtigen Fassade. Palladio präsentiert dieses Motiv hier in einer bemerkenswerten Variation, läßt er es doch in einen doppelten, fünf Oculi umschließenden Rundbogen hineinragen. Unterstützt durch die beiden Fenster zu seiten der Serliana steht diese in direkter Beziehung zu dem Sprenggiebel und löst so das klassische Portikusmotiv, gebildet aus Bogenstellung, Architrav und Giebel, zugunsten einer organischen Verschmelzung der Elemente auf.

Die Villa Poiana entbehrt jeglicher Schmuckformen. Die Serliana wirkt gleichsam ins Mauerwerk hineingeschnitten, ihre Stützen sind

schlichte, glatt verputzte Pfeiler. Nur schwach verkröpft gehen die Sohlbänke der Fenster in ein umlaufendes Gesimsband über, und lediglich die oberen Fensterabschlüsse treten stärker aus dem Mauerwerk hervor. Dieser Verzicht auf Schmuckformen entspricht der militärischen Tradition der Poiana und wurzelt in einer Bautradition, die durch den Verzicht auf den »decoro« Wehrhaftigkeit ausdrückt.

Dennoch steht die Villa Poiana in einer Entwicklung, die aus der nunmehr herrschenden Friedensstimmung hervorgeht und vielerorts die Architekten veranlaßte, eine Architektur zu entwerfen, die im Gegensatz zu geschlossenen, massiven Bauten Öffnung suggeriert. So geht auch in der Villa Poiana – und dies erstmalig in Palladios Schaffen – mit der schlichten Fassadenbehandlung eine außerordentliche Raumerschließung einher. Diese Raumerfahrung geht von der Loggia aus. Durch den Verzicht auf einen vorgezogenen Portikus ist die Loggia vom Baukörper umschlossen. Da die Wohnräume suitenartig links und rechts um eine dominierende Raumachse angeordnet sind, bietet der Blick durch die Loggia zugleich einen Blick durch den gesamten Baukörper hindurch. Auf diese Weise fügt sich die Villa Poiana organisch in die sie umgebende Landschaft ein, ja sie wird ein fester Bestandteil dieser Landschaft.

Der Verputz der Villa Poiana, wenngleich er auch schlecht erhalten ist, ermöglicht eine Beobachtung, die auch bei der Villa Godi in Lonedo

Oben und S. 63 links: Thema und Variation: Gerade in seinen frühen Bauten bezog Palladio häufig eine Serliana in die Fassadengestaltung mit ein, die deshalb später auch Palladio-Motiv genannt wurde. Hier tritt sie in einer interessanten Variante in Erscheinung: Sie ragt in einen doppelten Rundbogen hinein, der fünf Oculi – kreisförmige Einschnitte ins Mauerwerk – umschließt.

Oben rechts: Antike Opferszene von Anselmo Canera. Das Fresko im Hauptsaal der Villa spielt auf deren Besitzer an: Dargestellt ist eine Familie, deren Oberhaupt am Friedensaltar die Kriegsfackel zum Verlöschen bringt.

und der Villa Pisani in Montagnana zu machen ist: Er weist ein eingeritztes Quadermuster auf, das den Eindruck zu erwecken vermag, als sei die Villa Poiana mit glattem Haustein verkleidet. Ohne den Dialog der schlichten Mauerfläche mit den Öffnungen der Loggia und der Durchfensterung zu stören, wird diese Art der Fassadenbehandlung den würdevollen Charakter der Villa noch um ein Weiteres erhöht haben.

Wie bei vielen Bauten Palladios ist auch die Baugeschichte der Villa Poiana von Komplikationen begleitet. Eine Urkunde aus dem Jahre 1555 bezeichnet die Villa als noch nicht vollendet. Gleichwohl muß sie schon bewohnbar gewesen sein, da die Freskendekoration in das Jahr 1550 zu datieren ist. Die Umfassungsmauern hingegen sowie die Freitreppe vor der Loggia entstanden erst zwischen dem Ende des 16. und der Mitte des 17. Jahrhunderts. Auch die Anbauten an den zentralen Teil der Villa wurden erst in dieser Zeit errichtet, wobei Francesco Muttoni zufolge der Entwurf Palladios wenig beachtet wurde. Aufschlußreich ist ein Bericht Filippo Pigafettas, demzufolge lediglich der zur Erholung und Erbauung bestimmte Teil der Villa errichtet worden war. Vielleicht ist es nicht ganz unberechtigt, in Bonifacio Poiana einen Bauherrn erkennen zu wollen, dem die Landwirtschaft eine äußere Veranlassung bot, sich dem humanistischen Ideal vom Leben auf dem Lande anzuschließen.

Palazzo della Ragione
Piazza dei Signori (Vicenza)

Mit der sogenannten Basilica, in Wahrheit den doppelgeschossigen Loggien, mit denen der ältere Palazzo Pubblico beziehungsweise Palazzo della Ragione (also das Rathaus), umgeben wurde, hat Palladio seinen Ruf begründet. Die Freundschaft mit dem Dichter und Gelehrten Giangiorgio Trissino mag entscheidend dazu beigetragen haben, daß der Auftrag an Palladio erging. Am 6. März 1546 wurde gemeinsam von Giovanni da Pedemuro und seinem Schüler Andrea Palladio ein neues Projekt innerhalb der komplizierten Planungsgeschichte vorgelegt. Nach dem Wortlaut der Dokumente sollte ein Modell »in fast natürlicher Größe« gearbeitet werden. Möglicherweise ist dabei an die maßstabsgerechte Ausführung einer einzelnen Bogenstellung gedacht worden, wie wir das aus der Baugeschichte anderer bedeutender Denkmäler kennen. Am 27. Oktober des gleichen Jahres erhielt Palladio allein den Auftrag zu vier Bauzeichnungen. Am 11. April 1549 wurde ihm die Ausführung übertragen, am 1. Mai erfolgte die Ernennung zum Hauptarchitekten.

Die Arbeiten zogen sich, immer wieder verzögert durch finanzielle Krisen, schleppend hin. Am 23. Juli 1561 waren die neun Erdgeschoßarkaden zur Piazza dei Signori hin, die vier angrenzenden an der westlichen Schmalseite und die einzige für die gegenüberliegende Ostseite vorgesehene vollendet. Erst am 6. März 1564 folgte der Beschluß zur Ausführung der oberen Loggia. Palladio hat die Vollendung des Bauwerkes nicht mehr erlebt. Vom 14. März 1617 sind die letzten Zahlungen überliefert. Die Vollendung des Skulpturschmucks zog sich bis in die Mitte des 17. Jahrhunderts hin.

Palladio legt seinem Konzept das Prinzip antiker römischer Theatermauern zugrunde: Die Vertikalachsen werden durch Öffnungen gleicher Größe in den verschiedenen Geschossen und durch Halbsäulenvorlagen gegliedert, die Horizontalen durch Gesimse betont, die sich um die Wandvorlagen verkröpfen. Dieses Prinzip wird bereichert durch die in solcher Summierung zuvor nur von Giulio Romanos Palazzo del Te in Mantua (1526–34) bekannten Verwendung der sogenannten Serliana, der triumphbogenartigen Verbindung von jeweils einer zentralen, breiteren Bogenstellung mit zwei architravierten, d. h. horizontal abgeschlossenen Durchgängen.

»Da die Alten ihre Basiliken zu dem Zweck errichteten, daß die Menschen im Winter wie im Sommer einen Platz hatten, an dem sie bequem ihre Dinge und Geschäfte verhandeln konnten, so baut man auch in unserer Zeit in jeder Stadt in Italien... einige öffentliche Säle, die man mit Recht Basilika nennen kann, da ganz nah bei ihnen die Behausung des oberen Maigstrats liegt...«
(Andrea Palladio, 1570).

S. 66/67: Der Begriff »Basilica«, mit dem Palladio den Palazzo della Ragione in Vicenza bezeichnete, hat nichts mit dem seit dem frühen Christentum so genannten Kirchengebäude gemeinsam. Palladios Verständnis orientiert sich an den antiken Bauwerken, von denen er schreibt, daß darin »die Richter, an überdachter Stelle, Recht sprachen«, und in dem »hin und wieder über die großen und wichtigen Angelegenheiten verhandelt wurde«.

Unten: Palazzo della Ragione. Grundriß nach den »Quattro libri«. Daß Palladio in seinem Traktat den Grundriß der Basilika abbildet, ist etwas irreführend. Sein Anteil an diesem Bauwerk besteht in der Errichtung der Loggien, mit denen er den alten Baukern ummantelte. Die Öffnungen der Blendbögen sind gleichmäßig; der Grundriß und auch die Fassadenansicht zeigen jedoch unregelmäßige Interkolumnien bei den Ecksegmenten.

Der zu seiner Zeit weniger als Architekt denn als Architekturtheoretiker hervorgetretene Sebastiano Serlio (1475–1554), der der Neuzeit in seinen seit 1537 erschienenen sieben Büchern von der Architektur die bis dahin umfassendste Vorstellung von den Lehren Vitruvs vermittelte, hat dieses der römischen Antike vertraute Motiv in den seinen Veröffentlichungen beigegebenen Zeichnungen so häufig verwendet, daß es nach ihm seinen Namen erhielt, obwohl es bereits in der Architektur des Quattrocento wiederaufgenommen worden war. Der wechselseitige Ausgleich von Horizontalen und Vertikalen, der die Gesamtgliederung der Loggien prägt, wird auf diese Weise in jeder Bogenstellung aufgenommen und variiert.

Palladio begnügt sich aber nicht mit der traditionellen Verwendung dieses Motivs, sondern projiziert es in die dritte Dimension: Die Säulen der Serliana werden zum Inneren der Loggia hin verdoppelt. Der Rundbogen wird auf diese Weise zu einer Art schmalem Tonnengewölbe, zwischen Doppelsäulen und begrenzenden Pilastern entstehen kleine flachgedeckte Joche. Hatte schon Giulio Romano in Mantua die Aufgabe einer Loggia – Vermittlung zwischen Innen und Außen – in nahezu idealer Weise gelöst, so geht Palladio noch einen Schritt weiter: Indem er die gegliederte Wand selbst raum-durchlässig macht, gleichsam mit Raum durchsetzt, hebt er tatsächlich die Grenze zwischen

Arkadengang und Platz auf. Die in die Zwickel neben den Rundbögen eingebrochenen Oculi unterstützen diesen Effekt. Licht und Schatten sind die wesentlichen Elemente, die Innen und Außen gegeneinander absetzen.

Diese neue Interpretation von Wand darf im stilgeschichtlichen Sinne als »manieristisch« bezeichnet werden: wird doch ein traditionell mit einer bestimmten Aufgabe bedachtes Phänomen in sein Gegenteil verkehrt. Gleichwohl scheinen die Wurzeln dieser in den Raum transportierten Serliana in die Hochrenaissance zurückzugehen: Ein Stich des Marcanton Raimondi nach dem »Abendmahl« von Raffael zeigt eine Serliana als Fenster in der Rückwand. In der ausgeführten Architektur aus dem Umkreis Raffaels dagegen scheint es nicht bekannt zu sein. Um so mehr hat es in der Nachfolge Palladios eine erstaunlich weit gefächerte Ausbreitung erfahren: Es tritt im Obergeschoß des von Diego de Torralva 1566 begonnenen, um 1580 von Filippo Terzi vollendeten Großen Kreuzganges im Convento do Cristo in Tomar (Portugal) ebenso auf wie in einem 1609 von Joseph Heintz geschaffenen Modell für eine Halle auf dem Perlachplatz in Augsburg; und es überschreitet auch die Grenzen der Kunstgattungen: In Veroneses Gemälde »Das Gastmahl im Hause des Levi« (1573) in der Galleria dell'Accademia in Venedig konstituiert es, allerdings zur Tiefe hin erweitert, die Architektur des Vordergrundes.

Hat man sich die Struktur des Aufbaus eingeprägt, so scheint das Ganze von der größten Schlichtheit bestimmt zu sein: Ein beherrschendes Motiv wird in horizontaler und vertikaler Leserichtung wiederholt. Jedoch gewinnt der Bau seine feine rhythmische Belebung durch eine Reihe von Variationen. Die jeweils äußeren Achsen werden deutlich abgesetzt: Während die Spannweite der Bögen allen übrigen entspricht, sind die architravierten Seiten erheblich schmäler. Insgesamt ergibt sich der Eindruck einer Kontraktion. Gleichwohl erscheinen diese Achsen massiver, indem hier auf die Oculi in den Bogenzwickeln verzichtet wird.

Vollends wirkt die Akzentuierung der Ecken durch eine doppelte Säulenstellung im Sinne einer Fermate: Im oberen wie im unteren Geschoß wirkt die Fassade gleichsam wie in einen festen Rahmen eingefaßt.

In der Loggia des Erdgeschosses verwendet Palladio sowohl für die große als auch für die kleine Säulenstellung die dorische Ordnung, allerdings wiederum mit feinen Differenzierungen: Während die Halbsäulen mit attischer Basis (Abfolge von Wulst, Hohlkehle und Wulst) streng der dorischen Ordnung folgen, erscheinen die eingestellten Doppelsäulen in der Variante der sogenannten toskanischen Ordnung, einer vermutlich in der etruskischen Architektur entstandenen Form, die dann von den römischen Baumeistern übernommen und speziell im 16. Jahrhundert wieder verwendet wurde: Sie verzichtet auf die attische Basis zugunsten einer schlichten runden Sockelplatte. Im Obergeschoß geht Palladio ähnlich vor: Die großen Halbsäulen sind, klassischem römischem Gebrauch folgend, nach der ionischen Ordnung gebildet, wobei die sich seitlich einrollenden Voluten den Flächenzusammenhang betonen; die eingestellten Doppelsäulen dagegen stehen auf den

»Palladios erstes großes Gebäude war die sogenannte Basilika in Vicenza, das heißt die Umbauung des mittelalterlichen Palazzo della Raggione mit zwei ringsumlaufenden Stockwerken von offenen Bogenhallen, wobei er auf die Wandeinteilung (Fenster und dergleichen) des alten Baues eine lästige Rücksicht zu nehmen hatte. Gleichwohl – und trotz einzelner empfindlicher Ungeschicklichkeiten seines eigenen Details – kam eines der großartigsten Werke des 16. Jahrhunderts zustande, das zum Beispiel in Venedig Sansovins Biblioteca vollkommen in den Schatten stellen würde.«
(Jacob Burckhardt, »Der Cicerone«, 1855)

nämlichen, nur durch ein wie eingeritzt wirkendes Profil abgesetzten runden Basen.

Die Profile von Gesimsen und Bögen sind untereinander eng verwandt. In beiden Geschossen werden die Arkadenbögen durch sogenannte Faszien belebt, dreifach gestufte bandartige Profile, die nach unten hin an Breite abnehmen. Diese Profile beherrschen auch, plastisch mehr oder weniger hervortretend, die Gesimse oberhalb der Bögen und die Architrave der schmalen seitlichen Durchgänge. Konsonanz und Variation zugleich bestimmt auch die Balustraden oberhalb eines jeden Geschosses. Während auf der horizontalen Mittelachse die seitlichen Öffnungen der Serliana durch einen Sockel geschlossen werden, die Rundbogenstellung sich dagegen in einer durchbrochenen Balustrade öffnet, wird das Balustradenmotiv am oberen Abschluß des Baues durchgezogen, allerdings wiederum rhythmisiert: Es nimmt nicht nur die Verkröpfung der großen Säulenordnung auf, sondern setzt jeweils auf der vertikalen Linie der untergeordneten Doppelsäulen durch geschlossene Rechteckfelder Akzente. Zugleich trägt Palladio der Funktion als oberem Abschluß Rechnung, indem er das die Balustrade tragende Gesims höher ausbildet, reicher differenziert und vor allem durch einen konvex vorschwingenden Wulst auszeichnet, der oberhalb der ionischen Kapitelle den Eindruck eines weich federnden Kissens hervorruft.

Überdies betont Palladio das abschließende Gesims durch einen Konsolenfries. So erfüllen Gesims und Balustrade ihre Funktion als oberer Abschluß, leiten aber auch zu dem vorgegebenen Kernbau des Palazzo della Ragione über: Die die Balustrade als abschließende

Unten: Durch finanzielle Krisen wurde die Arbeit an der Basilika immer wieder verzögert. Letzte Zahlungen für die Bauarbeiten sind aus dem Jahre 1617, 37 Jahre nach Palladios Tod, überliefert. Die Vollendung des Skulpturenschmucks gar zog sich bis in die Mitte des 17. Jahrhunderts hinein.

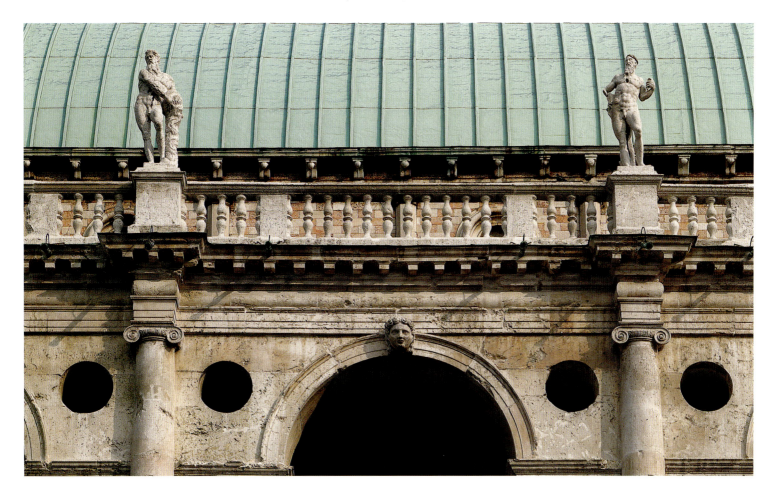

Glieder der vertikalen Architekturbahnen bekrönenden Blöcke dienen zugleich als Postamente für Skulpturen, die zwar nicht mehr zu Palladios Zeiten ausgeführt, aber sicher von Anfang an vorgesehen waren, insofern sie den Blick zu dem kielförmig geschwungenen Dach des Kernbaus weiterleiten.

Im Sinne einer solchen Verbindung des älteren Baus mit den neun doppelgeschossigen Loggien dürfen wir auch die Oculi in den Bogenzwickeln betrachten: Sosehr sie einerseits die Raumdurchlässigkeit der Wand unterstützen, sosehr haben sie vermittelnde Funktion zum Kernbau, der durch Rundfenster sein Licht erhält.

Palladios Konzept lebt also von verwandtschaftlichen Beziehungen der Teile untereinander, ohne daß der Eindruck von Gleichförmigkeit entstehen kann. Lediglich der die beiden Geschosse trennende Architrav – zugleich Abschluß der Erdgeschoßloggien und Sockel der oberen Bogenstellungen – ist innerhalb der Gliederung einzigartig. Palladio greift hier das Motiv des Metopen- und Triglyphen-Frieses auf, das er vielfältig in der römischen Architektur der Antike, aber auch der Hochrenaissance kennenlernen konnte: Im Wechsel folgen dreimal gekerbte hochrechteckige Felder (die Triglyphen) im Relief zurücktretenden Quadraten, die mit Stierschädeln zwischen Ranken beziehungsweise alternierend mit mehrfach profilierten Medaillons geschmückt sind (den Metopen). Unter den Triglyphen hängen, ebenfalls antiken Vorbildern

Oben links: An den Ecken der Basilika sind die seitlichen Öffnungen der Serliana etwas schmaler als bei der restlichen Loggia. Um diesen Tatbestand zu verschleiern, deutete Palladio die Oculi in den Zwickeln nur an, ohne das Mauerwerk von diesen durchbrechen zu lassen. Zudem verstärkt er die Ecken durch zusätzliche Säulen.

Oben rechts: Das Motiv der Serliana entstammt antikem Formengut. In der Renaissance wurde es namentlich durch Sebastiano Serlio verbreitet. Palladio verlieh diesem Motiv eine dritte Dimension, indem er es durch eine zweite Säulenstellung in die Tiefe führte. Die Oculi in den Zwickeln gehen auf Palladios Kenntnis des Paduaner Palazzo della Ragione zurück, der zwischen 1420 und 1435 errichtet worden ist.

> »Betrachtet man nun hier am Ort die herrlichen Gebäude, die jener Mann aufführte, und sieht, wie sie schon durch das enge, schmutzige Bedürfnis der Menschen entstellt sind, wie die Anlagen meist über die Kräfte der Unternehmer waren, wie wenig diese köstlichen Denkmale eines hohen Menschengeistes zu dem Leben der Übrigen passen, so fällt einem dann doch ein, daß es in anderem ebenso ist: denn man verdient wenig Dank von den Menschen, wenn man ihr inneres Bedürfnis erhöhen, ihnen eine große Idee von ihnen selbst geben, ihnen das Herrliche eines wahren, edlen Daseins zum Gefühl bringen will...
> Wie sich die Basilika des Palladio neben einem alten, mit ungleichen Fenstern übersäten, kastellähnlichen Gebäude ausnimmt, welches der Baumeister zusammt dem Turm gewiß weggedacht hat, ist nicht auszudrücken, und ich muß mich schon auf eine wunderliche Weise zusammenfassen: denn ich finde auch hier, leider gleich! das was ich fliehe und suche nebeneinander.«
> (Johann Wolfgang von Goethe, 19. 9. 1786, Vicenza)

folgend, sogenannte Guttae, eine tropfenförmige Reihe von Zierelementen. Wie sehr Palladio hier noch »manieristischer« Stilgesinnung verpflichtet ist, bezeugt die Tatsache, daß oberhalb der großen Säulen Triglyphen und Metopen sich zusammenschließen: Die Metopen umgreifen aus der Tiefe heraus den Block, dessen Vorderseite eine reduzierte Triglyphe mit nur zwei Einkerbungen zeigt. Es ist die einzige »Verunklärung« in der Mikrostruktur der Loggien. Sollte Palladio eine optische Angleichung des rechtwinkligen Blockes an das Halbrund der Säulen beabsichtigt und dafür auf die präzise Abgrenzung eines einzelnen Architekturgliedes verzichtet haben? Immerhin ist Vermittlung zwischen den einzelnen Elementen ein grundlegendes Prinzip dieser Architektur. In diesem Zusammenhang sei auch auf die Köpfe in den Bogenscheiteln beider Geschosse verwiesen, die halbrunde und horizontale Profile miteinander verbinden.

Der Berufung Palladios zum Hauptarchitekten der Basilica war eine äußerst komplizierte Baugeschichte vorausgegangen. 1458 konnten die Arbeiten an einem Neubau des Palazzo della Ragione abgeschlossen werden, der seinerseits ältere Bestandteile zu berücksichtigen hatte. Baumeister war vermutlich Domenico da Venezia. 1458–60 wurde ein bleigedeckter hölzerner Dachstuhl aufgesetzt. Zwei Jahrzehnte später dachte man erstmals an die Errichtung einer Arkade im Erdgeschoß an der auf die Piazza dei Signori gerichteten Hauptfassade. Geplant wurden elf Bogenstellungen. Jedoch hatten die Auftraggeber wenig Glück mit diesem Vorhaben, da 1496 ein Einsturz die Arbeiten zum Erliegen brachte. Als Sachverständiger wurde der angesehene Architekt und Bildhauer Antonio Rizzo aus Venedig geholt, der den Abriß des bisher Aufgeführten und einen Neubau empfahl.

Rizzo begann das Werk von neuem, verließ Vicenza aber schon nach kurzer Zeit, so daß er 1498 von Giorgio Spavento abgelöst wurde. Die Aktivitäten dürften begrenzt gewesen sein, da der Krieg gegen Frankreich auch für die Republik Venedig äußerste Anspannung aller wirtschaftlichen Mittel bedingte.

Immerhin dachte man noch vor dem Frieden von Bologna in den Jahren 1529/30 an eine Wiederaufnahme des Projektes. Im Mai des Jahres 1525 wurde ein Gutachten des venezianischen Architekten Antonio Abbondio, genannt Scarpagnino, eingeholt. Er setzte die Arbeiten von 1532 an fort, aber nach kurzer Zeit folgte wiederum eine Bauunterbrechung. In den folgenden Jahren zog man die bedeutendsten Baumeister Oberitaliens zu Rate: 1538 erteilte Jacopo Sansovino – erster Architekt der Republik Venedig – Ratschläge, die aber nicht befolgt wurden. Für den Februar 1539 ist eine Zahlung an Sebastiano Serlio erhalten. In den Jahren 1541 und 1542 wurden Michele Sanmicheli aus Verona und Giulio Romano aus Mantua herangezogen. Leider wissen wir nichts über die Form ihrer Vorschläge, die jedenfalls nicht angenommen wurden.

Die lange Planungsgeschichte überrascht. Einerseits belegt die Heranziehung so vieler angesehener Architekten, welche repräsentative Bedeutung man dem Projekt beimaß. Andererseits müssen seiner Verwirklichung ungewöhnliche Schwierigkeiten entgegengestanden haben. Sie dürfen in zweierlei Richtung vermutet werden: Erstens waren in verschiedener Weise Vorgaben zu berücksichtigen, nämlich der bestehende Kernbau des Palazzo della Ragione aus dem 15. Jahrhundert und die von Antonio Rizzo 1496 begonnenen und von Giorgio Spavento 1498 fortgesetzten Fragmente einer Arkadenreihe, auf deren Wiederverwertung man offenbar nicht verzichten wollte. Zweitens scheint die Ausführung der Loggien erhebliche statische Probleme aufgegeben zu haben, worauf der Einsturz des ersten Projekts hindeutet.

Auf der Grundlage dieser Vorgeschichte und im Bewußtsein der von der Aufgabe her bedingten Schwierigkeiten entwickeln 1546 Giovanni da Pedemuro und sein Schüler Andrea Palladio ein ganz neues Projekt. Es ist zugleich der Zeitpunkt, zu dem Palladio aus der Bindung an die Werkstatt von Pedemuro heraustritt. Da er in handwerklicher Hinsicht ungewöhnlich gründlich ausgebildet war, scheinen die Widerstände der Aufgabe seine Phantasie geradezu beflügelt zu haben. Dabei ist die oben im Detail beschriebene endgültige Gestalt der Loggien gewiß nicht Ergebnis einer spontanen Idee. Zwischen dem am 6. März 1546 noch gemeinsam von Giovanni da Pedemuro und Palladio vorgelegten Entwurf und der erst am 11. April 1549 endgültig an Palladio erfolgten Auftragserteilung dürfte eine ganze Reihe von Planungsstadien gelegen haben. Zugleich wird Palladio in diesen Jahren die oberitalienische Architektur nochmals gründlich studiert haben.

Daß Giulio Romanos Gartenfassade des Palazzo del Te vor den Toren Mantuas mit der Vervielfachung von Serliana-Stellungen wesentliche Impulse für Palladios Konzept gegeben haben dürfte, wurde bereits erwähnt. Wichtiger ist die Tatsache, daß es für die Umbauung eines repräsentativen städtischen Gebäudes mit einer doppelgeschossigen Loggia ein geographisch naheliegendes Vorbild gab: Den Palazzo della Ragione in Padua hatte man zwischen 1420 und 1435 mit zweistöckigen Arkadengängen umgeben. Einer Bogenstellung im Untergeschoß entsprechen hier zwei von feingliedrigen Marmorstützen getragene Öffnungen im Obergeschoß. Es wird also von unten nach oben differenziert, Sockel- und Hauptgeschoß sind verschieden gewichtet. Daß Palladio den Paduaner Bau bei seinen eigenen Überlegungen sehr genau vor Augen hatte, beweist eine Motivübernahme: Die Oculi in den Bogenzwickeln, die in Vicenza so wesentlich zur Verräumlichung der Mauer beitragen, sind aus Padua übernommen worden.

Der Vergleich mit diesen repräsentativen Bauten macht Palladios ganz eigene Leistung erst recht deutlich: Gegenüber dem Palazzo della Ragione in Padua tritt das außerordentliche Maß an Einheitlichkeit hervor, gegenüber Giulio Romano die gesteigerte Durchdringung von Innen und Außen, gegenüber Sansovino die Klärung der architektonischen Struktur bei Verzicht auf die »malerische«, stark vom dekorativen Detail her bestimmte Auffassung. Daß Palladio trotz der zunächst geradezu rigorosen Vereinheitlichung eine Architektur von höchster Lebensfülle durch unerschöpflichen Variationsreichtum des Details gelingt, macht nicht zuletzt die Bedeutung seiner Schöpfung aus. Leichte Unregelmäßigkeiten in der Dimensionierung der einzelnen Arkadenstellungen sind durch die Verpflichtung zur Übernahme bereits bestehender Bauteile – Gewölbe ebenso wie Ummantelung von aufgemauerten Stützen – bedingt.

S. 73: Palladios Berufung zum Hauptarchitekten der Basilica war eine äußerst komplizierte Baugeschichte vorausgegangen. Die Arbeiten an dem Kernbau waren 1458 abgeschlossen. Zwanzig Jahre später wurde die Errichtung einer Arkade an der Hauptfassade geplant, ein Unternehmen, das 1498 durch den Einsturz der bereits errichteten Bogenstellungen zum Erliegen kam.

Palazzo Iseppo Porto
Contrada Porti 21 (Vicenza)

Mit Ausnahme des Palazzo Antonini hat Palladio seine Paläste nahezu alle in Vicenza, oder, in weiterem Sinne, auf der Terraferma errichtet. Zwar existieren Entwürfe, die sein Bemühen, auch in Venedig Palastanlagen zu errichten, dokumentieren; von ihnen konnte jedoch keiner ausgeführt werden. Dabei scheiterten seine Bemühungen weniger an einem Mangel an Auftraggebern, sondern vielmehr an der lebenspraktischen Einstellung der adligen venezianischen Auftraggeberschicht. Galt für einen Kaufmann die Regel, daß er seine Ausgaben nach seinen Einnahmen zu richten habe, so hatte der Adlige seine Ausgaben nach den Erfordernissen seines Ranges zu richten (Norbert Elias). Für das in Italien witterungsbedingt zumeist im Freien sich abspielende Leben bedeutete das, daß dieser Rang am deutlichsten durch die Palastfassade wirksam gemacht werden mußte, ohne daß dabei unbedingt auf den Grundriß des Palastes Rücksicht zu nehmen war.

Vicenza hingegen war Norbert Huse zufolge im beginnenden Cinquecento architektonische Provinz. Neu zu errichtende Paläste hatten im Gegensatz zu Venedig keine Konkurrenzarchitektur zu bereits bestehenden architektonischen Traditionen zu sein. Zudem stieß Palladio dort auf eine Schicht adliger Auftraggeber, die willens war, sich, wie er auch selbst schreibt, von seinen Vorstellungen überzeugen zu lassen. Daß diese teuren Bauvorhaben sich zumeist wiederum lebenspraktischen Erwägungen zu beugen hatten, wenn die finanzielle Situation des Auftraggebers oder dessen Tod dies erforderlich machte, und daß die Ausführung des ursprünglichen Entwurfes am ehesten an den Fassaden festzustellen ist, steht auf einem anderen Blatt.

Einer dieser Auftraggeber war Iseppo da Porto. Palladio entwarf für ihn um 1549/1550 einen Palast, der sich von der Contrada Porti bis zu der parallel dazu verlaufenden Via degli Stalli (der letztere Straßenname ist späteren Datums) erstrecken sollte; ausgeführt wurde jedoch nur der Wohnblock, der auf die Contrada Porti weist.

Der untere Teil der Fassade ist in Rustika ausgeführt. Das mag auf eine gewisse öffentliche Funktion des Pianereno verweisen: Da die herrschaftlichen Wohnräume in der Regel im Piano nobile lagen, diente das Pianereno der Unterbringung von Wirtschaftsräumen sowie der Lagerung von Waffen. Der bollwerkartige Charakter der Rustika hätte dies

»Die folgenden Zeichnungen zeigen das Haus des Iseppo de'Porti, eines Mitgliedes jener edlen Familie aus dieser genannten Stadt. Dieses Haus geht auf zwei öffentliche Straßen hinaus. Es hat deshalb zwei Eingänge mit jeweils vier Säulen, die oben ein Gewölbe tragen und den darüberliegenden Bereich absichern. (...) Der von Säulenumgängen umgebene Hof, zu dem man von den genannten Eingängen durch einen Gang gelangt, wird sechsunddreißigeinhalb Fuß hohe Säulen haben, das heißt, sie sind so hoch, wie das erste und zweite Stockwerk zusammen. Hinter diesen Säulen liegen Pilaster..., die den Fußboden der darüberliegenden Loggia tragen. Dieser Hof unterteilt das ganze Haus in zwei Teile. Der vordere dient dem Herrn sowie den Frauen und Mägden. Der hintere dient zur Unterbringung der Gäste, so daß die Hausbewohner und die Gäste nicht unmittelbar aufeinander Rücksicht nehmen müssen, worauf die Alten und besonders die Griechen achteten. Darüber hinaus dient diese Unterteilung auch für den Fall, daß die Nachkommen des obengenannten Edelmanns ihre eigenen, abgetrennten Wohnräume haben wollen. Ich wollte die Haupttreppen unter den Portikus legen, so daß sie in der Mitte des Hofes zu liegen kämen, damit jene, die sie ersteigen wollen, gleichsam genötigt sind, die schönsten Teile des Gebäudes zu sehen, und damit sie auch, weil sie so in der Mitte liegen, dem einen wie dem anderen Gebäudeteil nützen.«
(Andrea Palladio, 1570)

auch optisch wahrnehmbar gemacht. Indessen läßt es Palladio nicht bei einer reinen Rustizierung des Pianereno bewenden. Das Pianereno ruht auf einem zweifach vorspringenden, glatt verputzten Sockel. Die Rustizierung darüber erfolgt nach gleichsam malerischen Vorgaben und fügt sich in die für Palladio typische Vertikalgliederung ein. Die Fenster sind nicht lediglich aus der Rustizierung herausgeschnitten; vielmehr unterstützt die Rustizierung ihrerseits deren vertikalisierenden Charakter: Die Fensterstürze bildet ein nach unten hin gerade abgeschnittenes, trapezförmiges Quaderwerk, das nach oben hin sternförmig auseinandertritt und in halbrunde Blendbögen einschneidet. Diese Blendbögen sind glatt verputzt und drängen in die Wandfläche hinein. Wieder aus sternförmig auseinandertretendem, trapezoidem Quaderwerk sind die Rundbögen gebildet, deren Schlußstein eine Maske schmückt und die oberhalb der Blendbögen hervortreten. Diese Art der Fassadenbehandlung, der auch in der Einfassung des Eingangsportals entsprochen wird, unterbricht die monotone Quaderung des Pianereno und bereitet durch ihre Belebung des Fassadeneindrucks und durch die Betonung der Vertikalgliederung auf das reichgeschmückte Piano nobile vor.

Zum erstenmal an einer Palastfassade kokettiert Palladio mit der ungebrochenen Schwellbewegung von Halbsäulen, die der Wand vorgelegt sind. Die Säulen sind von ionischer Ordnung, und dementsprechend ist das von diesen gestützte Gebälk aus einem mehrfach abgestuft vortretenden Gesims gebildet. Die plastische Wirkung wird noch durch dessen regelmäßige Verkröpfung oberhalb der Säulenkapitelle erhöht. Die Profile der Fenster im Piano nobile treten nur schwach aus der Wand hervor. Erheblich stärker sind hingegen die oberen Fensterab-

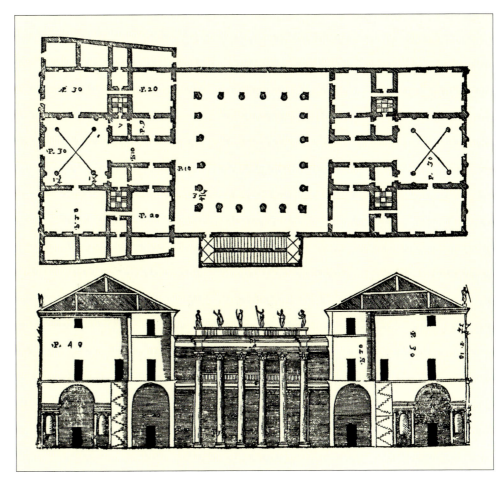

Rechts: Grundriß und Ansicht nach den »Quattro libri«. Palladio orientierte sich bei diesem Palastentwurf an dem Wohnhaus der Alten. Zwei Wohnkompartimente waren vorgesehen, wovon einen die Herrschaft hätte bewohnen sollen, das andere den Gästen des Hauses zur Verfügung gestanden hätte. Beide Kompartimente sollten durch einen Hof mit umlaufender kolossaler Säulenordnung verbunden werden. Von dem Projekt wurde nur ein geringer Teil ausgeführt.

schlüsse plastisch ausgebildet. Sie werden durch einen regelmäßigen Wechsel von deutlich vor das Mauerwerk tretenden Dreiecks- und Segmentbogengiebeln bestimmt. In der mittleren Vertikalachse und den beiden äußeren Vertikalachsen sind die Zwischenräume von Fensterprofil und Säulen durch Schmuckgirlanden ausgefüllt, die von zwei den Giebeln aufliegenden Skulpturen ausgehen. Der in den »Quattro Libri« veröffentlichte Entwurf sah ein solches Schmuckwerk auf der gesamten Fassadenbreite vor. Da Ottavio Bertotti-Scamozzi 1778 bereits den gegenwärtigen Zustand gesehen und beschrieben hat, darf mit Recht daran gezweifelt werden, ob Palladios Schmuckwerkplanung überhaupt je ausgeführt worden ist.

Bei aller Belebung der Fassade macht der Palazzo Iseppo Porto einen recht geschlossenen Eindruck. Diesen ruft nicht zum geringsten das rustizierte Piantereno hervor; doch auch ein nach Palladios Vorstellungen ausgeführtes Piano nobile hätte den Eindruck nicht verwischen können, daß die Wand lediglich durch aufgelegte Dekors aufgelöst wird und nicht durch einen von innen nach außen tretenden Öffnungswillen. Ein Blick auf den geplanten Grundriß läßt die Frage berechtigt erscheinen, wie ein solches Öffnungsstreben auch mit dem Grundriß hätte vereinbart werden sollen. Wie bereits festgestellt, hätte der Palazzo Iseppo Porto aus zwei Wohnblöcken bestehen sollen, die durch einen Peristylhof mit kolossaler Säulenordnung getrennt werden sollten. In jenem Wohnblock, der zur Contrada Porti weist, wären die Herrschaftsräume untergebracht worden, während die Gäste des Hauses in Anlehnung an das von Vitruv rekonstruierte Vorbild des griechischen Wohnhauses in dem anderen Wohnblock untergebracht worden wären. Das Herrschaftshaus hätte durch zwei seitlich aus dem Baukörper tretende Risalite betont werden sollen, dessen Räume auf dem Grundriß jedoch keine organische Verbindung mit der Raumanlage des Gebäudekerns eingehen. Durch die Eingangshalle hindurch gelangt man in das Atrium des Wohnblockes. Von da aus kommt man in die links und rechts angrenzenden Räume. Deren Raumanlage ist in ihrem Verhältnis der einzelnen Räume zueinander deutlich systematisiert. Wie später auch im Palazzo Chiericati nimmt ihr Raumvolumen kontinuierlich ab. Indes orientiert sich die Raumanlage im Palazzo Chiericati an den äußeren Begrenzungsmauern, die den Hof rechtwinklig umschließen. Im Palazzo Iseppo Porto hingegen sind die Räume rechtwinklig um zwei kleine Treppenanlagen gruppiert. So liegen sich in beiden Wohnblöcken jeweils zwei »Raumschnecken« (Herbert Pée) gegenüber, die sich nach außen hin abschließen. Die Geschlossenheit des äußeren Baukörpers findet also auch im Grundriß ihre Entsprechung. Bei Palladios Neigung zur achsensymmetrischen Grundrißdisposition ist allerdings auch schon im Palazzo Iseppo Porto eine Längsachse ausgebildet, die durch die gesamte Palastanlage hätte hindurchführen sollen. Wenngleich ihre Ausrichtung auch durch keine eindringende Querachse gestört wird, kann jedoch noch nicht – wie später im Palazzo Valmarana – von einer Unterordnung der Raumanlage unter die Dominanz dieser Achse gesprochen werden; in diesem frühen Stadium ist sie vielmehr Ausdruck von Palladios sklavischer Orientierung an einer streng achsensymmetrischen Organisation der Raumanlage.

Oben: Von dem für die Fassade vorgesehenen Schmuckwerk gelangte nicht viel zur Ausführung. Lediglich auf dreien der Fenster des Piano nobile ruhen jeweils zwei Skulpturen auf. Die Zwischenräume zwischen Fensterprofil und Säule werden durch Stuckgirlanden ausgefüllt.

Linke Seite: Die Rustikaquaderung des Untergeschosses folgt malerischen Vorgaben, die die Vertikalgliederung der Palastfassade betonen. In Entsprechung zu seiner Funktion ist die Gestaltung des Piano nobile mit dem reichen Licht-und-Schatten-Spiel der auf- und abschwellenden Formen um einiges reicher ausgeführt.

Palazzo Chiericati

Piazza Matteotti (Vicenza)

In dem Palazzo Chiericati begegnen wir dem einzigen der Palastbauten Andrea Palladios, der nahezu vollständig nach dessen Plänen errichtet worden ist. Am 19. Mai 1551 wandte sich Girolamo Chiericati an den großen Rat von Vicenza mit der Bitte um Genehmigung der Bauarbeiten. In seiner Eingabe – der im übrigen sofort stattgegeben wurde – spricht Chiericati davon, daß der Palast zum Schmuck und zur Verschönerung der Stadt Vicenza einen Portikus auf der Seite zur Piazza d'Isola erhalten solle.

Wenn Chiericati im Frühjahr 1551 bereits solch detaillierte Angaben zu dem Projekt machen konnte – eigener Aussage zufolge hatte er sich mit mehreren (!) Architekten beraten –, wird davon auszugehen sein, daß der Entwurf Palladios bereits in das Jahr 1550 zu datieren ist. Von 1551 an entfaltete sich an der Piazza Matteotti eine rege Bautätigkeit, über die Girolamo Chiericati peinlich genau Buch führte. Offensichtlich war man darauf bedacht, das Bauvorhaben möglichst schnell dem Ende zuzuführen.

Im Jahre 1554 standen bereits der südliche Teil des Palastes einschließlich des ersten Interkolumniums der Loggia. Dann aber erlahmte das Baufortkommen. Finanzielle Schwierigkeiten mögen ebenso ein

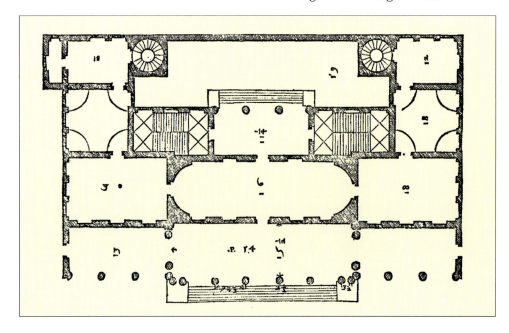

Links: Grundriß des Palazzo Chiericati aus den »Quattro libri«. Das in der Raumanlage dominierende Vestibül nimmt die querrechteckige Konzeption des Palastes auf. Die links und rechts an das Vestibül grenzenden Räume legen sich in einem rechten Winkel um den Hof des Palastes. Zugang zu dem Hof gewährt eine Loggia, die zwischen die beiden Haupttreppenanlagen eingezogen ist.

S. 80/81: Der Palazzo Chiericati befindet sich an der Piazza Matteotti in Hafennähe. Seine offene Architektur veranlaßte einige Forscher zu der Vermutung, daß er den Typus einer »villa maritima« – einer Villa in Meeresnähe – verkörpere. Möglicherweise stellt er auch einen Teil einer geplanten Platzanlage dar, die Palladio nach römisch-antikem Vorbild zu konzipieren dachte.

Grund dafür gewesen sein wie die Heimsuchung Vicenzas durch eine Pestepidemie im Jahre 1556. 1557 verstarb Girolamo Chiericati; sein Sohn Valerio trat in diesem Jahr sein Erbe an. Aus dieser Zeit sind ausgiebige Dekorationsarbeiten im Inneren des Palastes überliefert. Scheinbar sollte der bereits errichtete Teil des Palastes so komfortabel wie möglich gestaltet werden, um Valerio Chiericati – urkundlich belegt – im Jahre 1570 den Einzug in den Palast zu ermöglichen. Der setzte in seinem Testament von 1579 vierhundert Dukaten zur Vollendung des Palastes aus, kümmerte sich jedoch nicht sehr um den Fortgang der Arbeiten. Für das ausgesetzte Geld wurden zwar Steine beschafft; an dem einflügeligen Torso wurde allerdings nicht weitergebaut, so daß die Stadt Vicenza sich einige Jahre später genötigt sah, zum Abräumen der auf der Piazza Matteotti herumliegenden Steine aufzufordern.

1609 verstarb Valerio Chiericati. Von nun an verlassen uns die urkundlichen Bezeugungen über die Fortschritte an dem Projekt. Erst 1746 beschreibt Francesco Muttoni den Bau als vollendet. 1838 erwirbt die Stadt Vicenza den Palazzo Chiericati und leitet umfängliche Renovierungsarbeiten ein. Seit 1855 beherbergt er bis auf den heutigen Tag das »Museo Civico«.

Der Grundriß des Palazzo Chiericati zeigt eine streng achsensymmetrische, rechtwinklig um einen Hof gelegte Anlage, die überdeutlich durch ein Querrechteck bestimmt ist. Man betritt den Palast durch den vorgelagerten Portikus und gelangt in ein quergelegtes Vestibül.

An dieser Stelle ist der Grundriß des Piantereno nicht identisch mit dem des Piano nobile. In der Palastarchitektur galt als wesentlicher Bestandteil die große Sala im Piano nobile. Der Hausherr nahm in ihr seine Verpflichtungen wahr und bestritt dort seine Feierlichkeiten. Also unternahm man für gewöhnlich alle Anstrengung, um diesen Saal zu einem Prunksaal zu machen. So auch Girolamo Chiericati.

Wie idealistisch Chiericati auch immer gewesen sein mag, in dieser Hinsicht unterschied er sich in nichts von den anderen adligen Bauherren; eine Sala in Entsprechung zu dem wenn auch breiten, so doch nicht sehr tiefen Vestibül im Piantereno dürfte seinen Vorstellungen von einer Sala kaum Genüge getan haben. Zwar bildet Palladio 1570 in seinen

Rechts: Aufriß des Palazzo Chiericati aus den »Quattro libri«. In diesem Aufriß stellt Palladio den Palast als gleichsam »offene« Architektur vor. Dem Gebäudekern ist eine doppelgeschossige Säulenloggia vorgelagert, die die gesamte Breite der Fassade einnimmt. Der Mittelteil ist leicht mit der übrigen Fassade verkröpft und ist zudem durch die Massierung von vier dicht beieinanderstehenden Säulen an seinen Ecken betont.

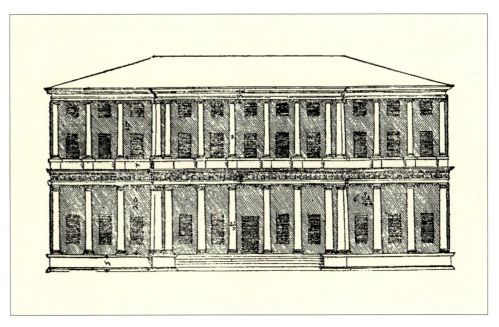

»Quattro Libri« den Palazzo Chiericati mit doppelgeschossigem Portikus ohne vorgezogenen Mittelteil im Piano nobile ab, doch werden am ehesten seine eigenen Vorstellungen darin ihren Niederschlag gefunden haben.

Doch zurück zum Grundriß: Zur linken und zur rechten Seite führt das Vestibül in die Wohnsuiten; dem Eingang gegenüber gelangt man zur Gartenloggia, die von einer Viersäulenstellung abgeschlossen wird und, flankiert durch zwei zweiflügelige Treppenanlagen, in den Baukörper eingezogen ist. Als Weg in den Hof sah der Entwurf eine breite Freitreppe vor, die jedoch nicht ausgeführt worden ist. Zunächst ist jedenfalls festzuhalten, daß das Raumvolumen entlang der Mittelachse bis zum Hof hin abnimmt. Dieser Weg der sukzessiven Abnahme von Raumvolumen wird auch in den Wohnsuiten beschritten. Als der Teil mit der ausgeprägtesten Raumdynamik erweist sich das Vestibül. In den beiden auf der Breitseite des Palastes daran angrenzenden Räumen und jenen, die sich in die Tiefe der Anlage erstrecken, verringert sich die Grundfläche kontinuierlich.

Wie sehr dies für die damalige Zeit neuartig war, mag ein Beispiel zeigen, das bei der Betrachtung der Fassade des Palazzo Chiericati noch von Interesse sein wird. Die Rede ist von der Villa Garzoni des Jacobo Sansovino in Pontecasale di Candiana bei Padua. Auch ihr Grundriß ist durch eine achsensymmetrische Anlage bestimmt, die sich rechtwinklig um drei Hofseiten legt. Die im Pianereno offene Loggia der Gartenfassade wird im Obergeschoß in geschlossener Form übernommen. Gleichsam wie bei einem Korridor gelangt man von ihr aus in die einzelnen Räume der Gebäudeflügel, die sich im Grundriß alle untereinander entsprechen. Das den Grundriß bestimmende Prinzip ist also – symptomatisch für die Renaissancebaukunst – Raumaddition in der Villa Garzoni versus Raumerschließung in den ersten Palästen Andrea Palladios.

Im Gegensatz zu Palladios übrigen Stadtpalästen steht der Palazzo Chiericati isoliert auf der Piazza und dominiert diese somit, ohne in eine Zeile von angrenzenden Häusern eingebunden zu sein. Die Fassadendekoration – die Rede ist von dem Portikus – bestimmt jedoch nur die der Piazza zugewendete Seite des Palastes. Die Seitenflügel führen zwar das dorische Gebälk weiter, sind im übrigen aber glatt und undekoriert abgeschlossen. Es stellt sich also die Frage, ob der Palazzo tatsächlich nur als einzelnes Gebäude am Rande der Piazza geplant war. Unterziehen wir dazu doch die Palastfassade einer genauen Betrachtung: Als erstes stellt sich die Frage, ob die vordere Palastfront überhaupt als Fassade zu bezeichnen ist. Über ihre gesamte Breite hin wird sie bestimmt durch einen doppelgeschossigen Portikus. Die auf dem oberen, abschließenden Gesims aufgestellten Skulpturen müssen aus der Betrachtung ausgeklammert werden. Sie sind in das 17. Jahrhundert zu datieren, den Zeitpunkt der mutmaßlichen Fertigstellung des Palastes. Die Abfolge der Geschoßordnung ist dorisch im Pianereno und ionisch im Piano nobile. Diese Geschoßordnung scheint symptomatisch für diese Phase des Schaffens Andrea Palladios zu sein, finden wir sie doch auch am Palazzo Antonini in Udine und der Villa Pisani in Montagnana vor.

»In Vicenza auf dem Platz, der gemeinhin ›isola‹ genannt wird, hat Graf Valerio Chiericati, ein Ritter und Edelmann dieser Stadt, ... ein Gebäude errichtet. Es hat in seinem unteren Teil eine vorgebaute Loggia, die die gesamte Fassade einnimmt. Das Niveau des Erdgeschosses liegt ungefähr fünf Fuß über der Erde. Dies geschah sowohl, um dort Keller und andere Räume anzulegen, die zur Benutzbarkeit des Hauses wichtig sind und die man dort, wenn das Kellergeschoß ganz unter der Erde gelegen hätte, nicht hätte unterbringen können, da der Fluß nicht weit von hier entfernt liegt. Dies geschah aber auch deshalb, damit man von den oberen Stockwerken einen schönen Ausblick genießen kann.«
(Andrea Palladio, 1570)

Zum Schutze vor Hochwasser und um die Möglichkeit zu bieten, unter dem Palast Keller anzulegen, ließ Palladio den Palast ungefähr fünf Fuß über der Erde erbauen. Bis zu dieser Höhe reicht ein Sockelgebälk, auf dem die Säulen des Pianereno stehen. Die Säulenstellung zeigt Besonderheiten: Nach dem dritten Interkolumnium verkröpfen sich auf beiden Seiten des Palastes alle drei Gebälke. An der Stelle, an der sich die Gebälke verkröpfen, sammeln sich vier Säulen dicht nebeneinander, wobei eine Säule dem Rhythmus der Säulenstellung der Flügel folgt, während eine weitere schräg in die Loggia zurücktritt. Zwei zusätzliche Säulen stehen vor der ersten Säule auf dem vorspringenden Gebälk dicht nebeneinander. Diese Massierung von vier Säulen auf dichtem Raum bildet einen Risaliten heraus, dem im Pianereno die Breite des Vestibüls und im Piano nobile jene der Sala entspricht. Die innere Disposition des Palastes wird also auch an der Palastfront ables-

Im Piano nobile weicht der Palast von dem veröffentlichten Entwurf ab. Um einen Saal von repräsentativer Größe zu erhalten, ließ der Bauherr den Gebäudekern in der Breite dieses Saales bis an die Säulen der Loggia heranziehen. Die Schwellung der Säulen sowie die Durchfensterung und das reiche Schmuckwerk auf den Mauerflächen reduzieren das Ausmaß dieses Bruches jedoch stark.

Detail der Fassade des Piano nobile. In regelmäßigem Wechsel sind die Fenster des Piano nobile von Dreiecks- und Segmentbogengiebeln bekrönt, denen jeweils zwei Skulpturen aufliegen. Entsprechend der Ordnung des Untergeschosses sind die beiden Palastgeschosse durch ein dorisches Fries getrennt.

bar. Den Einsatz der vier Säulen an den Risalitecken in beiden Geschossen begründet Palladio in seinen »Quattro Libri« mit der statischen Notwendigkeit. Ohne Zweifel betonen sie aber auch den Mittelteil der Palastfront in ganz erheblichem Maße.

Entsprechend seinen Vorstellungen über die Geschoßordnungen im ersten seiner vier Bücher zur Architektur hat Palladio das dorische Gebälk geschmückt: Es besteht aus einer regelmäßigen Abfolge von Triglyphen und Metopen.

Das Piano nobile unterscheidet sich vom Piantereno nicht nur durch die geänderte Säulenordnung. Die Säulen ruhen auf Postamenten auf, deren Zwischenräume auf ganzer Fassadenbreite von Balustern geschlossen werden. Der Mittelteil bietet am ehesten das, was man als

Auf das Dach des Palazzo Chiericati ist quasi als Weiterführung der einzelnen Säulen ein skulpturales Schmuckprogramm aufgestellt. Die Aufrißzeichnung in Palladios Architekturtraktat sah ein solches Programm nicht vor. Auch wirkt es hinsichtlich des Gesamteindruckes des Palastes eher störend.

Fassade ansehen möchte: Hier ist die Sala mit der Loggia verklammert und der Gebäudekern bis zum Gebälk vorgezogen. Somit treten die Säulen nicht freiplastisch in Erscheinung, sondern sind als Halbsäulen in das Mauerwerk eingebunden. In jedem Interkolumnium weist nun im Mittelteil je ein Geschoß- und ein Mezzaninfenster direkt auf die Piazza.

Um das unglaublich intensive Spiel von Hell und Dunkel durch den vorgezogenen Gebäudekern nicht zu gefährden, treten zwischen den Geschoßfenstern und den Mezzaninfenstern in regelmäßiger Abfolge stark vorspringende Dreiecks- und Segmentbogengiebel, auf denen jeweils zwei Skulpturen aufliegen. Die plastischen Fensterprofile tun ein übriges, um die Mauerfläche optisch aufzulösen. So kann auch die vorgezogene Loggia des Piano nobile den starken Eindruck von der Öffnung der Palastfront nur schwach einschränken.

Was ist nun das Besondere an dieser Palastfront? Dazu muß zunächst festgestellt werden, daß eine offene Loggia im Pianteren durchaus oberitalienischer Bautradition entsprach. Eine Öffnung im Piano nobile hingegen war unüblich. An dieser Stelle mag noch einmal ein Vergleich mit Sansovinos Villa Garzoni bemüht sein. Sie ist dem Palazzo Chiericati äußerlich nicht unähnlich. Auch sie ist durch eine Abfolge von elf Vertikalrhythmen gegliedert. Wie der Palazzo Chiericati weist auch sie einen Wechsel der Geschoßordnung von dorisch im Pianteren und ionisch im Piano nobile auf. Von den elf Vertikalrhythmen entfallen auch hier fünf auf den Mittelteil der Fassade und jeweils drei auf die äußeren Flügel. In der Villa Garzoni, die zwischen 1547 und 1550 entstand, findet aber eine Besonderheit des Palazzo Chiericati ihren Vorläufer, nämlich der Geschoßabschluß durch gerades Gebälk. Die ästhetische Grundlage für ein solches Vorgehen erreichte Sansovino,

Blick durch die offene Loggia des Untergeschosses. Die Kassettendecke des Untergeschosses bietet den gleichen »offenen« Eindruck wie die Palastfassade. Die einzelnen Kassetten sind mehrfach in die Tiefe abgestuft.

der seine Loggien nicht durch Säulen-, sondern durch Bogenstellungen öffnen wollte, indem er den Bogenpfeilern Halbsäulen oder, wie an den äußeren Pfeilern, Pilaster auflegte.

Daß solche Lösungen für den Renaissancearchitekten Antworten auf durchaus schwierige Probleme waren, erhellt eine Betrachtung der diesbezüglichen theoretischen Grundlagen, die sowohl von Vitruv als auch von Leon Battista Alberti formuliert worden sind: Beide sprechen von der Unmöglichkeit, einen Bogen einer Säule aufruhen zu lassen. Als würdiger Abschluß für eine Säulenstellung sei nur gerades Gebälk zu denken. Alberti macht sogar den Vorschlag, daß die Säulenstellung mit geradem Gebälkabschluß bei Portiken für die ausgezeichnetsten Bürger anzuwenden sei, während im allgemeinen den Bürgerhäusern eine Bogenstellung angemessen sei. Wenn Sansovino also beides ver-

»Die Römer und die Italiener, die, wie Vitruv an obengenannter Stelle schreibt, vom griechischen Brauch abrückten, errichteten ihre Plätze länger und breiter, so daß, wenn die Länge in drei Teile geteilt wurde, zwei Teile die Breite ergaben. Da man auf diesen Plätzen den Gladiatoren die Gaben überreichte, schien ihnen diese Form angemessener zu sein als die quadratische, und aus demselben Grund errichteten sie die Interkolumnien der Portiken, die um den Platz verliefen, aus zweieinviertel Durchmessern der Säule oder aber aus drei Durchmessern, damit die Sicht des Volkes nicht durch die Dicke der Säule behindert würde. Die Portiken waren so breit wie die Säulen lang und hatten im unteren Teil Läden und Verkaufsbuden. Die Säulen darüber machte man um ein Viertel kleiner als die darunterliegenden, da die unteren Konstruktionen, hinsichtlich des Gewichts, das sie zu tragen haben, stärker sein müssen als die oberen, wie es bereits im ersten Buch gesagt worden ist.«
(Andrea Palladio, 1570)

schmilzt, nobilitiert er damit seine Auftraggeber. Bei Palladio müssen aber noch andere Gedanken eine Rolle gespielt haben. Eine Bogenstellung im Piantereno hätte dem Eindruck von Offenheit zweifelsohne empfindlich entgegengearbeitet. Sicherlich nahm Girolamo Chiericati in der vicentinischen Gesellschaft eine ausgezeichnete Stelle ein und hätte somit Anspruch auf eine dergestalt nobilitierende Fassadengestaltung erheben können.

Als Kuriosum bleibt aber immer noch der Portikus, der, wenngleich auch im Mittelteil verkröpft, die gesamte Palastfront einnimmt. Dieses Kuriosum läßt sich möglicherweise seiner Besonderheit entkleiden, wenn wir uns Chiericatis und Palladios gemeinsames Interesse an der Antike ins Gedächtnis zurückrufen. Alte Wandmalereien zeigen gelegentlich Villen in der Nähe eines Hafens mit einem doppelgeschossigen, geöffneten Portikus. Da der Palazzo Chiericati sich in Hafennähe befindet, wurde er gelegentlich in Verbindung mit einer solchen Villa marittima gebracht. Dem widerspricht aber die Art der Angliederung des Portikus an die Palastfassade: Wie eine zusätzliche Raumschicht ist er dem Palast vorgelagert, ohne sich raumdynamisch mit diesem zu verbinden. Die vorgezogene Sala müssen wir aus der Betrachtung ausklammern, da sie auf den Auftraggeber zurückzuführen ist und nicht Palladios eigener Planung entstammt. Ein der Fassade gleichsam vorgeblendeter offener Portikus lenkt zwangsweise zu der Annahme, daß die Fassade weniger die Funktion übernimmt, äußeres Repräsentationszeichen des Palastes zu sein, sondern sich vielmehr als Bestandteil des Platzes, nämlich der Piazza Matteotti, präsentiert. Erste Anhaltspunkte zur Bestätigung dieser Annahme gibt die Eingabe Girolamo Chiericatis aus dem Jahre 1551 an den Großen Rat von Vicenza, in der, wie oben besprochen, die als Schmuck der Stadt Vicenza geplante Platzfassade besondere Erwähnung fand.

Palladios eigene Vorstellungen, die theoretisch wahrscheinlich ganz im Sinne seines Auftraggebers lagen, untermauern und bestärken diese Annahme. Im dritten seiner vier Bücher zur Architektur beschreibt er den Typus einer römischen Platzanlage. In dieser Beschreibung ist ausdrücklich bei einer Bebauung aller vier Platzseiten eine offene, doppelgeschossig vorzublendende Loggia gefordert. Und zwar diene das untere Geschoß dazu, sowohl bei Regen als auch bei Sonnenschein Schutz vor der Witterung zu gewähren, während das obere Geschoß als Aussichtsgeschoß zu dienen habe. Die zu dieser Beschreibung angefertigte Zeichnung läßt einen Vergleich mit dem Palazzo Chiericati als möglichem Bestandteil einer solchen Planung durchaus berechtigt erscheinen.

Dies wird noch einmal plausibler, wenn wir in den »Quattro Libri« ins dritte Kapitel des zweiten Buches zur Beschreibung des Palazzo Chiericati zurückblättern. Die Erhöhung des Gebäudes um fünf Fuß über das Bodenniveau soll neben ihrer praktischen Funktion zusätzlich dazu dienen, eine schöne Aussicht zu gewähren. All das bestätigt die Vermutung, daß der Palazzo Chiericati ein erster Schritt zur Gestaltung der Piazza Matteotti im Stile einer römischen Platzanlage gewesen sein dürfte. Sein Portikus wäre somit keine Funktion des Palastes, sondern eine des Platzes gewesen.

Villa Cornaro
Piombino Dese (Treviso)

Die Villa Cornaro ist ein Exponent eines Villentyps, den Andrea Palladio nahezu zeitgleich auch für Francesco Pisani in Montagnana errichtete. Die Baugeschichte dieser Villa ist kompliziert. Bauherr war Giorgio Cornaro, Nachfahre eines der Protagonisten der Villegiatura, Alvise Cornaro. Im Jahr 1553 muß der mittlere Baukörper bereits errichtet gewesen sein.

1554 wurden die Arbeiten an der Villa Cornaro eingestellt. Die Seitenflügel der Villa waren aber ebensowenig errichtet wie die Säulenordnung der oberen Loggia. Wenngleich auch 1569 an der Villa weitergebaut wurde, betonen im Jahre 1582 anläßlich der Eintragung des ererbten Anwesens die Söhne des inzwischen verstorbenen Giorgio Cornaro, Marco und Girolamo Cornaro, daß das ererbte Haus noch nicht vollendet sei. 1596 wurde immerhin die obere Loggia fertiggestellt. Ob die Seitenflügel zu diesem Zeitpunkt auch fertiggestellt waren, läßt sich nicht mit Sicherheit feststellen.

Jedenfalls verfügte Girolamo Cornaro in seinem Testament von 1655, daß eine beachtliche Summe Geldes zum Weiterbau der Villa verwendet werden solle. Die testamentarische Verfügung erstreckte sich zudem nicht nur auf die Bauarbeiten; auch die Weiterführung der Innenausstattung war darin mit einbezogen.

So kompliziert die Baugeschichte der Villa gewesen ist, so interessant ist ihre Position im Werke Palladios.

Seine frühen Villenbauten waren durch einen breitenorientierten Grundriß bestimmt. Für den am Außenbau einer Villa ablesbaren Eindruck von der Raumanlage der Villa bedeutet das eine deutliche Trennung von Wohn- und Repräsentationsbereich. Die Wohnsuiten befanden sich zu seiten eines Mittelkompartimentes, dessen repräsentative Funktion durch eine entsprechend geänderte Fassadendekoration oder aber durch Bogenstellungen ausgewiesen wurde. Wenngleich auch den Mittelkompartimenten eine gesonderte Behandlung zuteil wurde, so bestanden die angrenzenden Kompartimente nahezu gleichberechtigt neben ihnen, und dies um so mehr, als das eingesetzte Formenvokabular – Bogenstellungen, Risalite oder Rustizierung – wohl auf die übrigen Fassadenkompartimente bezogen war, nicht aber organisch mit diesen zu einem unteilbaren Ganzen verbunden

»Das folgende Gebäude gehört dem Herrn Giorgio Cornaro in Piombino, einem Ort von Castel Franco. Der Hauptsaal ist im innersten Teil des Hauses angelegt, damit er vor Wärme und Kälte gleichermaßen geschützt ist. ... Über den Kämmerchen liegen Halbgeschosse. Die oberen Loggien sind von korinthischer Ordnung und um ein Fünftel kleiner als die darunterliegenden. Die Zimmer sind flach gedeckt und haben über sich einige Halbgeschosse. Auf der einen Seite befinden sich Küche und Vorratskammern, auf der anderen Räume der Dienerschaft«.
(Andrea Palladio, 1570)

Erstmals in der Villa Poiana kommt Palladios Wille zum Ausdruck, Wohn- und Repräsentationsbereich einer Villa harmonisch miteinander zu verschmelzen. Eine deutliche Fortführung dieses Bestrebens stellt die Villa Cornaro dar. Im Gegensatz zu den früheren Villenbauten steht das Herrenhaus auf nahezu quadratischem Grundriß. Der dominierende Teil der Raumanlage ist der große Saal. Seine hervorgehobene Stellung innerhalb der Raumorganisation liegt natürlich auch in seiner Größe begründet; wesentlich ist aber auch, daß ihm die Entwicklung der Raumabfolge untergeordnet ist. Dem Baukörper entsprechend ist dieser Saal durch einen quadratischen Grundriß bestimmt. Vermöge seiner Größe vermittelt er zwischen der Eingangshalle und der in den Baukörper eingezogenen Gartenloggia. Wie auch in der Villa Pisani in Montagnana wird die Gartenloggia von zwei Treppenanlagen flankiert. Von dort ausgehend nimmt das Raumvolumen beständig zu. In diesem

Rechts: Grundriß und Ansicht der Villa Cornaro aus den »Quattro libri«. Der Grundriß zeigt eine systematische Verschmelzung der Raumanlage von Herrenhaus und Seitenflügel zu einem harmonischen Ganzen. Eine dominierende Stellung nimmt der Viersäulensaal ein. Er vereinigt in sich die räumlichen Kräfte der Raumanlage.

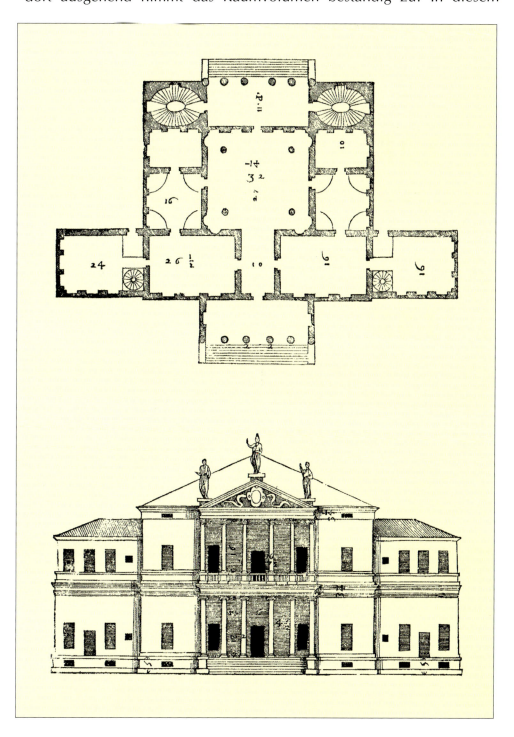

S. 90/91: Gartenansicht der Villa Cornaro. Aus dem Jahre 1553 bereits ist überliefert, daß Giorgio Cornaro und sein Ehegespons sich oft auf dem Anwesen in Piombino Dese aufhielten, wie es heißt »zur Erholung oder aus praktischen Gründen«. Zu diesem Zeitpunkt jedoch waren die Bauarbeiten an der Villa noch in vollem Gange.

Die auf der Gartenseite in den Gebäudekern eingezogene Loggia tritt an der Hauptfassade deutlich aus diesem heraus. Ihre Breite entspricht der des Viersäulensaales im Innern des Gebäudes.

Zusammenhang ist die Tatsche bemerkenswert, daß die Seitenflügel harmonisch in die Raumdisposition eingegliedert sind. Ihre Breitenmaße sind identisch mit den Breitenmaßen der beiden Räume zu seiten der Eingangshalle. Diese organische Verschmelzung des Herrschaftsbereiches mit dem Wirtschaftsbereich ist neu; in gleichem Maße neu ist die zentrale Stellung des großen Saales. Von den stilistischen Neuerungen im Innern der Villa kündet auch die Fassade der Villa Cornaro.

Eines muß jedoch bei der Betrachtung der Villa Cornaro und ihrer Fassade berücksichtigt werden, nämlich die Tatsache, daß sie, nach ästhetischen Gesichtspunkten beurteilt, nicht unbedingt am Typ der Villa rustica zu messen ist. Offenbar ließ sich Palladio beim Entwurf der Villenanlage vorwiegend von ästhetischen Gesichtspunkten leiten und unterwarf die Konzeption der Nutzbauten dem Repräsentationscharak-

Obwohl die Villa Cornaro an einem Bach liegt, wendet sich ihre Hauptfassade der vorbeiführenden Straße zu. Eine breite Freitreppe führt zur vorderen Loggia hin. Die Säulen der Loggia sind von ionischer Ordnung.

ter der Anlage. Von dem Typus der Villa rustica, für den eine eingeschossige Anlage als kennzeichnend gelten darf, unterscheidet sich die Villa Cornaro überdies durch die Verdoppelung des Piano nobile und rückt somit in die Nähe der Villa suburbana, des vor den Toren einer Stadt gelegenen Landsitzes. Diese typologische Verwandtschaft kommt auch noch in anderer Hinsicht zum Ausdruck: Obwohl seitlich von ihr ein kleiner Fluß vorbeifließt, ist die Hauptfassade auf die entlang der Villa verlaufende Straße hin ausgerichtet. Zudem ist die angrenzende Bebauung relativ dicht an die Villa Cornaro herangezogen, so daß ihr die Möglichkeit, ein weites Terrain zu dominieren, genommen ist. Wenn man dies zusammen betrachtet, stellt sie sich in die stilistische Nachbarschaft der Villa Pisani in Montagnana und des Palazzo Antonini in Udine (dessen Einordnung in die Vorgaben von Palast- und Villenar-

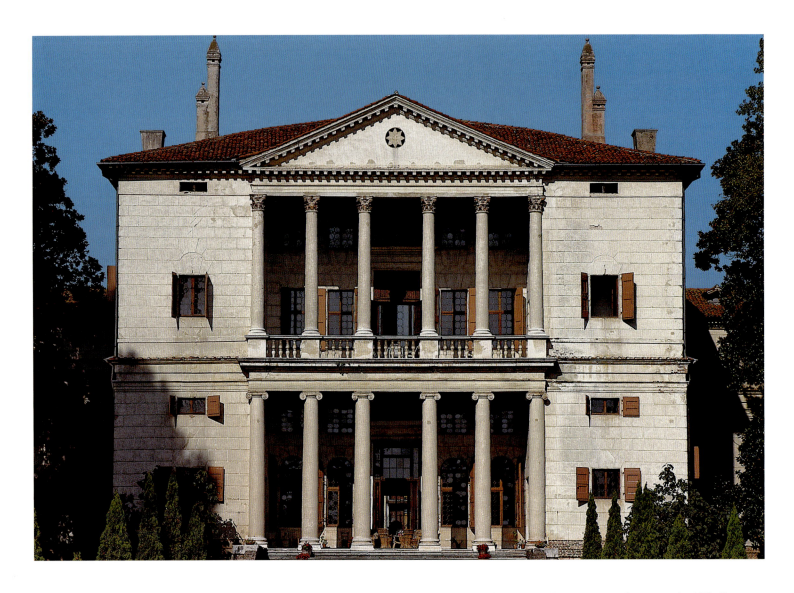

Oben: Die Bauarbeiten an der Villa Cornaro zogen sich über mehrere Generationen hin. Testamentarische Verfügungen sicherten die Fortführung der Bauarbeiten, die den jeweiligen Erben eine große Belastung gewesen sein müssen.

chitektur relativ schwierig ist). Der Verdoppelung des Piano nobile entspricht eine Übereinanderstellung von zwei Loggien. Sowohl die Gartenloggia als auch die Loggia der Hauptfassade wird von Freisäulen getragen. An der Gartenfassade ermöglichen die in den Baukörper eingezogenen Loggien das Freistehen der Säulen; an der Hauptfassade hingegen treten diese einer Vorhalle gleich vor den Baukörper. Die innere Disposition der Villa ist auch an ihrer äußeren Gestaltung ablesbar. Die beiden Wirtschaftsflügel treten leicht hinter das Herrschaftshaus zurück. Das ist kein Widerspruch zu der Feststellung, daß die beiden Räume der Seitenflügel in ihrer Breite den beiden angrenzenden des Herrschaftshauses entsprechen; die Lösung des Problems ist originell: Das Mauerwerk der Hauptfassade ist stärker als jenes der Seitenflügel.

Der organischen Verschmelzung von Nutz- und Wohnbereich wird auch an der Fassade Rechnung getragen. Das ionische Gebälk der unteren Geschoßordnung legt sich wie ein Gurt sowohl um die Seitenflügel als auch um das Herrschaftshaus. Gleichviel, die untergeordnete Position der Seitenflügel wird optisch nicht übergangen. Die Geschoßverdoppelung wird an den Seitenflügeln ausgesetzt. An die Stelle eines zweiten Geschosses treten dort zwei Mezzaningeschosse, die die Höhe des zweiten Hauptgeschosses des Herrenhauses merklich unterschreiten. Doch auch bei der Gestaltung der Herrschaftshausfront werden

Oben: »An der Fassade eines Gebäudes sollen die Säulen in gerader Anzahl vorhanden sein, damit sich in der Mitte ein Interkolumnium befindet. Das sollte ein wenig größer als die anderen gemacht werden, damit man um so besser die Türen und Eingänge sieht, die man gewöhnlich in die Gebäudemitte legen soll.« (Andrea Palladio, 1570).

S. 96: Die Cornaro gehörten zu den alten venezianischen Adelsfamilien. Ein deutliches Zeichen ihres Selbstverständnisses setzten sie im sogenannten Viersäulensaal in ihrer Villa in Piombino Dese: In den sechs Wandnischen wurden Skulpturen aufgestellt, die prominente Mitglieder der Familie Cornaro darstellen. Der ausführende Künstler war Camillo Mariani.

S. 97: Während die Villa Cornaro gegen 1655 fertiggestellt gewesen sein dürfte, hielten die Arbeiten an der Innendekoration noch an. 1716 noch führte Bartolomeo Cabianca verschiedene Stuckarbeiten aus.

Prioritäten gesetzt, die die Verbindung zum Villengrundriß deutlich machen. Die Breite der Loggien entspricht der Seitenlänge des großen Saales. Doch ist dies nicht das einzige Entsprechungsmotiv. Neben die maßstäbliche Entsprechung tritt die Erfordernis, dem repräsentativen Charakter dieses quasi öffentlichen Gebäudeteils Ausdruck zu verleihen. Vom quadratischen Grundriß der Villa wurde bereits gesprochen. Doch daneben bietet sich nahezu zwingend der Giebel als Repräsentationsverweis an. Er ist bis auf die Höhe des korinthischen Gebälks heruntergezogen und scheint von den Säulen der Loggia getragen zu werden. Offensichtlich dient er nicht als Bekrönung des Hauses, sondern vielmehr als Bekrönung des Repräsentationsbereiches der Villa. Die Wohnkompartimente hingegen sind durch das umlaufende korinthische Gebälk abgeschlossen. All diese formalen Verweise auf die hierarchische Struktur innerhalb eines organisch abgeschlossenen Ganzen werden noch einmal durch die Tiefenstaffelung der begrenzenden Wandschichten gesteigert. Diese Tiefenstaffelung nimmt von der Loggia ihren Ausgang. Die als nächste dahinterliegende Wandschicht bezeichnet den Wohnbereich, dem durch ein abermaliges Zurücktreten die Seitenflügel untergeordnet sind.

Aus all dem wird deutlich, daß das Formenvokabular nicht mehr als bedeutungsvermittelndes Dekorum fungiert, sondern als äußeres Anzeichen einer inneren Disposition in Erscheinung tritt.

Villa Pisani
Porta Padova (Montagnana)

Vor der Porta Padova der Stadt Montagnana, nur vier Kilometer von der Villa Poiana entfernt, liegt die Villa Pisani.

Montagnana wurde im 14. Jahrhundert von Francesco da Carrara befestigt, fiel 1405 jedoch unter venezianische Oberhoheit. Vor der Stadt lagen zwei Mühlen, die noch von den Carrara errichtet worden waren und die der Bach Fiumicello betrieb. Über diesem schmalen Wasserlauf ließ der venezianische Adlige Francesco Pisani in den fünfziger Jahren des 16. Jahrhunderts von Andrea Palladio seine Villa errichten. Sie verkörpert den Typus der Villa surburbana und beherbergte von vornherein einen Handwerksbetrieb. Der Neubau wird 1553 erstmals urkundlich erwähnt. Zu dieser Zeit muß die Villa Pisani schon in weiten Teilen fertiggestellt gewesen sein. 1555 scheinen die Bauarbeiten im wesentlichen abgeschlossen zu sein.

Links: Grundriß und Ansicht der Villa Pisani in Montagnana aus den »Quattro libri«. Die Villa Pisani liegt direkt an einem der Stadttore von Montagnana. Der in den »Quattro libri« veröffentlichte Entwurf sah eine Angliederung dieser »villa suburbana« an die Stadtmauer vor. Es gibt jedoch keinerlei Zeugnisse darüber, daß dieses Vorhaben je in die Tat umgesetzt worden wäre. Von dem Entwurf wurde nur das Herrenhaus errichtet.

S. 99: Gartenfassade der Villa Pisani. In der Villa Pisani war von Anfang an ein Handwerksbetrieb eingerichtet. Francesco Pisani ließ seine Villa in Montagnana über dem Fiumicello errichten, einem Bach, der auch die aus der Zeit der Carrara stammenden Mühlen speiste.

Sowohl die Verdoppelung des Piano nobile als auch die massive Geschlossenheit der Straßenfassade spielen auf Motive der Palastarchitektur an. Die Zeitgenossen müssen vergleichbare Empfindungen gehabt haben. In den Dokumenten, die diese Villa betreffen, ist zumeist von dem »Palast« des Francesco Pisani die Rede.

In Urkunden ist oft von einem Palast des Francesco Pisani die Rede. Der Nutzcharakter der Villa Pisani hingegen kann nicht bestritten werden, und der eingangs geäußerte Verweis auf die von den Carrara errichteten Mühlen war nicht von ungefähr: Die Pisani hatten die Rechte über diese Mühlen inne, deren Betrieb beträchtliche Gewinne eingebracht haben wird. Davon, daß die Villa Pisani kein landwirtschaftlicher Nutzbau war, kündet hingegen das Fehlen von Wirtschaftsgebäuden auf dem Anwesen. Francesco Pisani war Stadtvenezianer, und seine Villa hatte somit repräsentative Funktionen zu erfüllen.

Die schon an anderer Stelle der Ungenauigkeit überführten »Quattro libri« Palladios bilden ein Anwesen ab, dem links und rechts eine Bogenarchitektur angebaut ist. Einer der beiden Anbauten sollte mit seiner Bogenstellung den Stadtgraben übergreifen und hätte, wäre er ausgeführt worden, an die Stadtmauer von Montagnana angeschlossen. Es läßt sich heute nicht mehr feststellen, ob das Fehlen dieser Anbauten durch den Tod Pisanis zu erklären ist. Wahrscheinlich ist die Abbildung in den »Quattro libri« einmal mehr auf Palladios Bestreben zurückzuführen, in seinem Traktat ideale Architektur darzustellen. Der ausgeführte Bau muß also als in dieser Form für Pisani geplant gelten.

Straßen- und Gartenfassade der Villa Pisani sind unterschiedlich ausgestaltet. Dies ist für unsere Betrachtung von Interesse, können wir dadurch doch am deutlichsten die Verknüpfung von Villen- und Palastarchitektur in einer Villa suburbana nachvollziehen. Die Straßenfassade präsentiert sich geschlossen, nahezu festungsartig. Wie bei seinen Stadtpalästen unternimmt Palladio auch hier den Versuch, der geschlossenen Mauerfläche eine gewisse Dynamik im Spiel mit Licht und Schatten abzuringen; so trifft die Ruhe der streng geometrischen Proportion der Durchfensterung auf die schwellende Bewegung, die die vier Säulen bewirken. In dieses Interesse an einer Fassadenmodellierung fügt sich das um das Gebäude herumgeführte Triglyphenfries. Dieses an sich schlichte Postulat der dorischen Geschoßordnung des Untergeschosses schmückt Palladio durch den regelmäßigen Wechsel von Bukranien, Rundscheiben und Triglyphen. Wie Erik Forssmann bemerkt, läßt sich an dem Einsatz von unterschiedlichen Geschoßordnungen die Gleichstellung beider Geschosse ablesen.

Dem Eindruck von Ruhe arbeitet letztlich auch der mit reichem plastischem Schmuck versehene Giebel entgegen. Anders verhält es sich bei der Gartenfassade. Was auf der Straßenseite als Halbsäule in den Baukörper eingebunden ist, tritt hier freiplastisch in Erscheinung, ermöglicht durch eine doppelgeschossige Loggia, die in den Baukörper eingezogen ist, so daß dieser auf nahezu quadratischem Grundriß steht. Auch hier folgt die Durchfensterung einer geometrischen Proportion, ohne jedoch streng zu wirken. An beiden Fassaden ist der Mittelteil schwach mit der Fassade verkröpft. An der Gartenfassade unterstützt dies den unterordnenden Charakter der Loggia, die die flächigen Fassadenkompartimente ihrer Dominanz unterwirft. Die Gartenfassade ist somit als Offenheit suggerierende Antwort auf die Geschlossenheit der Straßenfassade zu begreifen.

Im Piano nobile tragen vier Säulen ionischer Ordnung einen mächtigen Giebel, der mit Stuckwerk reich verziert ist. In diesem Giebelfeld prangt das Wappen der Pisani. Unter dem Giebel ist durch eine Inschrift Francesco Pisani als Bauherr ausgewiesen.

Villa Chiericati
Vancimuglio (Vicenza)

Die Zuschreibung an Palladio läßt sich nicht mit absoluter Sicherheit verfechten. Dokumente, die den Architekten nennen, fehlen. Vor allem aber hat Palladio den Bau in seinen »Quattro Libri« nicht genannt. Erstmals erwähnt Muttoni 1740 die Villa als Werk Palladios. Darüber hinaus lassen sich einige Indizien für die Urheberschaft anführen: Eine in London aufbewahrte Grundrißzeichnung Palladios kommt dem ausgeführten Bau sehr nahe. Und der Bauherr, Giovanni Chiericati, war der Bruder von Girolamo, für den Palladio den Pallazo Chiericati in Vicenza entworfen hatte.

Besser als über die Autorschaft sind wir über die Entstehungszeit der Villa unterrichtet. Am 29. April 1557 bat Giovanni Chiericati seine Erben testamentarisch, den von ihm in Vancimuglio begonnenen Bau fertigzustellen. Vermutlich war die Villa damals weitgehend vollendet, die Entwürfe dürften zwischen 1550 und 1554 entstanden sein.

Entscheidend für die Zuschreibung an Palladio ist die stilistische Erscheinung des Baues, und hier mischen sich Palladio eng verwandte Elemente mit auffälligen Unterschieden gegenüber seinen zeitlich vor-

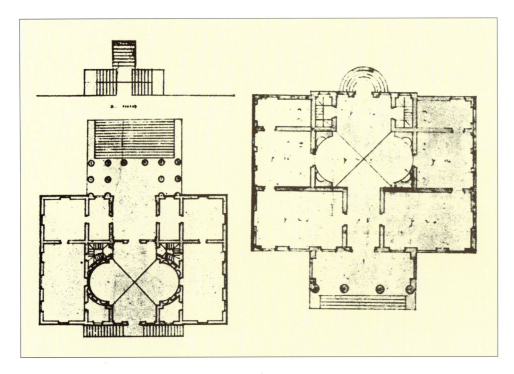

Die Villa Chiericati ist nicht durch Palladios Architekturtraktat als eines seiner Werke ausgewiesen. 1740 brachte Francesco Muttoni die Villa mit Palladio in Verbindung. Im Londoner Royal Institute of British Architects wird die nebenstehende Zeichnung Palladios mit Grundrißstudien aufbewahrt (RIBA XVI, 20), die diese Verbindung nahelegen.

Rechts: Auftraggeber der Villa Chiericati war Giovanni, der Bruder Girolamo Chiericatis, des Bauherrn des Vicentiner Palastes an der Piazza Matteotti.

S. 104/105: Erstmalig setzt Palladio an einem Villenbau an der Villa Chiericati eine kolossale Säulenordnung ein. Die durch die Säulenstellung gebildete Vorhalle ist dem Gebäudekern vorgelagert. Für diese Phase des Schaffens Palladios ist die nach außen drängende Durchfensterung der Seitenkompartimente der Hauptfassade allerdings eher ungewöhnlich.

Unten: Detail des Skulpturenprogramms. Der Bauherr Giovanni Chiericati hatte offensichtlich großes Interesse, daß das Bauvorhaben auch hinsichtlich der dekorativen Ausgestaltung abgeschlossen werden würde. In seinem Testament bittet er seine Erben, den angefangenen Bau »...[mit] allem angemessenen und nötigen Rest« weiterzuführen.

angehenden Villen: Vor dem kubisch geschlossenen Hauptbau bildet die nur an einer Seite weit vortretende Säulenfront einen eigenen Quader, dessen seitlich begrenzende Wände stärker geschlossen sind als etwa in Piombino Dese. Die Kolossalordnung anstelle der Zweigeschossigkeit könnte auf die Villen Malcontenta und La Rotonda vorausweisen.

Während einerseits die Fassade stark auf die Mitte hin konzentriert ist, bewirken die weit nach außen gerückten Fensterachsen in den seitlichen Wandflächen eher zentripetale Akzente – Vorstufe jenes Spannungsverhältnisses, das in sehr viel differenzierterer Form die Villa Rotonda bestimmen wird?

Nicht zuletzt fällt auf, daß zwischen Rechteckfenstern und dem Mezzanin ungewöhnlich große, ungegliederte Mauerflächen stehenbleiben: Dort, wo man in der Regel das Piano nobile erwartet, befinden sich geschlossene Wände. Nicht zuletzt ist die Gliederung der Flanken mit einer gleichtaktigen Gliederung – vier Fensterachsen, also keine Hervorhebung der Mitte – für Palladio ungewöhnlich.

Palazzo Antonini
Via Palladio (Udine)

Die Zuschreibung des Palazzo Antonini an Andrea Palladio bereitet keine großen Schwierigkeiten. Im zweiten seiner vier Bücher zur Architektur beschreibt unser Architekt diesen Palast, den »Floriano Antonini, ein Edelmann dieser Stadt (nämlich Udine), von Grund auf errichtet hat.«

In dieser Beschreibung des Palastes geht der sonst eher wortkarge Palladio auf einige Besonderheiten dieses Gebäudes ein. Zunächst erwähnt er, daß das erste Stockwerk – also das Erdgeschoß – in Rustika ausgeführt wurde. Das ist an sich nicht außergewöhnlich, und auch Palladios eigenes Werk beinhaltet einige Bauwerke, deren Sockelgeschosse in Rustika ausgeführt wurden. Bemerkenswert ist jedoch die Tatsache, daß Palladio sich nicht scheute, gerade die vorgelegten Halbsäulen der Frontfassade zu rustizieren, während mit Ausnahme der Fenster, die durch kleine Rustikaquader eingefaßt sind, die Fassade glatt verputzt ist. Unser Architekt, der sich sonst eher an jenen Regeln orientierte, die Vitruv für die Architektur aufgestellt hatte, scheint hier – wie übrigens auch gut zehn Jahre später bei der Villa Sarego in Santa Sofia – auf ein eher modisches Motiv zurückzugreifen, das namentlich Michele Sanmicheli in Verona häufig anwandte. Auch der Palazzo Bernardini in Lucca weist rustizierte Säulen auf. Den klassischen Prinzipien widerspricht eine solche rustizierte Säule, da eine Säule niemals den Eindruck erwecken dürfe, als könne man sie in ihre Bestandteile zerlegen, um nicht optisch ihrem stützenden Charakter entgegenzuarbeiten. Dennoch künden die Säulen des Untergeschosses von einer gewissen Mächtigkeit, übergreifen sie doch ein ebenfalls rustiziertes, gerades Gebälk, das als oberer Fensterabschluß dient.

Im Untergeschoß der Frontfassade ist noch eine weitere Besonderheit zu beobachten, nämlich fünf Mezzaninfenster, die den vier Fenstern in den Interkolumnien und dem Eingangsportal überlagert sind. Diese Anordnung findet ihre Entsprechung in den Interkolumnien des Piano nobile, wird jedoch an der übrigen Fassade nicht weitergeführt. Stimmt nun die Anordnung der Mezzaninfenster im loggienartigen Mittelteil der Fassade mit der Zeichnung überein, die Palladio in seinen »Quattro Libri« veröffentlichte, so zeigt dieselbe Zeichnung vom Palazzo Antonini ein Untergeschoß, in dem wohl das Mauerwerk der Interkolumnien

*»Aber kommen wir jetzt zu den Gebäuden, von denen das hier folgende in Udine, der Hauptstadt des Friauls, liegt und das Floriano Antonini, ein Edelmann dieser Stadt, von Grund auf errichtet hat. Die Ordnung des ersten Stockwerkes der Fassade ist eine Rustika, die Säulen der Fassade des Eingangs und der unteren Loggia sind von ionischer Ordnung... Die Küche liegt außerhalb des Hauses, ist aber dennoch zweckdienlich angelegt. Die Abtritte befinden sich neben den Treppen, und wenngleich sie im Gebäudekörper selbst liegen, so bewirken sie doch keinerlei üblen Geruch, da sie an Stellen untergebracht sind, die weit von der Sonne entfernt liegen, und da einige Luftschächte vom untersten Ende durch die Mauerdicke bis zur Dachspitze hinaufführen.«
(Andrea Palladio, 1570)*

rustiziert ist, nicht aber die Säulen. Möglicherweise ist die Rustizierung der Säulen auf einen Wunsch des Bauherrn zurückzuführen. Es ist jedoch nicht auszuschließen, daß Palladio selbst bei der Veröffentlichung seines Architekturtraktats die Säulenrustizierung nicht mehr vertretbar fand und die Aufrißzeichnung schlichtweg in modifizierter Form veröffentlichte.

Interessanterweise wendet Palladio dieses Motiv nur an der Frontfassade an. Die Gartenfassade, die mit der vorgelagerten Sala im Piano nobile Erinnerungen an den Palazzo Chiericati weckt, weist eine Übereinanderstellung von glatt verputzten Säulen auf, und zwar solchen von ionischer Ordnung im Untergeschoß und anderen von korinthischer Ordnung im Piano nobile. Wie bei vielen seiner Gebäude darf auch hier nicht übersehen werden, daß der Palazzo Antonini zu Lebzeiten Palladios nicht fertiggestellt werden konnte. Ausgehend von einer Datierung des Baubeginns in das Jahr 1556, kamen die Bauarbeiten sehr bald zum

Rechts: Grundriß und Ansicht des Palazzo Antonini in Udine aus den »Quattro libri«. Der Grundriß des Palazzo Antonini weist einige Ähnlichkeit mit dem der Villa Pisani in Montagnana auf. Auch die Fassadenansicht des Palastes zeigt Formen, die der Fassadengestaltung der Villa Pisani ähnlich sind.

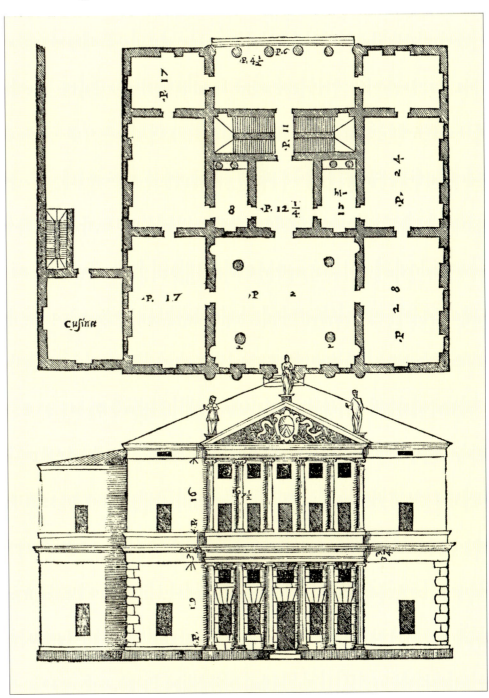

S. 108/109: Obwohl der Palazzo Antonini sich inmitten der Stadt Udine im Friaul befindet, verwendete Palladio Elemente der Villenarchitektur bei seiner Konzeption. Dies hat dazu geführt, daß man diesen Stadtpalast gelegentlich als »villa suburbana« bezeichnet hat.

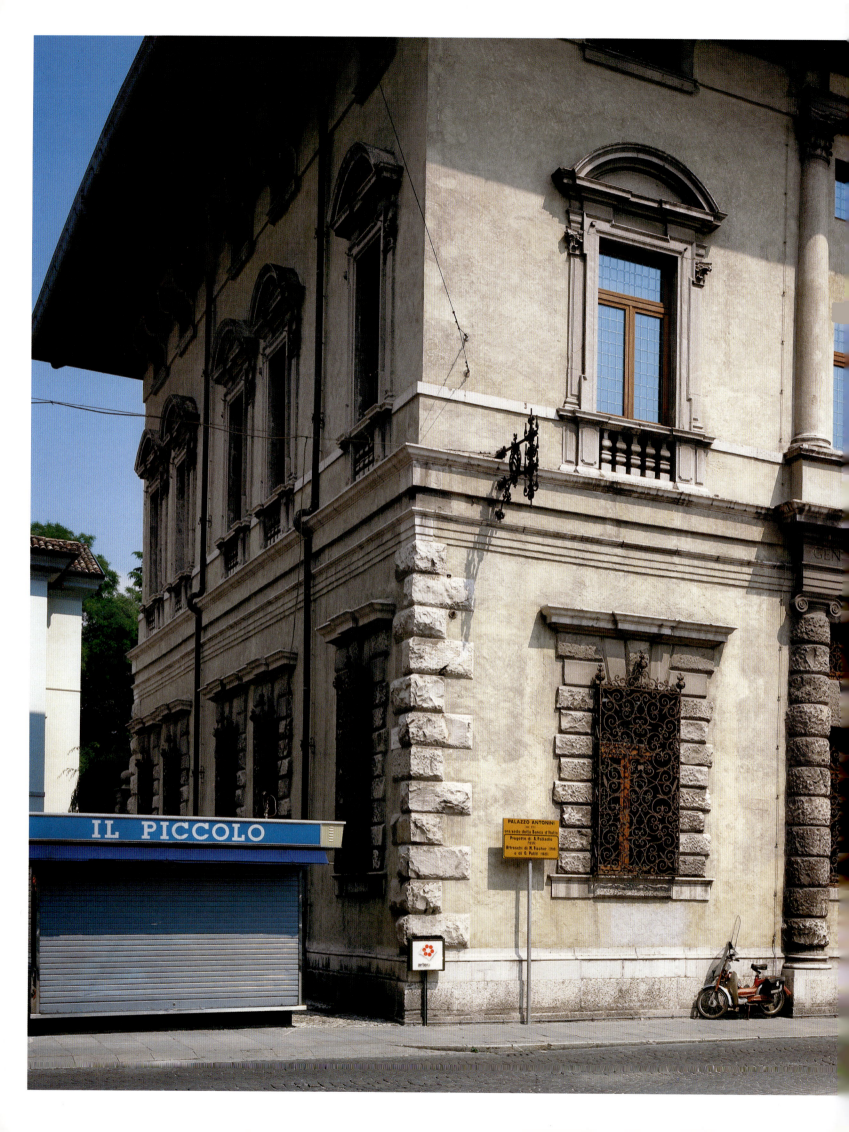

Oben links und rechts: Entgegen der Zeichnung in seinem Architekturtraktat ließ Palladio die Mauerflächen des Palazzo Antonini glatt verputzen. Stattdessen wurden die Säulen des Untergeschosses sowie die Fenstereinfassungen in roher Rustika ausgeführt.

S. 110: »Die Ordnung des ersten Stockwerkes der Fassade ist eine Rustika, die Säulen der Fassade des Eingangs und der unteren Loggia sind von ionischer Ordnung.«
(A. Palladio 1570)

Erliegen. Offensichtlich sind nur die beiden Frontloggien mit Palladios Entwurf in Einklang zu bringen, wenngleich auch der vorgesehene Giebel über den Loggien nicht ausgeführt wurde. Im Innern des Gebäudes entspricht scheinbar nur das Atrium dem palladianischen Entwurf.

Der Rest des Gebäudes, das heute eine Bankniederlassung beherbergt, wurde erst in späteren Jahren fertiggestellt; die Innendekoration gar ist eine Arbeit des 18. Jahrhunderts, ausgeführt durch den Maler Martin Fischer.

Dem Entwurf entsprechend war noch ein linksseitig angrenzender Gebäudeflügel geplant. Dieser nicht ausgeführte Flügel lenkt uns zurück zu Palladios Beschreibung des Palastes in den »Quattro Libri«. Seine an anderer Stelle des Architekturtraktats dokumentierte Überzeugung, daß neben Dauerhaftigkeit und Schönheit die Qualität eines Gebäudes an seiner Annehmlichkeit und seinem Nutzen zu messen sei, führte ihn beim Palazzo Antonini zu Lösungen, die er offenkundig für gelungen genug hielt, daß sie einer Erwähnung wert waren. Die Rede ist von der Küche und den Toiletten. Die Küche sollte in dem nicht ausgeführten Flügel untergebracht werden. Und »obwohl sie außerhalb des Hauses liegt, ist sie dennoch zweckdienlich angelegt«. Seine Unterbringung der »Abtritte«, wie er es nennt, ist schon deshalb interessant, weil 1556 an eine Wassertoilette überhaupt noch nicht zu denken war. Also bedarf es einer Rechtfertigung, daß er sie in den Gebäudekörper selbst legte. Denn »sie bewirken keinerlei üblen Geruch, da sie an Stellen angebracht sind, die weit von der Sonne entfernt liegen (Palladio wählte kleine Räume neben den Treppen), und da einige Luftschächte vom untersten Ende durch die Mauerdicke bis zur Dachspitze hinaufführen«.

Villa Badoer
Fratta Polesine (Rovigo)

Denkt man an die vier Jahre zuvor konzipierte Villa Cornaro in Piombino Dese, so scheint sich die Villa Badoer fast wie ein Rückschritt auszunehmen. Die Betonung des großen Saales als dem Baukompartiment, das die räumlichen Kräfte auf sich zieht, ist hinter dem früheren Gestaltungsprinzip einer Reihung von drei Längsachsen zurückgetreten. Auch ist die Villa nicht mehr von dem ausgeprägten Repräsentationscharakter der Villa Cornaro geprägt. Dennoch kann ihr Entwurf nicht als Rückschritt begriffen werden. Im Hinblick auf seine Villenbauten ist Palladios Schaffen letztlich dadurch gekennzeichnet, daß er nicht einen einzigen Villentyp entwickelt, sondern vielmehr aus seiner Baupraxis gewonnene ästhetische Überzeugungen auf die einzelnen Bautypen

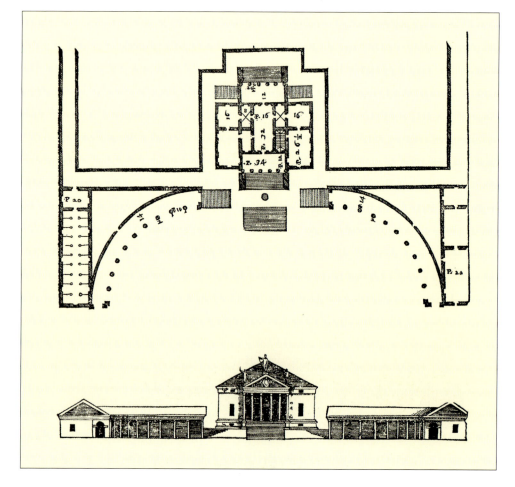

Grundriß und Ansicht der Villa Badoer aus den »Quattro libri«. Außergewöhnlich für Palladios Schaffen sind die viertelkreisförmigen »barchesse«, die den Wirtschaftsflügeln vorgeblendet sind. Die Wirtschaftsflügel wurden im 18. Jahrhundert erweitert. Möglicherweise aus Kostengründen wurden die »barchesse« in diese Erweiterungsmaßnahme nicht mit einbezogen.

In unserem Bild gibt das schmiedeeiserne Portal den Weg zur Villa frei. Dem interessierten Besucher sei jedoch geraten, sich über die Öffnungszeiten der Villa, die sich in staatlichem Besitz befindet, kundig zu machen. Da diese ständig wechseln und alles andere als regelmäßig sind, ist es nicht unwahrscheinlich, daß man das Eingangsportal der Badoera nicht so einladend geöffnet vorfindet.

S. 114/115: Die Villa Badoer gehört zu jenen Villen, die als sichtbares Zeichen eines abgeschlossenen Prozesses der Bodenkultivierung errichtet wurden. Um sie vor dem Hochwasser des nahegelegenen Flußlaufes zu schützen, wurde sie über das Bodenniveau erhöht. Daß dadurch ihre dominierende Stellung innerhalb des Anwesens betont wurde, wird den Vorstellungen des Auftraggebers sicherlich entgegengekommen sein.

überträgt. Insofern sind die Villa Cornaro und die Badoera zunächst nur in einem rein praktischen Sinne verschieden.

Mit ihrer eingeschossigen Anlage und den weit ausholenden Barchesse ist die Villa Badoer als landwirtschaftlicher Nutzbau ausgewiesen. Francesco Badoer, der Andrea Palladio beauftragte, die Villa in der Nähe des Dorfes Fratta im venetischen Polesine zu errichten, war ein venezianischer Adliger. Im beginnenden Cinquecento war der Polesine eine weite Ebene, in der die Flüsse Etsch und Po sich stauten, sich in Nebenarmen verzweigten und nutzbares Ackerland versumpfen ließen. Im Zuge der von Alvise Cornaro eingeleiteten Maßnahmen wurde der Polesine in den »Retratto di Lozzo« mit einbezogen und das Ackerland nach und nach den Sümpfen wieder abgerungen. Wie viele Venezianer erblickte auch Francesco Badoer in der Landwirtschaft eine ebenso nutzbringende wie sichere Investitionsmöglichkeit. Seine Ländereien im Polesine waren ihm durch eine Erbschaft seiner Frau zugefallen.

Die Villa, die uns in außergewöhnlich gutem Zustand überkommen ist, muß um 1556 errichtet worden sein. Vom ursprünglichen Bestand weichen lediglich die Wirtschaftsflügel ab. Im 18. Jahrhundert wurden sie erweitert und bis an die vorderen Mauern des Anwesens herangezogen. Ehedem schlossen sie gemeinsam mit den Barchesse ab. Die gesamte Anlage der Badoera zeichnet sich durch eine bemerkenswert homogene Geschlossenheit aus. Wenn in der Literatur über venetische

S. 117 oben: Blick durch zwei Baluster der Treppenanlage vor der Loggia auf die Wirtschaftsflügel. Die Wirtschaftsflügel werden von einem Triglyphengesims bekrönt, dessen Metopen wechselweise als Bukranien und Rundscheiben ausgestaltet sind.

S. 116 oben: Die durch sechs Säulen abgeschlossene Loggia ist von repräsentativer Breite. Sie nimmt nahezu die Hälfte der Schauseite des Herrenhauses ein. Der Abstand zwischen der dritten und der vierten Säule ist etwas breiter als der zwischen den übrigen Säulen: Das Eingangsportal des Herrenhauses wird dadurch zusätzlich betont.

S. 116 unten: Detail der Umfassungsmauer. Die Grundrisse der Palladio Villen sehen in den meisten Fällen solche Umfassungsmauern vor. Im Mittelalter waren solche Mauern für die ländlichen Anwesen schützende Wälle. Zur Zeit Palladios waren sie jedoch dieser Funktion entkleidet und dienten mehr als nur ein das Anwesen abgrenzender Schmuck.

Villen die sich nach vorn hin öffnenden Barchesse beschrieben werden, wird oft der Vergleich mit menschlichen Armen bemüht. In der Tat bezeichnet ihre im Verhältnis zum Herrenhaus rechtwinklige Anlage ein blicklenkendes Moment. Das fügt sich nahtlos in die Ideologie der Villenkultur ein, die in dem Herrenhaus einer Villenanlage alle Kräfte des landwirtschaftlichen Betriebes versammelt und potenziert sehen wollte. Der Vergleich mit menschlichen Armen scheint bei der Villa Badoer besondere Gültigkeit zu besitzen. Zwar befinden sich wie bei vielen anderen Villen auch die Wirtschaftsflügel im rechten Winkel zum Herrenhaus; dieser wird jedoch durch die viertelkreisförmigen Barchesse überspielt, deren Bewegung den Blick des Besuchers unweigerlich einfängt und zwingend zu dem über das Bodenniveau erhöhtem Herrenhaus leitet.

Um den Höhenunterschied von Wirtschaftsflügeln und Herrenhaus zu überbrücken, leitet eine mehrgliedrige Treppenanlage zur Frontloggia. Die Frontloggia ist im Gegensatz zur Villa Cornaro kein äußeres Symbol für einen Teil der inneren Disposition der Villa. Der bekrönende Giebel ist also nicht als Repräsentationszeichen für den öffentlichen Teil der Villa zu begreifen, sondern als repräsentativer Abschluß des gesamten Herrenhauses. Diese überaus harmonische Geschlossenheit der Anlage wird durch keinerlei Schmuckwerk gestört. Ihr schlichtes Formenvokabular fügt sich nahtlos in den homogenen Gesamtorganismus der Villa ein und vermittelt somit harmonisch zwischen den ästhetischen und repräsentativen Erfordernissen der Villenanlage.

Villa Barbaro
Maser (Treviso)

Das Phänomen der Villegiatura ist keines, das sich auf einmal und ohne Vorbereitung präsentiert hätte. Seine Wurzeln greifen in verschiedene Bereiche, die sämtlichst mit der Geschichte Venedigs des beginnenden Cinquecento verknüpft sind. Venedigs Reichtum rührte vom Überseehandel her, sei es aufgrund des Verkaufs von importierten Waren, sei es aufgrund der Weiterverarbeitung der importierten Waren für die venezianische Luxusindustrie, und man darf davon ausgehen, daß um 1500 der überwiegende Teil der venezianischen Bevölkerung mittelbar oder unmittelbar mit dem Seehandel verbunden war. Das ging so weit, daß sogar das Getreide eingeführt werden mußte; die Tatsache, daß vor den Toren der Stadt auf der Terraferma fruchtbare Felder versumpften, schien zu der Zeit niemanden bekümmert zu haben.

Wie stark aber muß es sich in einer Stadt mit einer derart einseitig ausgerichteten Wirtschaftsstruktur auswirken, wenn dieser so wichtige Seehandel in eine Krise gerät? 1453 begann sich eine solche Krise mit dem Verlust Konstantinopels an die Türken abzuzeichnen, dem Anfang eines zunehmenden Zurückdrängens der Venezianer aus ihren Handelsmetropolen im östlichen Mittelmeer durch die Türken. Bedrohliche Ausmaße jedoch begann die venezianische Handelskrise anzunehmen, als 1497/98 Vasco da Gama, ein Portugiese, einen direkten Seeweg nach Indien fand. Die venezianischen Karawanenstraßen waren dadurch nahezu bedeutungslos geworden. Allein das bedeutete schon einen spürbaren wirtschaftlichen Verlust für Venedig; als dann die Liga von Cambrai gegen Venedig zog und die Republik in kriegerische Auseinandersetzungen verwickelte, drohten Venedigs finanzielle Quellen durch die hohen Kriegskosten nahezu zu versiegen.

Die finanziellen Verluste, die Venedig entstanden waren, stellten aber nicht das einzige Problem dar, dem sich die Serenissima nach den Auseinandersetzungen gegenübergestellt sah; die einseitige Ausrichtung Venedigs auf den Seehandel mußte zwangsläufig zu rapide ansteigenden Arbeitslosenzahlen führen, wenn dieser in Gefahr geriet. Tatsächlich muß dieses Problem in Venedig beachtliche Ausmaße angenommen haben. Dazu kam noch ein Drittes: Dadurch, daß Venedig bei der Getreidebeschaffung auf Importe angewiesen war, kam es verstärkt zu Engpässen in der Versorgung der Bevölkerung. Grund dafür war ein stetes Abwechseln von Geldknappheit und Inflation, deren Ausmaß von einer zeitgenössischen Quelle in dem – allerdings weitgespannten – Zeitraum von 1400 bis 1580 mit 50 Prozent des Goldwertes angegeben wird. Auch die Erschließung neuer Handelswege nach Nord- und Osteuropa konnte dieser Entwicklung nicht entgegenwirken.

Im Jahre 1523 trat Andrea Gritti sein Amt als Doge an. Die Bilanz, die er bei seinem Regierungsantritt zog, war mehr als bedenklich. Auf der einen Seite wollte er alles in seiner Macht Stehende tun, um künftige Engpässe in der Getreideversorgung unmöglich zu machen. Daß sein Blick sich im Zuge dieses Bestrebens auf die Terraferma richtete, verstand sich von selbst. Andererseits waren die dortigen Liegenschaften oftmals verwahrlost. Von 800 000 Feldern auf der Terraferma waren 200 000 landwirtschaftlich nicht mehr nutzbar.

Eine konsequente Neuordnung der staatlichen Verwaltung der Terraferma fand nun statt. Die Auslösung des Veneto aus der habsburgischen Lehnshoheit, die aus dem Dogen von Venedig gleichzeitig den Herzog über die umliegenden Festlandprovinzen machte, war im Zuge dieser Maßnahmen ein erster Schritt. Als nächstes setzte die Trockenlegung

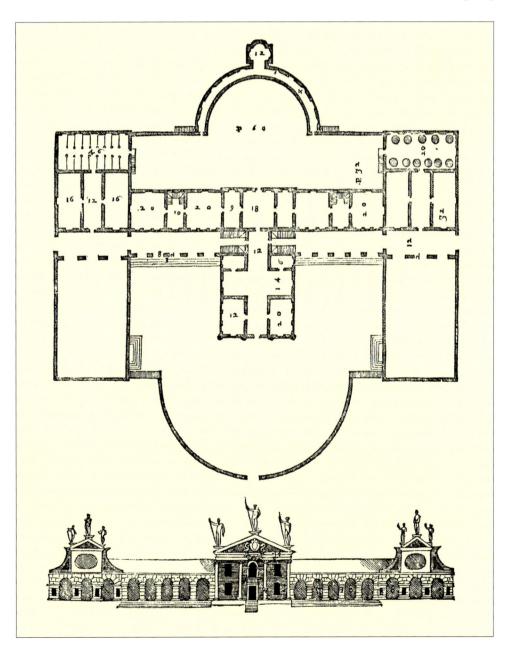

Rechts: Grundriß und Ansicht der Villa Barbaro aus den »Quattro libri«. Wie die Villa Rotonda entstand die Villa Barbaro für einen humanistisch gebildeten Auftraggeber, der über genügend finanzielle Mittel verfügte, die Gestaltwerdung eines Idealtyps zu projektieren. Im Gegensatz zur Villa Rotonda hatte die Villa Barbaro in der Villenkultur keine Nachfolge.

S. 120/121: Für die Fassade des Herrenhauses der Villa Barbaro wählte Palladio eine kolossale Säulenordnung. Die Formen der Villa Barbaro sind schlicht und ausgewogen aufeinander abgestimmt. Mit der umgebenden Landschaft bilden sie eine harmonische Einheit.

Leonardo schrieb einst: »Wo Schönheit ist, da kann keine Nützlichkeit sein«. Wenn in vielen Villen des Veneto dieser Auffassung Leonardos widersprochen wird, darf doch für die Villa Barbaro gelten, daß sie auch ungeachtet ihrer Verwandtschaft mit den vornehmlich als Nutzbauten errichteten Villen, hauptsächlich der Erholung und den humanistischen Studien ihrer Bauherren diente.

der Sümpfe ein. Im Umgang mit Wasser konnten die Venezianer auf eine jahrhundertealte Tradition zurückblicken. Es galt nun in der Folgezeit, auf der Terraferma ein Be- und Entwässerungssystem zu schaffen, das sowohl wasserarmen wie auch wasserreichen Gebieten zugute kommen sollte.

Die Erfindung eines solchen Systems ist auf die Araber zurückzuführen. Die Verbreitung dieses Systems in Italien ging von der Lombardei aus, und Venedig bediente sich namentlich lombardischer Ingenieure, um dieses Vorhaben in die Tat umzusetzen.

Werden so nun die äußeren Umstände verständlich, die als eine Wurzel der Villegiatura gelten dürfen, so sei nicht übersehen, daß diese allein als Erklärung für das Phänomen der Villegiatura nicht ausreichen. Denn in jenen Gebieten, in denen seit der Zeit ab 1540 das sprunghafte Ansteigen von Villenbauprojekten zu verzeichnen ist, wurde auch zuvor schon Ackerbau betrieben. Auf einmal aber fand auch im Denken vieler adeliger Venezianer eine Wandlung statt. Die Idee der Landwirtschaft wurde auf eine metaphysische Grundlage gestellt. Wortführer dieser Entwicklung war Alvise Cornaro. Seine Familie gehörte dem alten

Oben: Das Herrenhaus tritt stark vor die Arkaden vor. Durch die bewußte Unterscheidung in der Fassadengestaltung des Mittelkompartimentes von den benachbarten Fassadenkompartimenten weist Palladio einen Repräsentationsbereich im Innern der Villa aus. Bemerkenswert ist die Gestaltung des mittleren Fensters im Piano nobile. Der abschließende Rundbogen ist durch üppige Fruchtranken geschmückt und sprengt das untere Giebelgesims.

S. 124/125: »Die Ebene der oberen Räume ist gleich mit der des hinteren Hofes, wo dem Haus gegenüber in den Hang ein Brunnen mit zahllosen Stuck- und Malereiverzierungen eingehauen ist«. (Andrea Palladio, 1570). Für die humanistisch gebildeten Gebrüder Barbaro war die Möglichkeit, ihre Villa bei einer Quelle errichten zu lassen, überaus wichtig. Aus ihrer symbolischen Aussagekraft ließ sich ein ikonographisches Programm entwickeln, das die gesamte Gestaltung der Villa miteinbezog.

venezianischen Adel an und war eng mit dem venezianischen Handelsgeschäften verbunden. In der allgemeinen Krise brachen die Handelsunternehmungen der Cornaro jedoch zusammen. Alvise Cornaro kam zu der Überzeugung, daß eine wirtschaftliche Zukunft sich zusehends an der Landwirtschaft orientieren müsse, und zog seine Konsequenzen daraus. Innerhalb von kurzer Zeit gelang es ihm, der sich bei Padua niedergelassen hatte, seinen Grundbesitz immens zu vergrößern und beträchtliche Gewinne daraus zu ziehen. Die Zusammenhänge von Wassertechnik und Ackerkultur waren ihm frühzeitig bekannt. Venedigs Ausrichtung auf die Landwirtschaft, die nach 1530 immer mehr zunahm, darf als sein Verdienst gelten. Als Zeichen für sein Engagement entstand 1556 die »Magistratura sopra i beni incolti«, eine Behörde für brachliegende Ländereien.

Sein Erfolg ist indessen nicht nur auf die praktischen Vorteile der Landwirtschaft zurückzuführen, die Cornaro den venezianischen Adligen anhand seiner eigenen Erfolge in der Landwirtschaft plausibel machen konnte. Selbst durch humanistische Bildung geprägt, verstand er es wohl, der Landwirtschaft eine sich an humanistischen Idealen

Lionello Puppi vergleicht in seiner Palladio-Monographie die Fassade der Villa Barbaro mit einem Aufriß des Fortuna Virilis Tempels von Palladios Hand. In der Tat sind verblüffende Übereinstimmungen zu beobachten, die Überlegungen zu einer sakralen Interpretation der Villa Barbaro Raum geben.

orientierende Seite abzugewinnen. Mit Varro, Cato und Columnella hielt die antike Literatur Werke von Autoren parat, die in ihren Schriften Idealvorstellungen vom landwirtschaftlichen Betrieb formuliert hatten. In der Sicht Alvise Cornaros nahm die Landwirtschaft plötzlich sakralen Charakter an. In seinen Schriften bezeichnet er sie stets als »santa agricoltura« – »die heilige Landwirtschaft«. Mit seinem Traktat »Discorsi intorno alla vita sobria« – »Unterhaltungen über ein maßvolles Leben« – nimmt dieses Sendungsbewußtsein eine deutliche Gestalt an. Wörtlich heißt es dort: »Daher kann ich mit Recht behaupten, daß ich Gott dem Herrn einen Altar und einen Tempel errichtet habe und ihm Seelen schenkte, die zu ihm beten.« Der Villengedanke gelangte auch in sogenannten »Villenbüchern« zur Blüte, die im 16. Jahrhundert weite Verbreitung fanden. Zunächst mag man darin eine Reaktion auf die Krisenzeit sehen, die als Ausgleich zur Realität die Flucht in ein friedliches Ideal mit festgefügter Ordnung antritt. Daß es in Venedig jedoch auch galt, die durch die Wirtschaftskrise frei gewordenen Arbeitskräfte umzulenken, darf nicht übersehen werden. Tatsächlich wurde die nach 1540 verstärkt einsetzende landwirtschaftliche Tätigkeit in hohem Maße von Stadtvenezianern getragen. Die venezianische Regierung unterstützte die Siedlungswilligen durch die Bereitstellung von notwendigen Gerätschaften und sachkundigen Experten. Überdies wurden sowohl Kredite als auch Steuererleichterungen gewährt. Hauptsächlich aber waren es adlige Venezianer, die sich auf der Terraferma niederließen.

Das Zusammentreffen von praktischer Notwendigkeit und der Idealisierung des Landlebens durch das humanistische Denken war die Vorbedingung für die nun einsetzende Villegiatura, wenngleich es auch zur Entwicklung von zwei verschiedenen Tendenzen im Villenbau kam: Je nach den Prioritäten, die die adligen Bauherren setzten, entstanden Villen, bei denen der Landgutcharakter überwog, und solche, die als ländliche Residenz nach der Umsetzung der geistigen Ideale vom Villenleben als Schaffung eines »Arkadien«, eines lieblichen, von der Realität unberührten Ortes, in konkrete Formen strebten.

Unter diesen Villenbauten ragt besonders jener hervor, den Andrea Palladio bei Maser, in der Nähe von Treviso, für die Gebrüder Marcantonio und Daniele Barbaro errichtete. Man darf ihn ohne Vorbehalte als die vollkommenste Villenschöpfung Palladios bezeichnen. Daniele Barbaro gehörte im Gegensatz zu seinem Bruder Marcantonio, der in venezianischen Amtsgeschäften eine führende Rolle spielte, dem geistlichen Stande an und nahm als Patriarch von Aquileia am Tridentiner Konzil teil. Aus seinen humanistischen Ambitionen machte er keinen Hehl, und die Verbindung dieser beiden geistigen Richtungen war ihm offensichtlich selbstverständlich. Über ihn bekannte Quellen versichern glaubhaft, daß Daniele, den eine enge Freundschaft mit dem Protagonisten der Villegiatura, Alvise Cornaro, verband, zuweilen seinen humanistischen Interessen vor seinen geistlichen Verpflichtungen den Vorrang gab.

Vieles deutet darauf hin, daß die Villa Barbaro in der Zeit um 1557/1558 errichtet gewesen sein muß. Ihr Standort konnte nicht glücklicher gewählt sein: Eine Quelle ist in die Villenanlage einbezogen, die auf halber Höhe eines sanft ansteigenden Hügels errichtet worden ist. Mit

Blick durch einen Laubengang seitlich der Villa Barbaro. Die Laubengänge der Villa sind durch Bogenstellungen abgeschlossen. Sieht man von ihren rhythmisierenden Eigenschaften ab, gehören Arkaden einer einfachen Formensprache an. Durch die Verkleidung der Arkaden mit glatten Steinen bilden sie mit der Fassade des Herrenhauses ein harmonisches Ganzes.

dieser Quelle verbanden sich zur damaligen Zeit allerlei Vermutungen, die darauf hinausliefen, daß sich in früheren Zeiten hier eine Kultstätte, möglicherweise gar ein Tempel befunden haben müsse. Marcantonio Barbaro entwarf für die Quelle ein Nymphaeum, das deren symbolischen Gehalt als Mittlerin zwischen den himmlischen und den irdischen Elementen hervorheben sollte und dem Ort einen gleichsam sakralen Charakter verlieh.

Wenden wir uns zunächst der vorderen Fassade der Villa Barbaro zu. Palladio hatte die Fassaden seiner Bauten stets betont in der Vertikalen gegliedert. An der Fassade der Villa Barbaro wird dieses Prinzip noch einmal gesteigert. Der Wechsel von Segmentbogen- und Dreiecksgiebeln vollzieht sich hier nicht in der Horizontalen, sondern auf den vertikalen Achsen. Die Dreiecksgiebel bekrönen die Fenster des oberen

Geschosses, die Segmentbogengiebel jene des unteren. Die Wirtschaftsflügel werden von zwei Columbarien flankiert. Je zwei Viertelkreisbögen leiten von deren Bekrönungsgiebel in sanftem Abstieg auf das Niveau der eingeschossigen Wirtschaftsflügel herunter. Daß durch dieses Vorgehen ein leicht vortretendes Gebäudekompartiment gebildet wird, das innerhalb der Wirtschaftsflügel zu beiden Seiten eine Dreibogenstellung aussondert, sei nicht übersehen.

Mit astrologischen Symbolen geschmückte Sonnenuhren sind in die von den Blendbögen eingefaßten quadratischen Felder eingefügt. Hinter diesem Vorgehen dürfte das Bestreben stehen, der Villa Barbaro ein sakrales Gepränge zu geben, denn die Bedeutung der Astrologie für die Renaissance und deren Kirchenbaukunst darf nicht unterschätzt werden. Nicht ohne Interesse ist für uns im Zusammenhang mit der Villa Barbaro, daß ein Mitglied der Familie, Ermolao Barbaro, mit einem astrologischen Traktat über den Einfluß der Gestirne auf das menschliche Leben an die Öffentlichkeit getreten war.

Das zur Schau gestellte astrologische Interesse ist allerdings nicht der einzige Anhaltspunkt, der für uns das wahrscheinlich auf Daniele Barbaro zurückzuführende Bestreben, der Villa ein sakrales Gepränge zu verleihen, nachvollziehbar macht. Gemeint ist die Bekrönung der Fassade durch einen Giebel in Verbindung mit den vier ionischen Säulen, ein von der antiken Tempelarchitektur auf den Profanbau

Oben links: Marcantonio Barbaro war neben seiner Position als venezianischer Prokurator selbst dilettierender Bildhauer und Architekt. Hinsichtlich der auffälligen Unstimmigkeiten in der Gestaltung des Nymphaeums darf davon ausgegangen werden, daß er persönlich an der Ausführung des Skulpturenschmucks beteiligt war. In das Halbrund des Nymphaeums sind zehn mit Skulpturen geschmückte Nischen eingelassen. Vier weitere Skulpturen treten nahezu freiplastisch vor die Nymphaeumsarchitektur. Sind schon die Skulpturen in den Nischen keine Meisterwerke, so verraten die vier »Hauptfiguren« die ungeschulte Dilettantenhand des Bildhauers mehr als deutlich.

Oben rechts: »Dieser Brunnen bildet einen Teich, der zum Fischen dient. Von hier aus teilt sich das Wasser. Es fließt in die Küche und dann, wenn es die Gärten, die links und rechts von der zum Haus hin langsam ansteigenden Straße liegen, bewässert hat, in zwei Tränken, die sich an der öffentlichen Straße befinden. Von hier aus bewässert es den Küchengarten, der sehr groß und voll ausgezeichneter Früchte ist und wo auch verschiedene Wildarten gehalten werden«. (Andrea Palladio, 1570)

übertragenes Motiv. Dabei ist die Bekrönung einer Fassade durch einen Giebel gar nicht einmal ungewöhnlich. Im 16. Kapitel des zweiten seiner vier Bücher zur Architektur schreibt Palladio selbst, daß er bei allen Villen und auch bei einigen Stadthäusern den Giebel auf der Fassade der Vorderseite, an der sich die Haupttüren befinden, angebracht habe, damit diese Giebel den Eingang des Hauses anzeigen und der Größe und Herrlichkeit des Werkes in der Weise dienen, daß sie den vorderen Teil eines Gebäudes über die restlichen Teile erheben. Dennoch geht der Giebel auf der Fassade der Vorderseite über seine Verpflichtung, der Gebäuderepräsentation zu dienen, hinaus. Den Hinweis zu einer solchen weiterführenden Interpretation gibt Palladio selbst in seiner Beschreibung der Villa in den »Quattro libri«: »Die Fassade des Herrenhauses hat vier Säulen ionischer Ordnung, die Kapitelle der seitlichen Säulen sind auf zwei Seiten ausgebildet. Wie diese Kapitelle zu machen sind, werde ich im Buch über die Tempel beschreiben.«

Bezieht man diese Äußerung mit in die Betrachtung ein, gewinnt Lionello Puppis Vermutung einen hohen Grad an Wahrscheinlichkeit, der die Fassade der Villa Barbaro mit einem Fassadenaufriß des Fortuna Virilis Tempels in Verbindung bringt, den Palladio im 13. Kapitel seines vierten Buches zur Architektur abgebildet hat. Die dominierende Funktion erhält das Haupthaus gleichwohl nicht allein durch die im Sakralbau entlehnten Motive. Der Blick wird auf diesen Teil des Anwesens durch den wohlausgewogenen Rhythmus von Rundformen gelenkt, der von den Columbarien seinen Ausgang nimmt und in der Mitte der Herrenhausfassade seine höchste Steigerung erfährt. Hinzu kommt noch, daß das Herrenhaus weit vor die Wirtschaftsflügel vortritt.

Allessandro Vittoria werden die Stuckarbeiten im Giebel der Villa Barbaro zugeschrieben. In seiner Beschreibung der Villen der Alten begründet Palladio die Verwendung eines Eingangsgiebels neben anderem damit, daß dieser »zum Anbringen der Zeichen, das heißt, des Wappens der Erbauer« geeignet ist. Hier in Maser ist das Wappen der Barbaro mit reichem Stuckwerk umgeben.

Die Frage, ob diese Verschmelzung von sakralem und profanem Programm im Inneren der Villa ihre Entsprechung findet, erscheint berechtigt. Der Grundriß der Villa gibt uns darüber keinen direkten Aufschluß, auch wenn die Grundfläche des Hauptsaales durch eine Kreuzform gekennzeichnet ist. Von Bedeutung ist in diesem Zusammenhang das Freskenprogramm. Wie auch für die Dekoration der Grotte hinter dem Nymphaeum zeichnet Paolo Veronese hierfür verantwortlich. Spätestens hier wird das Bestreben der Bauherren deutlich, innerhalb der realen Welt eine ideale Scheinwelt erschaffen zu lassen. In den Malereien sind Motive des täglichen Lebens mit solchen verknüpft, die dem sakralen Bereich zuzuordnen sind. Paolo Veroneses Fähigkeit zur illusionistischen Malerei erreicht hier in der Villa Barbaro ihren Höhepunkt. Was ist Schein, was ist Sein? ist man oft versucht zu fragen. Von Säulen gerahmte Fenster geben den Blick in arkadische Landschaften frei, deren Idealcharakter durch das Auftauchen von Ruinen aus der Antike unterstrichen wird. Dicht daneben befinden sich tatsächliche Fenster, die ihrerseits den Anblick einer realen Landschaft ermöglichen. Das entstehende Wechselspiel ist eindrucksvoll: Wird die tatsächliche Landschaft durch ihre so hergestellte Verbindung mit der idealen Landschaft nobilitiert, oder wird der Realitätsanspruch der gemalten Landschaft durch ihr Nebeneinander mit der tatsächlichen Landschaft erhöht und manifestiert?

Die Frage scheint schwer zu beantworten. Gleichviel, die Illusionsmalerei erstreckt sich auf alle Bereiche der Innendekoration der Villa. In einer Ecke steht eine gemalte Hellebarde, und aus einer Scheintür tritt ein gemalter Jäger, der mit seinen Hunden von der Jagd heimkehrt. Interessant ist, daß sich im Hauptsaal der Villa, dem Saal des Olymp, von unten nach oben eine Steigerung vom gleichsam profanen Bereich zu einem gleichsam sakralen Bereich vollzieht. Auf einer umlaufenden Balustrade sehen wir verschiedene Personen, ihrer Zeit nach gekleidet und in Lebensgröße gemalt, die das Treiben in der Villa zu beobachten scheinen. In dem Gewölbefresko über dieser Balustrade erreicht das ikonographische Programm des großen Saales seinen Höhepunkt. Es handelt sich um eine Darstellung des Olymps, in dessen Zentrum sich die Allegorie der Weisheit befindet, umgeben von den Göttern des Sternenhimmels und deren Attributen. Diese sakralen Darstellungen befinden sich alle in jenem Geschoß, von dem aus man zu dem Nymphaeum mit seiner Quelle gelangt.

Wenn wir all dies berücksichtigen, darf die Villa Barbaro in der Tat als programmatischer Bau gelten, dessen Anlage darauf hin konzipiert ist, Profanes mit Sakralem zu verbinden. Überwiegt zunächst der profane Bereich, so finden wir im Saal des Olymps eine Vermittlung beider Bereiche, eine Art Vorbereitung auf das »Allerheiligste« des Anwesens, die Quelle. Durch die Tatsache, daß die Villa Barbaro gleichsam in den Hügel hineingebaut ist, wird sie zu einem Attribut der Quelle mit darauf vorbereitendem Charakter.

Darüber hinaus gelangt das Bestreben Palladios, Architektur und Landschaft harmonisch miteinander zu verbinden, durch diesen Kunstgriff zu einem gesteigerten Ausdruck, der in der Villa Barbaro eine Idealschöpfung konstituiert, die im gesamten Villenbau ohne Nachfolge blieb.

S. 131: Die Fresken in dem kreuzförmigen Saal des Piano nobile sind hinsichtlich ihrer Themen eng mit dem Villenleben verknüpft. Dabei liefert die illusionistische Malerei ein beeindruckendes Wechselspiel von Schein und Sein.

S. 132/133: Paolo Veronese war der ausführende Meister der Freskendekoration in den Räumen des Piano nobile der Villa. Ausblicke durch tatsächliche Fenster werden mit solchen auf gemalte Fenster kontrastiert, die in Landschaften mit Ruinen aus der Antike führen. Als Ausdruck der Harmonie des Villenlebens tauchen in gemalten Nischen Musikanten auf, die Instrumente wie die Drehleier in Händen halten, die noch im Barock als typisch pastorale Instrumente galten.

Villa Foscari
Malcontenta di Mira (Venedig)

Am Ufer der Brenta liegt eine der schönsten Villen Andrea Palladios. Ihre Hauptfassade, als die man wohl jene bezeichnen kann, vor die ein imposanter Säulenportikus tritt, ist dem vorbeifließenden Kanal zugewandt. Auf einen mächtigen Sockel gestellt, bietet sie dem Besucher, der sich der Villa über den Wasserweg nähert, einen Anblick von eindrucksvoller Majestät. Die Villa liegt nahezu vor den Toren Venedigs. Sie ist benannt nach ihren Bauherren Nicolò und Alvise Foscari. Doch bekannt ist sie unter dem Namen, den sie dem kleinen Städtchen entlieh, zu dem sie gehört: Malcontenta.

Um die Hauptfassade dem Fluß zuzuwenden, brach Palladio mit der Tradition und richtete sie nach Norden anstatt nach Süden aus. »Wenn man die Villa an einem Fluß errichten kann, ist dies eine sehr schöne und angenehme Sache, da mit geringen Kosten die Erträge zu jeder Zeit mit Booten in die Stadt gebracht werden können. Zudem wäre der Fluß

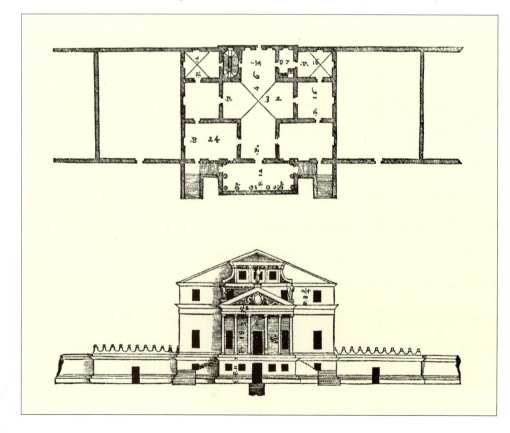

Villa Foscari, genannt »La Malcontenta«. Grundriß und Ansicht aus den »Quattro libri«. Die Malcontenta war als ländliche Residenz geplant. Auskunft darüber gibt nicht zuletzt die Entwurfszeichnung, die keine Wirtschaftsgebäude vorsieht. Im 17. Jahrhundert sind zwar solche Wirtschaftsflügel angefügt worden, die heute allerdings gänzlich zerstört sind.

häuslichen Zwecken und auch den Tieren sehr dienlich...«. So schreibt Andrea Palladio anläßlich seiner Überlegungen über den günstigsten Standort einer Villa.

Hinsichtlich der Malcontenta kann der Nützlichkeitsaspekt getrost vernachlässigt werden. Nicolò und Alvise Foscari ließen zwischen 1559 und 1560 ihre Villa als ländliche Residenz erbauen. Die für eine Villa erforderlichen Wirtschaftsgebäude fehlen völlig. Im 17. Jahrhundert wurde der Malcontenta zwar ein Komplex von Wirtschaftsgebäuden angefügt, der heute jedoch gänzlich zerstört ist. Die Villa ist also wieder in der Form gegenwärtig, in der sie erdacht worden war.

Ohne ein Mitschwingen von Ironie möchte man für die Malcontenta den von Alvise Zorzi für Palladios Villen geprägten Begriff »Villentempel« gelten lassen. Tatsächlich scheint sie wie auch die Villa Barbaro in Maser zum Teil aus einem religiösen Programm entwickelt worden zu sein, und das nicht nur hinsichtlich des der antiken Tempelarchitektur entlehnten Motivs des giebelbekrönten Säulenportikus. Dem humanistischen Denken war die Vermittlung von antiker und christlicher Religionsauffassung durchaus vertraut; man sah die christliche Religion als Erbin der antiken Religionen an, und so widerspricht das beständige Auftauchen antiker Formen den Überlegungen hinsichtlich der Verwendung eines religiösen Programmes keineswegs.

Palladios Auftraggeber waren nahezu alle vom Humanismus geprägt. Gutenbergs Erfindung der Buchdruckerkunst traf in Venedig auf fruchtbaren Boden, und der somit erleichterte Zugang zu den antiken Autoren führte dazu, daß die Kenntnis dieser Autoren bei einer breiten Adelsschicht vorausgesetzt werden konnte. Palladios eigene Verpflichtung an die Antike ist bereits wiederholt erwähnt worden. Von seinen Zeichnungen nach antiken Bauwerken ist eine in unserem Zusammenhang von Interesse, die in Vicenza im Museo Civico aufbewahrt wird und und den

Ottavio Bertotti-Scamozzi zeichnete im Gegensatz zu Andrea Palladio die lineare Gliederung der Fassade durch die glatten Quadersteine in seine Fassadenansicht der Malcontenta ein. Das Volumen der Säulenloggia wird in dieser Zeichnung deutlicher als in jener, die in den »Quattro libri« veröffentlicht ist.

Tempel über der Quelle des Clitumnus darstellt. Schon in der Besprechung der Villa Barbaro in Maser ist auf die Bedeutung der Quelle hingewiesen worden, deren symbolischer Gehalt als Vermittlung zwischen den irdischen und den himmlischen Elementen im humanistischen Denken, namentlich im Hinblick auf die Ideale der »Vita in Villa«, fest verankert war. In Maser ist die Quelle durch das Nymphaeum in das Villenprogramm mit einbezogen worden. In Malcontenta fehlt es an einer Quelle, die in das Villenprogramm einbezogen werden könnte. Dennoch scheinen formale Verweise gegeben zu werden, die im Sinne einer »architecture parlante« auch diesen Aspekt der Villenideale in die Konzeption der Villa mit einzubeziehen trachten.

Villa Foscari. Detail eines Stiches von Giovanni Francesco Costa (? – 1773). Eine Gegenüberstellung dieses Stiches mit einer Zeichnung Andrea Palladios, den Tempel über der Clitumnus-Quelle darstellend (unten als Detail eine Wiedergabe des Aufrisses), zeigt auffallende Ähnlichkeiten. Eine interessante Grundlage dafür, die Hauptfassade der Malcontenta hinsichtlich ihrer symbolischen Verweisfunktion zu diskutieren.

Wenn wir uns der oben erwähnten Zeichnung Palladios zuwenden, stellen wir fest, daß der von Palladio dargestellte Tempel auf einem massiven, mächtigen Sockel – in seiner Mitte durch ein Portal unterbrochen – steht. Darüber erhebt sich ein Portikus, der von einem mit Kragsteinen eingefaßten Giebel bekrönt ist. In abgewandelter Form tauchen diese Motive an der dem Wasserlauf zugewendeten Fassade der Malcontenta wieder auf, sowohl der stark überhöhte Sockel als auch der Säulenportikus und der mit Kragsteinen eingefaßte Giebel. Eine derartige »architecture parlante« erscheint nicht unwahrscheinlich, wenn man zusätzlich die Tatsache bedenkt, daß die Fassade, an der dieses Motiv zur Anwendung kommt, sich direkt an einem Wasserlauf befindet. Auf Palladios Ambitionen in bezug auf das Wasser ist bereits hingewiesen worden. Wohlverstanden: Es soll sich nicht darum handeln auf eine tatsächlich vorhandene Quelle hinzuweisen, sondern vielmehr darum, einem Villenideal durch einen formalen Verweis Rechnung zu tragen.

Wenn man durch das Portal in die Villa eintritt, befindet man sich unvermittelt im Hauptsaal des Gebäudes. Die Orientierung des großen Saales an einem kreuzförmigen Grundriß darf als Wiederaufnahme des in der Villa Cornaro umgesetzten Prinzips der Zentrierung aller räumlichen Kräfte der Raumanlage auf den großen Saal verstanden werden.

In der Raumanlage, die sich um den großen Saal legt, wird einmal mehr Palladios Verhältnis zu mathematischen Harmonien deutlich: Die Raumentwicklung vollzieht sich in kontinuierlicher Steigerung des Raumvolumens durch Zugrundelegung eines Maßes des vorangegangenen Raumes für die Maße des nächstfolgenden. Durch die Anlage dieser Raumgruppen wird die Kreuzform überspielt, zum Querrechteck erweitert und ist an der Fassade nicht mehr ablesbar. Seine Dominanz verschafft sich der große Saal des Piano nobile also nicht durch seine Entsprechung zur äußeren Form der Malcontenta, die aus einem quaderförmigen Block herauszutreten scheint, sondern vielmehr durch das ihm innewohnende zentrierende Moment, das alle anderen räumlichen Kräfte innerhalb der Raumanlage unterzuordnen vermag.

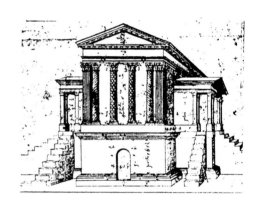

Da die Malcontenta nach Norden ausgerichtet ist, erhält der große Saal sein Licht von der lichtstärksten Seite, nämlich der südlichen. Dieses Wissen scheint Palladio sich zunutze gemacht zu haben. Die dem Eingang gegenüberliegende Seite ist nahezu in eine Lichtwand umgewandelt. Ein großes Thermenfenster nimmt die Form der Raumwölbung auf. Unter diesem befinden sich drei weitere Fenster, die in

S. 136: »Wenn man die Villa an einem Fluß errichten kann, ist dies eine sehr schöne und angenehme Sache...« (A. Palladio, 1570). Die Malcontenta liegt am Brenta Kanal direkt vor den Toren Venedigs. Die Hauptfassade, die dem Wasser zugewendet werden sollte, ist entgegen der Tradition nach Norden ausgerichtet.

Oben: Die Formen der Malcontenta sind systematisch aufeinander bezogen oder leiten ineinander über. So zum Beispiel das rundbogige Thermenfenster, das in den Giebel des Risalits einschneidet, ein Kunstgriff, der die aufsteigende Tendenz des Risalits unterstreicht und ihn vor dem übrigen Teil der Fassade hervorhebt.

S. 138: Bei der nach Süden gerichteten Gartenfassade der Malcontenta ist das Licht ein wesentliches Gestaltungsmittel. Im Gegensatz zur Hauptfassade ist der Mittelteil nur schwach mit der Fassade verkröpft. Statt einer plastischen Modellierung bevorzugte Palladio an der Gartenfassade der Malcontenta eine durch die Rustikaquaderung bewirkte lineare Gliederung.

eine illusionistisch gemalte Architektur eingepaßt sind und die die gewöhnlich als Begrenzung erfahrbare Wand auf ein Minimum reduzieren. Diese Lichtwand sorgt für eine regelrechte Durchflutung des Saales mit Licht und unterstützt somit die Konzentrierung der räumlichen Kräfte auf dessen Mitte.

Dadurch, daß dieser Saal unvermittelt vom Eingang her betreten wird, ist seine Funktion eine öffentliche. Seine dekorative Ausstattung ist dementsprechend reich. Den Idealen der Villenkultur folgend, drehen sich die Inhalte der Malereien um Themen der antiken Mythologie, umrahmt von einer gemalten Scheinarchitektur. An dieser Stelle wird uns wieder einmal die Verschmelzung von Innenbau und Außenbau zu einem harmonischen Ganzen vor Augen geführt. Die durch die Malerei geschaffene Scheinarchitektur ist von ionischer Ordnung, ebenso wie die Geschoßordnung des Piano nobile an der Hauptfassade.

Wie nun gelangt diese Verschmelzung an den Fassaden zum Ausdruck? Beginnen wir mit der Hauptfassade. Ihr Erscheinungsbild wird bestimmt durch den Portikus, der den Ausmaßen und der Sockelstellung der Villa Rechnung trägt und sich um drei Interkolumnien in die Tiefe erstreckt. Die Breite der Loggia bezeichnet die gesamte Breite des Mittelsaales. An der in gemäßigter Rustika ausgeführten Fassade ist durch farblich abgesetzte, umlaufende Geschoßrandleisten eine deutliche Ausgrenzung des Piano nobile sowohl vom Kellergeschoß als auch

vom Mezzaningeschoß sichtbar gemacht. Die ionische Säulenordnung mit ihren seitlich nach unten ausrollenden Kapitellen unterstützt die Ausgrenzungstendenz. Die Säulenordnung des Portikus erstreckt sich vom vorgelagerten Gebäudesockel bis zu der Geschoßrandleiste, die das Piano nobile nach oben hin abschließt. Noch eindeutiger als an der Villa Cornaro kommt hier an der Hauptfassade der Malcontenta der Loggia die Funktion der Ausgrenzung untergeordneter Gebäudekompartimente zu bei gleichzeitiger Herausstellung des Würdecharakters jenes Raumes, dessen Repräsentation sie übernimmt. Das Verstärken der Unterordnung der ausgegrenzten Gebäudekompartimente durch deren zusätzliches Zurücktreten in die Wandtiefe ist auch an der Malcontenta angedeutet: Durch das starke Vorkragen der Geschoßrandleiste des Piano nobile erweckt das Mezzaningeschoß den Eindruck des Zurücktretens.

Das gleiche Unterordnungsprinzip, wenngleich auch durch andere Mittel bewirkt, kennzeichnet die Gartenfassade. Die farbig abgesetzten Geschoßrandleisten grenzen auch hier das Piano nobile aus und auch hier verkröpft sich ein Teil der Fassade, der Breite der Loggia entsprechend, mit der Wandfläche und exponiert somit den Saal des Piano nobile. Der Giebel der Hauptfassade ist jedoch durch einen Sprenggiebel ersetzt, der sich harmonisch mit der aufsteigenden Form des Thermenfensters verbindet.

*Oben: »Ich habe bei allen Villen und auch bei einigen Stadthäusern den Giebel auf der Fassade der Vorderseite, an der sich die Haupttüren befinden, angebracht, damit diese Giebel den Eingang des Hauses anzeigen und der Größe und Herrlichkeit des Werkes in der Weise dienen, daß sie den vorderen Teil eines Gebäudes über die restlichen Teile erheben.«
(A. Palladio 1570)*

S. 141: Die architektonische Ordnung der Hauptfassade wird auch in den Malereien im Kreuzsaal übernommen: Die Säulen der gemalten Architektur sind von ionischer Ordnung. Von diesen Säulen werden allegorische Figuren gerahmt.

S. 142/143: Blick auf die Seite des Kreuzsaales, die der Fensterseite gegenüberliegt.

S. 144: Neben Giambattista Zelott war Battista Franco in der Malcontenta als Maler tätig. Franco starb 1561 und hinterließ das unvollendete Fresko im Saal der Giganten.

S. 145: Die matten Farben der Fresken sind ein Zeichen für die Bedrohung der Kunstwerke durch die zunehmende Luftverschmutzung.

Santa Maria della Carità
Accademia di Belli Arti (Venedig)

Die Neugestaltung des Convento della Carità ist Palladios erster umfassender Auftrag in Venedig. Das Kloster, das sich im Besitz der Lateranensischen Kanoniker befand, sollte seit etwa 1500 grundlegend erneuert werden. Man dachte an eine großzügige Systematisierung des unübersichtlichen älteren Baubestandes. Am 7. März 1561 erscheint in den Dokumenten erstmals der Name Palladios, der damals ein Modell für den Klosterbau angefertigt hat. Man wird also den Beginn seiner Entwurfsarbeiten rund um 1560 ansetzen dürfen. Am 1. Juni 1561 wird

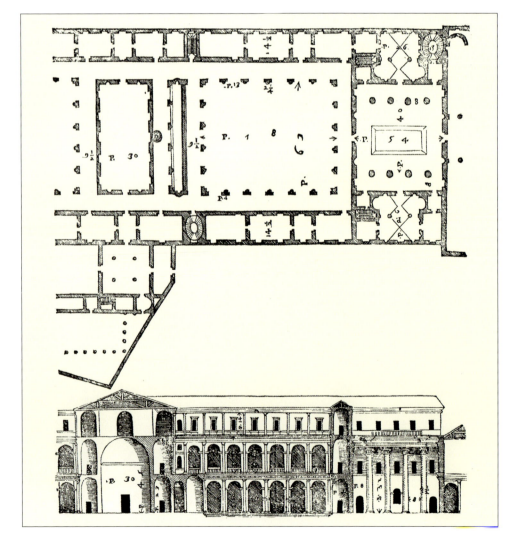

Grundriß und Ansicht von Santa Maria della Carita in Venedig aus den »Quattro libri«. Eigener Aussage zufolge wollte Palladio dieses Gebäude den antiken Häusern angleichen. Wirtschaftliche Schwierigkeiten ließen das umfangreiche Projekt jedoch nur teilweise zur Ausführung kommen. 1630 wurde das Fragment durch einen Brand stark beschädigt.

Rechts: Auf zwei gleich dimensionierte Arkadengeschosse folgt ein niedriges Stockwerk. Diese Gliederung der Hofansicht orientiert sich eher an antiken Theaterbauten als an Vorgaben für einen antiken Peristylhof.

*»Vor allem eilte ich in die Carità: ich hatte in des Palladio Werken gefunden, daß er hier ein Klostergebäude angegeben, in welchem er die Privatwohnung der reichen und gastfreien Alten darzustellen gedachte. Der sowohl im ganzen als in seinen einzelnen Teilen trefflich gezeichnete Plan machte mir unendliche Freude, und ich hoffte, ein Wunderwerk zu finden; aber ach! es ist kaum der zehnte Teil ausgeführt; doch auch dieser Teil seines himmlischen Genius würdig, eine Vollkommenheit in der Anlage und eine Genauigkeit in der Ausführung, die ich noch nicht kannte...
Du liebes Schicksal, das du so manche Dummheit begünstigt und verewigt hast, warum ließest du dieses Werk nicht zustande kommen!«*
(Johann Wolfgang von Goethe, 2. Okt. 1786 in Venedig)

er als »Vorsteher« der Arbeiten genannt, am 14. Mai des folgenden Jahres für zwölf Monate bezahlt. In der Folgezeit ist seine Anwesenheit auf der Baustelle nicht mehr nachweisbar.

Wirtschaftliche Schwierigkeiten, offenbar auch der moralische Verfall des Konvents, ließen das umfangreiche Projekt nur teilweise zur Ausführung kommen, zudem wurde das Fragment 1630 durch einen verheerenden Brand stark beschädigt. Erhalten blieben lediglich ein schon von Goethe bewunderter Flügel des Kreuzganges, die Sakristei und eine spindelförmige Treppenanlage. Von dem ursprünglichen Plan geben uns je ein Grund- und ein Aufriß in Palladios »Quattro libri« eine ungefähre Vorstellung, wenn wir auch davon ausgehen müssen, daß der Verfasser hier bereits eine veränderte Redaktion seines Konzeptes vorlegte.

Nach Palladios eigenen Worten wollte er im Convento della Carità ein römisches Haus der Antike in monumentalem Maßstab nachbauen. In seinen Zeichnungen bildet ein Atrium mit seitlichen kolossalen Säulenstellungen den Auftakt zur Gesamtanlage. Es wird spiegelsymmetrisch von Sakristei und Kapitelsaal flankiert. Dann folgt der längsrechteckige dreigeschossige Kreuzgang, an den sich die weiteren Klostergebäude anschließen. Allerdings ist der Verweis auf das Vorbild eines römischen Hauses nur im allgemeinsten Sinne zu verstehen.

Zu Recht ist darauf hingewiesen worden, daß der Entwurf des Kreuzganges, dessen Fragment heute in die Galleria delle belle arti einbezogen ist, stilistisch eher auf Palladios »klassische« Phase als auf die dynamischen Tendenzen verpflichtete Spätzeit deutet.

San Giorgio Maggiore
Isola di San Giorgio (Venedig)

982 war die Insel an der Südseite des Beckens von San Marco von der Republik Venedig den Benediktinern geschenkt worden. Das Kloster gewann in den folgenden Jahrhunderten eine außerordentliche wirtschaftliche und kirchenpolitische Bedeutung, die seit dem Quattrocento einen umfassenden Neubau von Konvent und Kirche ermöglichte. Nachdem Palladio schon 1560–62 das Refektorium errichtet hatte, wurde er 1565 mit der Planung einer neuen Kirche beauftragt. 1566 folgte die Grundsteinlegung, nachdem Palladio ein Holzmodell vorgelegt hatte. Er behielt die Bauleitung bis 1568, doch dürfte sein Entwurf

San Giorgio Maggiore. Längsschnitt nach Ottavio Bertotti-Scamozzi. Dadurch, daß die Thermenfenster in Seitenschiffen dem Halbkreis der Arkaden entsprechen, werden die einzelnen Joche vom Besucher der Kirche beim Vorwärtsschreiten als jeweils in sich stimmige Querachsen erfahren. Das Motiv des Thermenfensters wird im Obergaden des Hauptraumes wieder aufgenommen.

auch in der Folgezeit gewissenhaft ausgeführt worden sein. 1575 schon standen die Umfassungsmauern des Kirchenraumes und der Tambour über der Vierung, ein Jahr später wird die Kuppel gewölbt, 1591 ist der langgestreckte Mönchschor vollendet. Am Abschluß der Arbeiten steht die Errichtung der Fassade in den Jahren 1597–1610.

Im Stadtbild Venedigs kommt San Giorgio Maggiore eine entscheidende Bedeutung zu. Kirche und Kloster bilden einen Gegenpol zu den Bauten des Markusplatzes. Kein zweiter Architekt seiner Zeit war wie Palladio prädestiniert, die Bedingungen einer solchen Blickachse zu erfüllen, hatte er doch zuvor in verschiedenen seiner Villenanlagen landschaftliche Perspektiven in idealer Weise aufgenommen.

Im Vergleich zu der zeitlich folgenden Fassade von San Francesco della Vigna in Venedig differenziert Palladio das Relief der Wandgliederung zugunsten einer dynamischen Steigerung auf die Mitte hin. Die den Seitenschiffen entsprechenden seitlichen Achsen sind von Pilastern gerahmt, die an den äußeren Ecken verdoppelt werden. Den zurücktretenden Wandflächen sind auf hohen Postamenten Grabdenkmäler in Säulentabernakeln vorgesetzt. Palladio greift hier eine im venezianischen Kirchenbau der Renaissance heimische Tradition auf. Zugleich bedeuten diese Monumente in formaler Hinsicht mehrfach Vermittlung und Verknüpfung zwischen Flanken und beherrschendem Mittelbau: sie führen zunächst in kleinem Maßstab das Motiv der Säule ein, bestimmen mit der Höhe ihrer Sockel die hohen Postamente der Kolossalsäulen und bereiten das Motiv des Dreiecksgiebels vor.

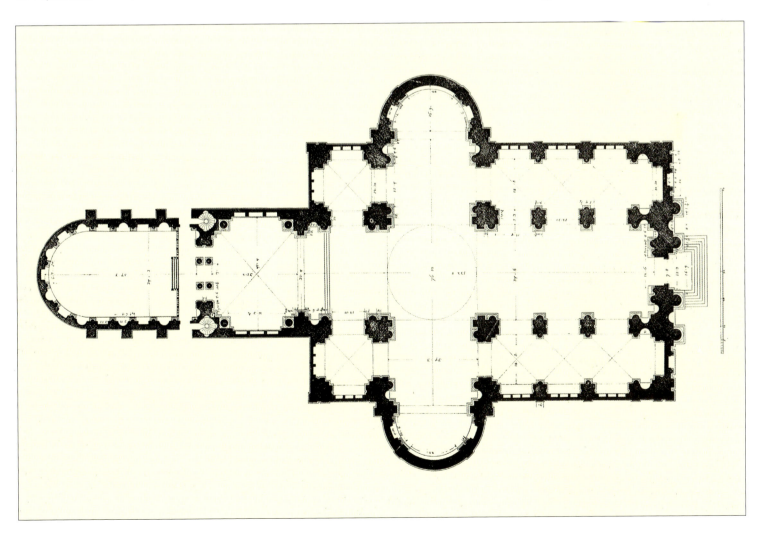

San Giorgio Maggiore. Grundriß nach Ottavio Bertotti-Scamozzi. Der Hauptbau erscheint als ein Rechteck und relativiert den in der Außenansicht eindeutig vorherrschenden Eindruck einer kreuzförmigen Basilika mit weitausladendem Querhaus.

Der dem Mittelschiff vorgegliederte Teil der Fassade erweckt den Eindruck eines offenen Tempel-Portikus, hinter dem sich eine geschlossene Wand hinzieht. Dabei ist die mittlere Säulenstellung, wiederum im Dienste des von außen nach innen führenden »Crescendo«, gegenüber den seitlichen Interkolumnien wesentlich verbreitert. Alle vier Säulen treten zu drei Vierteln aus der Wand hervor und verstärken damit den Eindruck einer freistehenden Ordnung. Daß in der Nahsicht Schwächen des Konzeptes deutlich werden, hat schon Jacob Burckhardt erkannt.

An der Authentizität des Fassadenentwurfes zu zweifeln beziehungsweise an spätere Änderungen zu denken, besteht kaum Anlaß: In der entscheidenden Fernwirkung zur Piazzetta von San Marco herüber treten solche Einzelheiten zugunsten der Gesamterscheinung zurück. Besonders eindrucksvoll entfaltet sich die Fassade in der unmittelbaren Frontalansicht von der Wasserfläche des Bacino di San Marco aus: Der »Tempelgiebel« wird von der Vierungskuppel überhöht, der Akkord von weißem Quaderstein, rotem Backstein und weißen Dächern wird in voller Harmonie erfahren, die beherrschende Vertikale des mittleren Fassadenteils tritt in einen spannungsvollen Ausgleich zu den weit ausladenden, die Horizontale betonenden Querhausarmen. Der Campanile wurde im 18. Jahrhundert hinzugefügt, als Pendant zu dem großen Campanile von San Marco ein weiteres Element, das die Piazzetta von San Marco mit dem Gebäudekomplex auf der Isola di San Giorgio verbindet.

Grundriß und Aufriß des Raumes, jeweils nach streng berechneten Maßen entwickelt, treten auf eine eigentümliche Weise auseinander. Der in der Außenansicht eindeutig vorherrschende Eindruck einer kreuzförmigen Basilika mit weit ausladendem Querhaus relativiert sich im Grundriß. Der Hauptbau erscheint als ein Rechteck mit seitlich der Vierung angesetzten Konchen. Seine Längserstreckung entspricht genau der Ausdehnung der Querachse. Die Seitenschiffe, von halber Breite des Mittelschiffes, setzen sich jenseits des Querhauses mit einem weiteren, über quadratischem Grundriß errichteten Joch fort. Auf das quadratische Presbyterium folgt ein ungewöhnlich langgestreckter, halbrund schließender Mönchschor.

Dem Eintretenden bietet sich zunächst der Eindruck eines eindeutigen Längsbaues von ungewöhnlicher Klarheit der Gliederung und hoher Würde. Die drei Joche des Langhauses werden durch kolossale Säulen korinthischer Ordnung auf hohen Postamenten geteilt. Sie tragen Kompositkapitelle, d. h. jene Durchdringungsform von korinthischem und ionischem Kapitell, die, in der römischen Kaiserzeit entwickelt, durch das ganze Mittelalter hindurch verwendet und in der Renaissance wiederum zur vorherrschenden Kapitellform wurde. Über ihnen verkröpft sich ein reich profiliertes Gebälk, das durch eine breite Schwellung seine federnde Eleganz erhält. Palladio entwickelt hier ein Motiv weiter, das er bereits an der Basilica in Vicenza benutzt hatte. Darüber tritt ein kräftig modelliertes Konsolgesims hervor. Die Verkröpfungen verlangen ihrer Natur nach eine Fortsetzung im Gewölbe. Sie wird aber nur bedingt gegeben, indem oberhalb der vorspringenden Gebälkplatten die scharf geschnittenen Grate der Stichkappen ansetzen. Sie vermitteln zwischen den Rundbögen der dreigeteilten Thermenfenster und

S. 150: Die Steigerung der Ausdruckswerte an der Fassade von San Giorgio Maggiore nimmt zu deren Mitte hin deutlich zu. Zum Teil ist das auf die Verbreiterung des mittleren Interkolumniums der vorgeblendeten Tempelfront zurückzuführen. Eine entscheidende Rolle spielen in diesem Zusammenhang die Stützen, die in ihrem plastischen Ausdruck durch den Wechsel von schwach hervortretenden Pilastern zu kolossalen Dreiviertelsäulen zu einem dominierenden Element der Fassadengestaltung werden.

dem alle drei Joche zusammenfassenden Tonnengewölbe, für das eine Dekoration offenbar niemals vorgesehen war.

Die Seitenschiffe werden durch die Arkaden vom Hauptraum gleichermaßen getrennt wie mit ihm verbunden. In den Arkaden sind Doppelpilaster mit korinthischen Kapitellen eingestellt, die ein dem oberen Abschluß der Kolossalordnung im Mittelschiff eng verwandtes Gebälk zusammenschließt, wiederum unter Hervorhebung jenes konvex schwingenden Zwischengliedes. Die Doppelordnung dieser Pilaster erweitert die Arkadenstellungen zu schmalen Arkadenwänden, die die Seitenschiffe verhältnismäßig stark gegen den Hauptraum abschließen. Andererseits verweist das Nebeneinander der Pilaster den Blick nach links und rechts, also in die Seitenschiffe.

Die Gliederung der Seitenschiffe ist der des Hauptraumes sehr ähnlich. Halbsäulen tragen an beiden Seiten ein sich verkröpfendes Gesims von gleicher Profilierung, die Außenwände treten in Nischen über rechteckigem Grundriß zurück, so daß auch hier die Halbsäulen Pilaster als Rücklagen erhalten. In jedem Joch ist an der Außenwand ein übergiebelter Tabernakelaltar aufgestellt. Die Thermenfenster über dem Gebälk entsprechen dem Halbkreis der Arkaden, so daß im Vorwärtsschreiten jeweils eine in sich stimmige Querachse erfahren wird. Zugleich binden diese Thermenfenster die kreuzgratgewölbten Joche der Seitenschiffe an die Gliederung des Hauptraumes.

Oben: Kompositkapitelle wurden durch das ganze Mittelalter hindurch verwendet und in der Renaissance wiederum zur vorherrschenden Kapitelform. An der Kirche San Giorgio Maggiore verwendet Palladio sie innen wie außen. »Die komposite Ordnung, die man auch die lateinische nennt, da sie von den Römern erfunden worden ist, wird deshalb komposite genannt, weil sie an den beiden oben dargestellten Ordnungen (korinthisch/ionisch) teilhat. . . . Das komposite Kapitell hat dieselben Maße wie das der Korinthia. Es ist von ihr aber durch die Volute, das Auge, den halbrunden Stab und den Eierstab unterschieden . . .« (Andrea Palladio, 1570).

Die Gesamtansicht vom Eingang zum Chor ist sowohl hinsichtlich der Wandgliederung als auch der Wölbung reich rhythmisiert. Die kräftig akzentuierten Vierungspfeiler – rechtwinklig zueinander angeordnete Pilaster mit flankierenden Dreiviertelsäulen – tragen über gleichmäßig sich nach allen Seiten öffnenden Rundbögen die Kuppel. Pendentifs – segelförmig geschwungene Dreiecke – vermitteln zwischen dem quadratischen Grundriß der Vierung und dem kreisförmigen Ansatz des Tambours, des Kuppelgeschosses, das hinter einer Balustrade abwechselnd in Nischen und Fensteröffnungen gegliedert wird. Da auch durch die bekrönende Laterne Licht einfällt, erscheint der Vierungsraum als Zentrum des Baues, das die Horizontale des Langhauses in eine vertikale Blickbahn überleitet. Da der Ansatz des Tambours durch die Balustrade verschleiert erscheint, scheint die Kuppel zu schweben.

Im Presbyterium scheint sich die Struktur des Langhauses in verkürzter Form zu wiederholen. Tatsächlich folgt zunächst ein entsprechend gegliedertes Joch, das nach oben eine Tonne mit je einer seitlichen Stichkappe abschließt. Aber dann leitet ein Gurtbogen zu dem über quadratischem Grundriß errichteten Raum des Hochaltars über, dessen Bedeutung durch eine verstärkte Instrumentierung der Wandvorlagen hervorgehoben wird: In den Ecken der mehrfach gestuften Pilaster sind kannelierte Vollsäulen eingestellt, nach oben schließt der Raum in einem weit gespannten Kreuzgratgewölbe.

An der Ostseite des Presbyteriums greift Palladio das Motiv der kannelierten Säulen in einer dreifachen, doppelgeschossigen Ordnung wieder auf. Der dahinterliegende, langgestreckte Mönchschor wird durch eine Art von Gitterwerk sichtbar und zugleich abgeschlossen.

Unten: Der Campanile (Glockenturm) wurde San Giorgio Maggiore im 18. Jahrhundert zugefügt. Als Pendant zu dem großen Campanile von San Marco ist er ein weiteres Element, das den Bedingungen einer Blickachse von den Bauten des Markusplatzes und dem Gebäudekomplex von Kloster und Kirche entgegenkommt.

Seine tatsächliche Erstreckung ist für den Blick nicht meßbar. Dem Eintretenden bietet sich ein leicht längsrechteckiger Raum, der absatzlos in ein Halbrund übergeht. Die Wände sind gleichmäßig durch Halbrundvorlagen gegliedert, zwischen denen sich alternierend Fenster und Nischen öffnen. Über dem verkröpften Gesims werden die Fenster durch reich profilierte Giebel in Form von Dreiecken und Segmentbögen akzentuiert. Michelangelos Prinzip, die Gliederung von Außenfassaden gleichsam nach innen zu kehren, scheint hier deutlich nachzuwirken. Unterhalb dieser Wandgliederung nimmt das kostbare Gestühl mit den Schnitzarbeiten von Gasparo Gatti, das 1594–98 – also nur wenige Jahre nach der Vollendung des Mönchschores – entstand, die Sockelzone ein.

In der Vielfalt des Raumbildes, das sich auf der Längsachse erschließt, erschöpft sich der architektonische Reichtum dieses ersten monumentalen Kirchenbaues Palladios nicht. Wer die Vierung erreicht hat und seinen Blick nach links und rechts wendet, erlebt einen in seiner Gliederung nahezu selbständigen Querbau, der in der folgerichtigen Entwicklung seiner Einzelheiten den Längsbau nahezu übertrifft. Von den über halbkreisförmigem Grundriß errichteten Querhausenden mit ihren Halbkuppeln wird der Blick von beiden Seiten über je ein tonnengewölbtes rechteckiges Joch zur Vierungskuppel gelenkt, die erst in dieser Querachse ihre volle Wirkung als sammelndes Zentrum entfaltet. Reicher und deutlicher als in der Längsansicht wird von der Vierung aus auch die Verbindung unterschiedlicher plastischer Volumina in den Eckpfeilern deutlich.

Die ohnehin beträchtliche Erstreckung des Querhauses erfährt durch feine Kunstgriffe optisch noch eine Steigerung. Palladio rückt am Ansatz der Konchen die Pilaster nach innen. In Blickverbindung mit den benachbarten Halbsäulen vermutet der Betrachter einen größeren Abstand als den wirklich meßbaren. Einen ähnlichen Effekt bewirkt die ganz flache Modellierung der Pilaster neben den Altären in den Konchen: Der Kontrast der Modellierung deutet wiederum auf eine Distanz, die in Wirklichkeit gar nicht vorhanden ist.

Die entwicklungsgeschichtliche Bedeutung von San Giorgio Maggiore in der europäischen Architektur kann nur mit der von Michelangelos Neubau von Sankt Peter in Rom verglichen werden. Palladio bietet ein zuvor unbekanntes Maß an voluminöser Durchgliederung des Ganzen und seiner Teile. Und zwar werden die plastischen Elemente der Wand nicht vorgelegt, sondern scheinen sich aus dieser heraus zu entwickeln. Indem Palladio die Raumhülle befähigt, in aktiver Weise Kräfte freizusetzen, legt er eine der Wurzeln zum europäischen Barock. Zudem überwindet Palladio die Aneinanderfügung einzelner Teile in Richtung auf einen Einheitsraum, der gewiß noch nicht vollkommen verwirklicht, aber als Ziel doch deutlich erkennbar wird. Vor allem entwickelt Palladio die einzelnen Elemente aus einer allen Teilen gemeinsamen Grundvorstellung: Das hat vor allem auf venezianischem Boden eine geradezu revolutionierende Bedeutung. Schließlich wird ein wesentlicher Schritt auf dem Wege zur Durchdringung von Längs- und Zentralbau getan, der die Architekten des 17. Jahrhunderts in so vielfältiger Weise beschäftigen wird.

»Es sind auch jene Kirchen sehr zu loben, die in Kreuzform angelegt sind. Sie haben ihren Eingang in dem Teil, der den Fuß des Kreuzes ausmacht. Dem gegenüber liegen Hauptaltar und Chor. Und in den zwei Querschiffen, die sich beiderseits wie Arme erstrecken, gibt es zwei zusätzliche Eingänge oder zwei weitere Altäre. Da dieses Gebäude in Form eines Kreuzes errichtet ist, stellt es dem Betrachtenden jenes Holz vor Augen, in dem das Geheimnis unseres Heils begründet liegt. In dieser Gestalt habe ich die Kirche von S. Giorgio Maggiore in Venedig errichtet.«
(Andrea Palladio, 1570)

S. 155: Die Gesamtansicht vom Eingang zum Chor ist sowohl hinsichtlich der Wandgliederung als auch der Wölbung reich rhythmisiert. Die kräftig akzentuierten Vierungspfeiler – rechtwinklig zueinander angeordnete Pilaster mit flankierende Dreiviertelsäulen – tragen über gleichmäßig sich nach allen Seiten öffnenden Rundbögen die Kuppel. Da auch durch die bekrönende Laterne Licht einfällt, erscheint der Vierungsraum als Zentrum des Baues.

Il Redentore
Rio della Croce (Venedig)

Gegen Ende seines Lebens erhält Palladio die Gelegenheit, alle seine auf den Kirchenbau bezogenen Gedanken in einem repräsentativen Bau zusammenzufassen. Am 4. September 1576 beschließt der Senat von Venedig, dem Erlöser eine Votivkirche zu stiften, um die Stadt von einer schweren Pestepidemie zu befreien. Ein städtebaulich ausgezeichneter Ort soll gesucht werden. Eine rasch gebildete Kommission schlägt nach wenigen Tagen den Platz auf dem der Piazzetta di San Marco zugewandten Ufer der Giudecca in unmittelbarer Nachbarschaft eines Kapuzinerklosters vor, dessen Mitglieder die Betreuung des künftigen Baues übernehmen sollen.

Am 23. November 1576 erhält Palladio den Auftrag zur Ausführung. Er soll zwei Entwürfe liefern, einen über längsgerichtetem, einen über »rundem« Grundriß. Marcantonio Barbaro, der alte Freund und Gönner Palladios, favorisiert das Projekt mit dem »runden« Grundriß, also einen Zentralbau, wie ihn Baldassare Longhena ein halbes Jahrhundert später, von 1630–1687, aus entsprechendem Anlaß auf dem spitz zulaufenden Dreieck an der Einmündung des Canal Grande in den Bacino di San Marco errichten wird. Aber die Mehrheit der über das Projekt entscheidenden Kommission spricht sich, nicht zuletzt unter dem Einfluß der Beschlüsse des Tridentiner Konzils, am 9. Januar 1577 für einen Längsbau aus.

Dieser Längsbau bietet die besseren Voraussetzungen für die Funktion einer Prozessions-, Votiv- und Klosterkirche. Daneben hat sicher die Abneigung der Gegenreformation gegen den Zentralbau eine Rolle gespielt, dem man als einer aus der Antike entlehnten Form heidnischen Charakter zusprach. Marcantonio Barbaro hat dann vier Jahre später mit der Errichtung des Tempietto bei der Villa in Maser Palladio Gelegenheit gegeben, seine Vorstellungen vom Zentralbau wenigstens im kleineren Format zu verwirklichen.

Am 3. Mai 1577 wird der Grundstein gelegt. Am 21. Mai des gleichen Jahres findet erstmals eine feierliche Prozession statt, für die man auf dem Platz vor der künftigen Kirche einen großen Altar und gegenüber, als Hinweis auf die zu errichtende Kirche, eine theaterartige Kulisse aufgebaut hatte. Die Bauarbeiten scheinen zügig vorangegangen zu sein, obwohl Palladio die Vollendung seines Werkes nicht mehr erleben

S. 157: Il Redentore. Grundriß unten und Längsschnitt (oben) nach Ottavio Bertotti-Scamozzi. Andrea Palladio sollte zwei Entwürfe – einen Zentralbau und einen Longitudinalbau – für die neu zu erbauende Kirche anfertigen. Sowohl der Einfluß des Tridentiner Konzils als auch die Tatsache, daß die liturgische Praxis der römischen Kirche ihre räumlichen Erfordernisse an den traditionellen Längsbauten orientierte, mögen die Entscheidung der zuständigen Komission für den Entwurf des Longitudinalbaues beeinflußt haben.

sollte. Am 27. September 1592 konnte die feierliche Weihe vorgenommen werden. Die seitlichen Treppenwangen und die Fassadenskulpturen kamen erst in der 2. Hälfte des 17. Jahrhunderts hinzu. Seit 1593 fand alljährlich am dritten Sonntag des Monats Juli eine feierliche Prozession vom Dogenpalast über den Canal Grande und, mittels einer Schiffsbrücke, von der Zattere, der der Giudecca gegenüberliegenden Uferstraße der Hauptinsel, zur neuen Kirche statt.

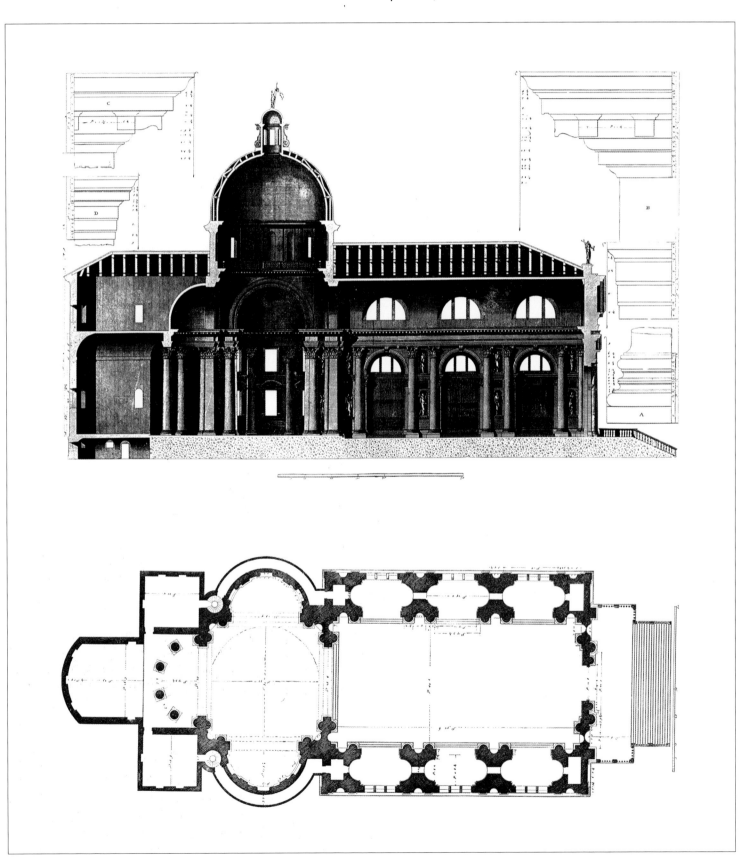

Städtebaulich sah sich Palladio vor eine ähnliche Aufgabe gestellt wie bei San Giorgio Maggiore: Die Fassade der neuen Kirche, leicht auf die Fassade von San Giorgio hingedreht, hatte über die Wasserfläche hinweg die Verbindung zu den Bauten auf der Piazzetta von San Marco herzustellen. Im Sinne eines optischen Zusammenschlusses griff Palladio Grundmotive seiner älteren Schöpfung auf, formte aber aus ihnen ein grundlegend neues Ganzes. Seitenteile mit ansteigenden Giebelansätzen und »Tempelportikus« mit einer Kolossalordnung und beherrschendem Mittelgiebel stehen nicht scheinbar frei vor der Stirnwand des Langhauses, sondern werden jeweils von geschlossenen Wandflächen hinterfangen. Diese bilden, zurückgestuft, ein zweites Geschoß, das an den Seiten wiederum in ansteigenden Giebelprofilen schließt, in der Mitte dagegen in einem horizontalen Konsolgesims, über dem ein abgewalmtes Dach die Richtungstendenz des Giebels aufnimmt und zu der Kuppel zwischen zwei kleinen Glockentürmchen weiterführt. So erweist sich insgesamt die Fassade als Stirnseite eines schichtweise gegliederten Kubus. Nicht die »Tempelfront« mit einer hinter den Säulen entlanggezogenen Wand bildet die Fassade, sondern umgekehrt wird eine präexistente Wandfläche mit Motiven einer Tempelfront modelliert.

Dabei überwindet Palladio, wie schon in der Fassade von San Francesco della Vigna, die für San Giorgio kennzeichnenden leichten Disharmonien zwischen den Seitenachsen und dem Mittelteil. Er stellt die gesamte Fassade auf einen gemeinsamen Sockel, der der Höhe der Freitreppe entspricht. Die Steigerung des Volumens von den Seiten zur Mitte erfolgt gleichmäßig und nicht mit dem Ziel eines Kontrastes: Palladio greift die Einfassung der Seitenteile durch Pilaster in den kräftiger hervortretenden Eckpilastern der »Tempelfront« auf und schafft so einen Übergang zu den auch hier als Dreiviertelsäulen weit aus dem Mauerverband herausmodellierten mittleren Säulen. Der Eindruck von Einheit wird gesteigert durch Entsprechungen in der Breite der Achsen. Während sowohl in San Giorgio Maggiore als auch in San Francesco della Vigna verhältnismäßig breite Seitenachsen neben schmalen Achsen der »Tempelfront« standen, deren Mitte wiederum durch Breite und Reichtum der Gliederung ausgezeichnet war, gleicht Palladio in der Fassade des Redentore die Seitenteile den Seitenachsen der »Tempelfront« an und läßt dafür die Mittelachse mit dem Portal um so nachdrücklicher dominieren. Dem unruhigen Wechsel breit – schmal – breit – schmal – breit, der die vorangehenden Fassaden bestimmte, wird jetzt die Abfolge schmal – schmal – breit – schmal – schmal entgegengesetzt, auch dieses zugleich ein Mittel erhöhter Einheit. Daß dabei die Anlage des Raumes eine Rolle spielte, sei nicht übersehen; allerdings kann dieses Argument nur für San Giorgio Maggiore mit seinen breiten Seitenschiffen gelten, während in San Francesco della Vigna die niedrigen Seitenteile der Fassade weit über die Fluchtlinie der das Langhaus flankierenden Kapellen hinausreichen.

Um den Eindruck eines Tempelportikus mit nach rückwärts unmittelbar anschließender Wand vollends zu vermeiden, greift Palladio zu dem gleichen Mittel, das er bereits für San Francesco della Vigna entwickelt hatte: Die flankierenden Säulen und der Giebel des Portals

S. 158: Die Kirche Il Redentore hatte drei Funktionen zu erfüllen: Als Dank für die Befreiung Venedigs von der Pest war sie als Votivkirche geplant. Darüber hinaus war sie Klosterkirche der auf der Giudecca niedergelassenen Kapuzinermönche, die die Kirche zu betreuen hatten. Und letztlich war sie das Ziel einer Prozession, die das Gelübde, das zum Bau der Kirche führte, versprach, und die seit dem 21. Juli 1577 alljährlich stattfand.

werden in Form und Volumen der Kolossalordnung nahezu angeglichen. Daß sie hier zudem erstmals die volle Höhe der mittleren Säulenstellung einnehmen, ist ein weiteres auf Einheit zielendes Gestaltungsmittel. Entsprechend bleibt denn auch die Fassade mit Ausnahme der beiden Figurennischen in den seitlichen Achsen der Kolossalordnung ohne Dekor. Niemals zuvor hatte Palladio sich im Rahmen kirchlicher Aufträge so strikt auf »reine« Architektur beschränken dürfen.

Da sich der Redentore weithin sichtbar über die niedrige Bebauung des beiderseits anschließenden Geländes erhebt, hat Palladio auch der Ausbildung der Flanken besondere Sorgfalt gewidmet. Im Untergeschoß wird das Backsteinmauerwerk von doppelten Pilastern mit korinthisierenden Kapitellen gegliedert, zwischen denen sich im unteren Teil der Wand Nischen öffnen – Vorklang der Wandgestaltung im Inneren. Am Obergaden bilden doppelte Strebewände optisch die Fortsetzung der Pilaster.

Dem Eintretenden werden sich zunächst zahlreiche Assoziationen mit San Giorgio Maggiore aufdrängen. Hier wie dort die vielfache Verwendung von Säulen in ihren verschiedenen plastischen Ausprägungen von Halb- über Dreiviertel- zu Vollsäulen, das Einspannen von Arkadenstellungen zwischen die Wandvorlagen, das Tonnengewölbe mit Stichkappen über den Thermenfenstern, das Einmünden des Bewegungszuges in einen dominierenden Kuppelraum, der Ausblick durch eine Säulenstellung in einen für den Blick zunächst nicht abmeßbaren Mönchschor.

Aber die Verwandtschaft der einzelnen Elemente sollte die grundlegende Andersartigkeit der Raumkonzeption nur um so deutlicher in Erscheinung treten lassen. Zunächst ist der Redentore keine dreischiffige Basilika, sondern im Langhaus ein Saalraum mit seitlich begleitenden Kapellen. Sodann öffnen sich diese Kapellen zur Mitte nicht in gleichmäßiger Folge, sondern in Form der »rhythmischen Travée«, das heißt auf einen breiteren geöffneten Wandabschnitt folgt jeweils ein schmalerer geschlossener. Zwei Dreierrhythmen durchdringen einander: Alternativ kann man die kolossalen Säulenvorlagen den geschlossenen Wandfeldern oder den Kapellenöffnungen zuordnen.

Vermittlung und Durchdringung bestimmen auch die übrigen Gliederungselemente: Palladio verzichtet auf die für das Langhaus von San Giorgio Maggiore kennzeichnenden hohen Postamente der kolossalen Halbsäulen zugunsten niedriger rechtwinkliger Sockel, so daß Kapellen und Mittelraum sich enger verbinden. Indem die schmalen geschlossenen Felder jeweils übereinander zwei Nischen enthalten, die Wand also nach außen zurücktritt, wird auf das Motiv der Kapellenöffnungen angespielt, zugleich verbinden sich diese Nischen optisch mit den Nischen in den Querwänden zwischen den Kapellen. Im Zusammenspiel von kräftig in den Raum ausgreifenden Wandvorlagen, Nischen und Kapellenöffnungen ergibt sich eine lebhafte Bewegung im Relief der Wand – Vorahnung barocker Lösungen, in denen die Umfassungsmauern in ein wechselndes Vor- und Zurückschwingen versetzt werden. Palladio allerdings bleibt, seiner Zeit entsprechend, prinzipiell noch einer orthogonalen Zueinanderordnung der Einzelheiten verpflichtet.

»Die Kirche Il Redentore, ein schönes großes Werk von Palladio, die Fassade lobenswürdiger als die von San Giorgio. Diese mehrmals in Kupfer gestochenen Werke müßte man vor sich sehen, um das Gesagte verdeutlichen zu können. (...)
Er [Palladio] war unzufrieden, wie ich aus gelinder Wendung seines Buches schließe, daß man bei christlichen Kirchen nach der Form der alten Basilika zu bauen fortfahre, er suchte deshalb seine heiligen Gebäude der alten Tempelform zu nähern; daher entstanden gewisse Unschicklichkeiten, die mir bei Il Redentore glücklich beseitigt, bei San Giorgio aber zu auffallend erscheinen...
Inwendig ist Il Redentore gleichfalls köstlich, alles, auch die Zeichnung der Altäre, von Palladio...«
(Johann Wolfgang von Goethe, 3. Oktober 1786 in Venedig)

Die Kirche Il Redentore erhebt sich weithin sichtbar über die niedrige Bebauung des beiderseits anschließenden Geländes. Aus diesem Grund hat Palladio die Flanken des Gebäudes besonders sorgfältig gestaltet. Zwischen den Pilastern öffnen sich im unteren Wandteil Nischen.

Grundlegend geändert gegenüber San Giorgio Maggiore ist die Beziehung von Wand und Gewölbe. Einerseits verknüpft Palladio das monumentale Gesims mit den Kapellenöffnungen durch Voluten, andererseits führt er das Gesims – durch vielfache Profilierung zum Architrav erweitert – ohne Verkröpfung um den Hauptraum herum. Eine unmittelbare Verbindung zum Gewölbe wird nicht hergestellt, ja indem dessen Ansatz von dem weit einspringenden Architrav verdeckt ist, scheint es über dem Raum zu schweben – in Fortführung der schon in San Giorgio Maggiore gegebenen Kuppellösung und im Vorgriff auf die Wölbung des Tempietto in Maser. Dafür gewinnt das Gewölbe selbst eine Einheit, die in San Giorgio noch kaum erahnt war. An die Stelle der dort über den Pfeilerverkröpfungen ansetzenden, als scharfkantige Dreiecke einschneidenden Stichkappen treten hier sphärisch geschwungene Ansätze von Quertonnen – wiederum im Sinne einer Formangleichung.

Anders als in San Giorgio Maggiore wird der Blick auf der Längsachse nicht unmittelbar in den Kuppelraum geführt. Palladio läßt am Ende des Langhauses – in genauer Entsprechung zur inneren Fassadenwand – die Mauer einspringen, und zwar in der Breite eines der schmalen Wandfelder, jenen zudem angeglichen durch zwei übereinander in die Wand eingetiefte Nischen.

Dahinter öffnet sich, ungleich reicher ausgebildet als in San Giorgio Maggiore, die Vierung: ein Quadrat mit abgeschrägten Ecken, das sich nach drei Seiten hin in etwas eingezogenen, im Grundriß gleichmäßigen Konchen öffnet. Die Abschrägungen des Kuppelraumes übernehmen die Gliederung der schmalen Travéen aus dem Langhaus: Zwischen Halbsäulen öffnen sich die Wandabschnitte in zwei übereinander angeordneten Nischen.

Links: Bei der Gestaltung der Fassade der Kirche Il Redentore waren auch städtebauliche Aspekte zu berücksichtigen: Die Fassade der neuen Kirche hatte über die Wasserfläche hinweg die Verbindung zu den Bauten auf der Piazetta von San Marco herzustellen.

Der Radius der seitlichen Konchen entspricht genau der Breite der Seitenkapellen am Hauptraum – wiederum verwandtschaftliche Beziehung der Teile untereinander, wenn auch in diesem Falle für den Blick nicht unmittelbar erfahrbar.

Der Besucher, der die Vierung betritt, erhält den Eindruck eines harmonisch in sich geordneten Zentralbaues mit einem verlängerten westlichen Arm. Möglicherweise klingen hier Eindrücke nach, die Palladio beim Studium von Michelangelos Chorlösung für die Peterskirche in Rom gesammelt hatte. In der Gliederung der Querhausarme greift Palladio auf die in San Giorgio Maggiore entwickelte Lösung zurück, verfeinert aber die dort verwirklichte Lösung, indem er das Volumen der Wandvorlagen vom nahezu freistehenden Pfeiler bis zu flachen Pilastern zwischen den Fenstern zurückstuft und mit Hilfe dieser unterschiedlichen »Reliefgrade« die Suggestion eines weiter gespannten Radius erreicht.

Nicht zuletzt stellt die Überleitung des Vierungsraumes in den abschließenden Mönchschor eine höhere Stufe der Entwicklung gegenüber San Giorgio Maggiore dar. Indem Palladio auf die »Baldachinarchitektur« des älteren Konzeptes zugunsten des halbkreisförmigen Grundrisses verzichtet, gewinnt er einerseits die vollendete Harmonie des Kuppelraumes und schafft andererseits eine Durchdringungsform zwischen Altarraum und Mönchschor. Sie wird gesteigert durch die Durchlässigkeit der Wand. Prinzipiell greift Palladio auch hier ein Motiv des älteren Baues auf: Eine Säulenstellung bildet zugleich Abschluß des Hochaltarraumes und Durchgang zum Mönchschor. Aber der Verzicht auf die Verdoppelung der Säulen, vor allem aber deren horizontale Unterteilung bewirkt nicht nur einen engeren Zusammenschluß, sondern zugleich die Konsonanz mit den Säulenordnungen von Vierung und Langhaus. Nachdrücklich wird der Zusammenschluß der Teile durch das den gesamten, in sich so stark differenzierten Raum umgreifende Horizontalgesims bewirkt.

Das Problem der Verbindung eines längsgerichteten mit einem zentralisierten Raum ist im 16. Jahrhundert nirgends in gleicher Vollkommenheit gelöst worden. Palladio verwirklichte im Redentore die dreifache Funktion des Baues gleichsam spielend: das Langhaus für den Prozessionsweg, der Trikonchos für die Votivkirche, der anschließende Mönchschor für die liturgischen Funktionen der mit der Betreuung beauftragten Kapuziner. Ob im Sinne der »architecture parlante« (der einen bestimmten Begriff veranschaulichenden »redenden Architektur«) dem Redentore ein weiteres ikonologisches Programm zugrundeliegt, kann nur mit aller Vorsicht gefragt werden: Auffällig ist die Wiederholung einer Dreierordnung in Grund- und Aufriß. Der Funktion entsprechend besteht der Redentore nicht nur aus drei hintereinander geordneten, in sich sehr unterschiedlich gestalteten und doch eng miteinander verknüpften Räumen, sondern die Zahl Drei bestimmt sowohl die Gliederung des Langhauses als auch die Form des Presbyteriums. Sollte hier über das Patrozinium des Erlösers hinaus eine Anspielung auf die Heilige Dreifaltigkeit beabsichtigt sein? Aus der dokumentarischen Überlieferung sind Hinweise in dieser Richtung nicht zu gewinnen.

Der entwicklungsgeschichtliche Maßstab für Palladios Redentore bleibt trotz aller stilgeschichtlichen Unterschiede Leone Battista Albertis 1470 entworfene, weit in die Zukunft vorausweisende Kirche San Andrea in Mantua. Hier konnte Palladio das Konzept des von einer einheitlichen Tonne überwölbten Saalraumes, das System der »rhythmischen Travée« mit tonnengewölbten Seitenkapellen und eingezogenen schmalen Wandflächen, die dominierende Bedeutung einer überkuppelten Vierung vorgebildet finden. Ein vergleichender Blick zeigt aber zugleich Palladios eigenständige Leistung: das Gesamte nicht als Summe seiner Einzelheiten, sondern umgekehrt die Teile als notwendige Glieder des Ganzen; die Raumschale nicht als Zusammenklang stimmig gegliederter Flächen, sondern als Verkörperung plastisch modellierter Glieder, die sich auf den Eindruck des »Zwischenraumes« übertragen; die Richtungswerte nicht im sorgsamen Ausgleich zwischen Horizontal und Vertikal, sondern zugunsten des dynamischen Aufstiegs geleitet. Nur Michelangelo bietet sich hier innerhalb der Architekturgeschichte des 16. Jahrhunderts als der adäquate Maßstab an. Wiederum betritt Palladio in seinen letzten Lebensjahren die Schwelle zwischen Spätrenaissance und Barock.

»... die künstlichen Paradiese sind nur in der Vorstellung schön, sie sind verdammte Illuminationen für Unbefriedigte, sie sind nicht die Sache selbst, sondern überhaupt nur die Illumination der Sache, nicht die Front einer Kirche von Palladio oder irgendwem, sondern nur ihre Beleuchtung, die sie überirdisch schön macht, weiß und strahlend, während die Kirche in Wirklichkeit schmutzigweiß ist, alt, die Farbe blättert von ihr ab, ein paar Architrave haben gelitten, aber nur so, wie sie ist, ist sie wirklich schön, eine Sache, die nicht illuminiert, sondern geliebt wird.«
(Alfred Andersch, »Die Rote«, 1960)

Villa Emo
Fanzolo di Vedelago (Treviso)

Der Bau der Villa Emo in Fanzolo bildete den repräsentativen Abschluß eines lange währenden Bestrebens der Familie Emo, die Ländereien, auf denen die Villa errichtet wurde, zu kultivieren. Diese Bestrebungen lassen sich bis ins Jahr 1509 zurückverfolgen. In diesem Jahr, in das die erste Niederlage Venedigs gegen die Liga von Cambrai fällt, wechselte der ausgedehnte Grundbesitz, der zu der Villa Emo gehört, seinen Besitzer. Leonardo di Giovanni Emo war es, der den Besitz von der Familie Barbarigo erwarb. Dazu gehörte auch ein Herrenhaus.

Leonardos vordergründiges Interesse galt zunächst der Bodenkultivierung auf diesem Gebiet. Erst zwei Generationen später erteilte Leonardo

Grundriß und Ansicht aus den »Quattro libri«. Auf der linken und der rechten Seite werden die Wirtschaftsflügel von kleinen Türmen, sogenannten Columbarien (Taubenhäusern) begrenzt. In diesen Columbarien fanden Tauben Unterschlupf, denen für gewöhnlich ein Ende auf der Tafel des Villenpatrons beschieden war. In ästhetischer Hinsicht übernehmen die Columbarien die Aufgabe, einen vertikalen Gegenakzent zum Herrenhaus zu setzen.

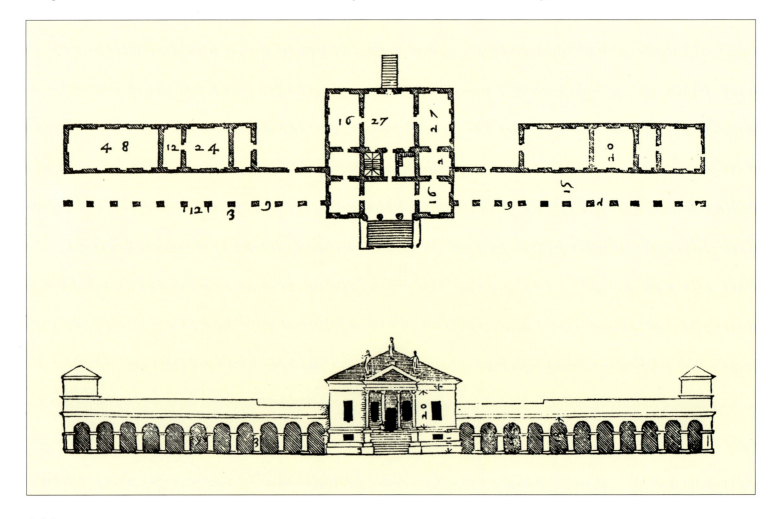

di Alvise Emo Palladio den Auftrag zum Neubau einer Villa in Fanzolo. Leider fehlt es uns an Daten, die über den Beginn des Neubaus Auskunft geben können.

Als Datum für den Beginn der Arbeiten wird das Jahr 1555 angenommen, während man den Abschluß der Arbeiten auf das Jahr 1565 datiert; aus jenem Jahr ist eine Urkunde überliefert, die die Hochzeit Leonardo di Alvises mit Cornelia Grimani bezeugt.

Andrea Palladio hebt in seinen »Quattro Libri« die Nützlichkeit der Anlage hervor. Zur linken wie zur rechten Seite des Herrschaftsgebäudes seien Getreidespeicher und Nutzräume der Villa untergebracht, zu denen man, was besonders wichtig sei, überdachten Zugang habe. Auch für die Villa Emo hatte zu gelten, daß das Anwesen in seinen Ausmaßen den erwirtschafteten Erträgen entsprechen sollte. Diese Erträge müssen in der Tat beträchtlich gewesen sein, denn die Seitenflügel

Rechts: Die Villa Emo wurde als landwirtschaftliches Nutzanwesen errichtet. Wichtiger jedoch als die Errichtung des Herrenhauses war die Bodenkultivierung des Gebietes, das sich seit 1509 in den Händen der Emo befand. Erst als diese Arbeiten abgeschlossen waren, wurde die Villa Emo als Symbol wirtschaftlicher Prosperität erbaut.

S. 166/167: Der über das Bodenniveau erhöhte Herrschaftsbau ist mit seinen schlichten Formen von gebieterischer Majestät. Die schattenfangenden Bogenstellungen unterstützen eine Rhythmisierung, die von den äußeren Begrenzungen der Wirtschaftsflügel auf das Herrenhaus zuführt und dort ihre höchste Steigerung erfährt. Wirtschaftsflügel und Herrenhaus bilden so eine homogene Einheit.

Oben links: Die Columbarien, die die Wirtschaftsflügel flankieren, bilden einen vertikalen Gegenakzent zum Herrenhaus und verleihen der Anlage ein in sich abgeschlossenes Erscheinungsbild.

Oben rechts: Die »Tempelfront« ist mittlerweile fester Bestandteil in Palladios Formenvokabular. Sie spielt sowohl auf das Villenideal vom »heiligen Ackerbau« an, als auch auf die Würde des Besitzers.

S. 168: Die ausgedehnten Laubengänge künden vom Reichtum der Emo. Durch den Anbau von Mais konnten hohe Ernteerträge erzielt werden, die in den Wirtschaftsflügeln gelagert wurden. Die Laubengänge vor diesen Wirtschaftsflügeln dienten der Bequemlichkeit des Hausherren: Durch sie konnte er auch bei Regenwetter trockenen Fußes zu seinen Lagerräumen gelangen.

der Villa sind ungewöhnlich lang, ein sichtbares Symbol für deren Prosperität. Die Annahme vom Ertragreichtum der zur Villa gehörenden Felder bestätigt sich, wenn wir uns vor Augen halten, daß die Emo auf ihrem Gut den Anbau von Mais eingeführt hatten. Im Gegensatz zum herkömmlichen Hirseanbau konnten dadurch erheblich höhere Erträge erwirtschaftet werden.

Die äußere Erscheinung der Villa Emo ist durch eine schlichte Behandlung des gesamten Baukörpers geprägt, dessen Gliederung durch eine geometrische Rhythmisierung bestimmt ist. In reiner Form verkörpert sie den aus der Idee vom »heiligen Ackerbau« geborenen Nutzbau, der, seinem Zwecke untergeordnet, auf jeglichen Prunk verzichtet und dennoch das praktische und geistige Zentrum der Villenanlage darstellt. Die Funktion des Herrenhauses wird bereits daran sichtbar, daß es, wie auch alle anderen Villen Palladios, über das Bodenniveau erhöht wurde. Zur Loggia führt eine breite Freitreppe hinauf; die auf den Profanbau übertragene Tempelfront – ein von einem Giebel bekrönter Säulenportikus – ist nunmehr fester Bestandteil in Palladios Formenkanon geworden und übernimmt die Aufgabe der Würdedarstellung des Villenbesitzers. Wie bei der Villa Badoer tritt die Loggia nicht als Vorhalle aus dem Gebäudekern heraus, sondern ist in diesen eingezogen. Die Betonung der Schlichtheit erstreckt sich bis auf die Säulenordnung der Loggia, für die Palladio die äußerst nüchterne toskanische Ordnung wählte.

Gleichwohl wird hier die hierarchische Abstufung der einzelnen Villenkompartimente gegeneinander gewahrt. Wie auch schon bei der Badoer zu beobachten, sind die Wirtschaftsflügel im Gegensatz zum Herrenhaus nicht über das Bodenniveau erhöht. Ihren äußeren Abschluß finden diese Wirtschaftsflügel auf beiden Seiten durch zurücktretende Taubenhäuser, sogenannte Columbarien, die die Wirtschaftsflügel an Höhe überragen. Deren scheinbare Flucht vom Herrenhause weg ins Uferlose wird durch diese Vertikalakzente gebremst, ja nahezu umgelenkt. Die dynamische Spannung geht nicht vom Herrenhaus aus, um an den Seiten zu verebben, sondern nimmt ihren Ausgang von den Columbarien um, zunächst einmal abgeschwächt durch die Wirtschaftsflügel, ihr ganzes Kräftepotential im Herrenhaus zu entfalten. Die Wirtschaftsflügel sind durch eine Reihung von Bogenstellungen bestimmt, die das Portikus-Motiv optisch vorbereiten und in seiner Wirkung bestärken.

Solche visuellen Erfahrungen müssen allerdings aus der reinen Anschauung heraus hervorgehen; eigene Äußerungen Palladios zu solchen Überlegungen finden sich aus verständlichen Gründen in den Beschreibungen seiner Bauschöpfungen nicht. Die meisten seiner Villen entstanden zu einer Zeit, in der Venedig wieder in erhöhtem Maße Geld für kommende Kriege benötigte und als Konsequenz daraus verstärkt Gesetze gegen den Luxus erließ. Palladios Architekturtraktat erschien

S. 171: Eine Reihe von Fresken in der Villa Emo gruppiert sich um den Bereich von Szenen mit Venus, der Göttin der Liebe. Die Arbeiten an den Fresken scheint Giambattista Zelotti 1565 begonnen zu haben.

Unten: Das Gebiet, auf dem die Villa Emo errichtet wurde, war ehedem versumpft. 1509 erwarb Leonardo di Giovanni Emo dieses Gebiet und begann, möglicherweise auf Alvise Cornaros Ratschlag hin, dieses Gebiet dem Sumpf abzuringen.

S. 172: Im großen Saal der Villa Emo konzentriert sich das Geschehen auf den Fresken um humanistische Ideale. Exemplarische Szenen verbildlichen Klugheit oder, wie in diesem Detail, Tugend, dargestellt durch eine Szene aus dem Leben des Scipio.

Rechts: Ein anderer Saal der Villa wird der Saal der Künste genannt. Die Fresken in diesem Saal sind Allegorien einzelner Künste, wie Astronomie, Poesie oder Musik.

S. 174/175: Die Enthaltsamkeit des Scipio, die dieses Fresko im großen Saal der Villa Godi zum Thema hat, taucht in den Freskenzyklen der Villen des Veneto häufig auf, zum Beispiel in der Villa Porto Colleoni in Thiene oder, fast 200 Jahre später, in der Villa Cordellina in Montecchio Maggiore. In ihr gelangen Ideale zur Anschauung, die im 15. und 16. Jahrhundert aus der von neuem diskutierten Überzeugung von der Lasterhaftigkeit des Stadtlebens hervorgegangen waren.

überdies im Jahre 1570, ein Jahr vor der Schlacht bei Lepanto. Sein bedächtiges Vorgehen bei der Beschreibung der Nützlichkeit seiner Gebäude diente sowohl seinen Auftraggebern als auch ihm, dem Architekten, der sich zudem um das Amt des ersten Architekten in Venedig bewarb. Dafür entfaltete sich im Inneren der Villen eine um so größere Pracht; dies galt auch für die Villa Emo, deren Fresken uns in einem ausgezeichneten Erhaltungszustand überkommen sind. Ihre Ausführung geht auf Giambattista Zelotti zurück. Auch hier entfaltet sich in reicher Fülle ein allegorisches Szenarium der antiken Mythologie, eingefaßt von einer überaus differenzierten Scheinarchitektur, gedacht als Verherrlichung des Ideals von der »vita in villa«.

Palazzo Valmarana
Corso Fogazzaro 16 (Vicenza)

Die Betrachtung der Stadtpaläste Andrea Palladios wirft große Probleme auf: Dem glücklichen Fall des Palazzo Chiericati, der wenn auch sehr spät, so doch immerhin vollendet worden ist, stehen all jene gegenüber, die entweder nie zur Vollendung gelangten oder deren Entwürfe übereilt geändert werden mußten. Im großen und ganzen wird man davon ausgehen dürfen, daß am ehesten die Palastfassaden den ursprünglichen Entwürfen entsprechen. Was die Grundrisse anbelangt, muß auf die zumeist sicherlich idealisiert veröffentlichten Entwürfe der »Quattro Libri« verwiesen werden. Ein wesentlicher Grund für diese Situation scheint die wirtschaftliche Krise Venedigs um 1570 gewesen zu sein, die auch die Terraferma erfaßte und in dieser Zeit zu einem plötzlichen Baustopp bei Palladios Palästen führte.

Ähnliche Probleme stellt der Palazzo Valmarana, dessen Betrachtung wir uns nun zuwenden. Die Grundsteinlegung zu diesem Palast erfolgte im Jahre 1566. Das kann mit Sicherheit festgestellt werden, da im Zuge von Renovierungsarbeiten im 19. Jahrhundert eine Gedenkmedaille aus jenem Jahr gefunden wurde, die von dieser Grundsteinlegung berichtet. Dennoch ist es erforderlich, hinsichtlich der Baugeschichte um knapp hundert Jahre zurückzublicken. Im Paduaner Staatsarchiv ist ein Testament Stefano Valmaranas überliefert, das, abgefaßt im Jahre 1487, über den Besitz eines Hauses mit Hof und Garten Aufschluß gibt. Dieser Besitz befand sich genau dort, wo heute der Palazzo Valmarana steht. Der Erbe Stefanos, Benedetto Valmarana, verkaufte 1493 diesen Besitz und setzte sich damit über die testamentarische Verfügung Stefanos hinweg. In der Verkaufsurkunde ist von einem großen Haus, Hof, Gemüsegarten und einem Nebengarten die Rede.

Unter Berufung auf das Testament Stefano Valmaranas forderten die direkten Nachkommen Benedettos zu Beginn des Cinquecento den veräußerten Besitz auf dem Rechtswege zurück und erhielten ihn auch. (Diese Informationen machte Lionello Puppi der Forschung zugänglich.) 1565 wurde eine Umgestaltung der Liegenschaft ins Auge gefaßt. Geplant hatte sie wahrscheinlich bereits Giovanni Alvise Valmarana; doch die treibende Kraft zu Beginn des Unternehmens war dessen Witwe Isabella Nogarola. Leonardo, der Sohn Giovanni Alvises, den Palladio als Bauherrn angibt, war 1566, sechs Jahre nach dem Ableben

»In obengenannter Stadt haben auch die Grafen Valmarana, ehrenwerteste Edelleute, zu eigenen Ehren und zum Nutzen und zum Schmuck ihrer Vaterstadt nach den folgenden Entwürfen gebaut. Diesem Gebäude mangelt es nicht an vielen Verzierungen, wie Stuckarbeiten und Malereien. Dieses Haus ist durch einen Hof in der Mitte in zwei Teile geteilt, um den herum ein Gang oder Balkon führt, über den man in den vorderen Teil des Hintergebäudes gelangt. . . . Der Garten, der sich an der Stelle vor den Ställen befindet, ist sehr viel größer als hier angegeben. Aber wir haben ihn so klein wiedergeben müssen, da ansonsten das Blatt nicht ausgereicht hätte, um auch noch die Ställe und alle anderen Teile einzutragen.« (Andrea Palladio, 1570)

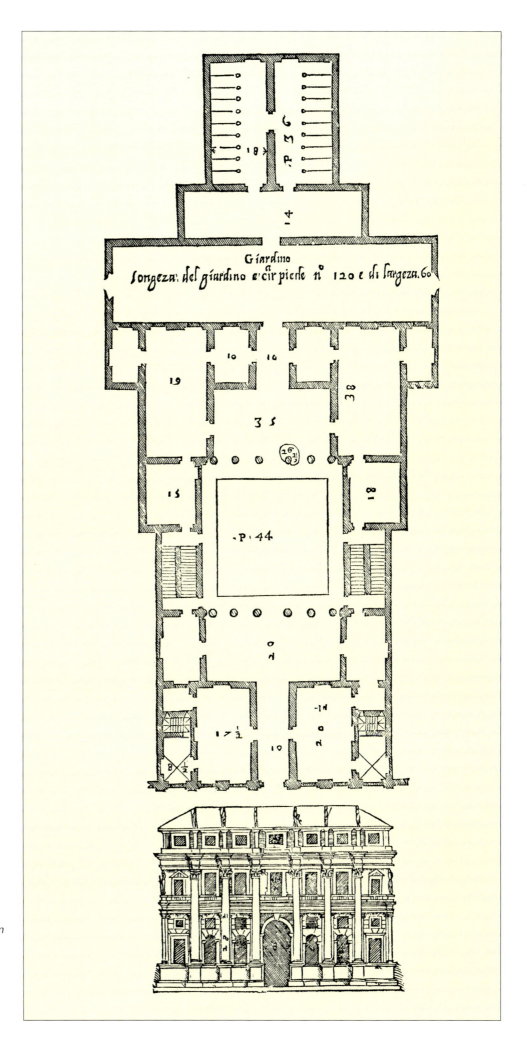

Grundriß und Ansicht aus den »Quattro libri«. Mit der Grundrißdisposition des Palazzo Valmarana erreichte Palladio eine überaus reiche Differenzierung der Raumerschließung. Auch die Fassadengestaltung ist in Palladios Schaffen ein herausragender Entwurf. Im Gegensatz zu seinen früheren Palastbauten findet die Vertikalgliederung der Fassade auch in der Grundrißdisposition ihren Niederschlag. Die Raumfluchten sind auf zwei durchlaufenden Längsachsen angeordnet.

seines Vaters, noch minderjährig (sein Geburtsdatum wird um 1548 angenommen). Der Abschluß der Arbeiten am Palazzo Valmarana sowie dessen künstlerische Ausschmückung ist jedoch auf ihn zurückzuführen. Doch auch der Palazzo Valmarana weicht in der Ausführung erheblich von der Planung Andrea Palladios ab. Offenbar war Leonardo nicht willens – was auch die damit verbundenen Kosten nahegelegt haben werden –, sämtliche bereits vorhandenen Gebäude abreißen zu lassen, um somit der Ausführung des palladianischen Entwurfes den Weg zu ebnen. Vielmehr wurden dem Bedarf entsprechend angrenzende Gebäude gekauft. Die Unterbringung der Wirtschaftsräume erfolgte in dem bereits erwähnten Nebengebäude des alten Palastes.

Im Jahre 1582 scheinen die Bauarbeiten abgeschlossen gewesen zu sein. Eine Gedenktafel über dem Eingangsportal berichtet von einem Besuch Marias von Österreich, die im September dieses Jahres mit ihrem Gefolge im Palazzo Valmarana beherbergt wurde. Dieser endgültige Bauzustand zeigt, daß von Palladios Entwurf lediglich die Fassade dem Entwurf entsprechend ausgeführt worden ist. Von der Grundrißplanung kam nur die untere Hälfte zur Ausführung.

Diese Grundrißplanung, auch wenn sie nur teilweise ausgeführt worden ist, verdient eine nähere Betrachtung. Den Entwurf des Palazzo Valmarana in Grundriß und Fassadenaufriß veröffentlichte Andrea Palladio in seinen »Quattro Libri«. Gleichwohl ist, wie an anderer Stelle bereits festzustellen war, auch hier eine Idealisierung zu beobachten. Auf die Verwirklichung eines Planes, der die Begrenzungsmauern in einen rechten Winkel zueinander stellt, konnte Palladio zu keiner Zeit seiner Planung rechnen. Die Biegung der Straße, auf die die Palastfassade weist, machte die Durchführung eines solchen Entwurfes von vornherein unmöglich. Gleichwohl wird einmal mehr sein Bestreben deutlich, den Grundriß seiner Gebäude achsensymmetrisch zu konzipieren. Die Anlage des Entwurfes folgt den Erfordernissen der Stadtarchitektur. Neu zu errichtende Paläste – und nicht nur die – mußten für gewöhnlich in bereits bestehende Häuserzeilen eingebunden werden. Damit sie dennoch repräsentative Größe erhielten, mußten sie sich in die Tiefe erstrecken. Der Hof, der der Lichtzufuhr zu dienen hatte, war somit nicht nur ein der Antike entliehenes Motiv, sondern als Gestaltungsmittel unabdingbar.

In seinem Entwurf machte sich Palladio die Gegebenheiten des Grundstücks zunutze. Wie bereits erwähnt, umfaßte das Grundstück der Grafen Valmarana neben den beiden Gebäuden einen Hof und einen Gemüsegarten. Offensichtlich sind beide in Palladios Entwurf integriert. Zwischen Hof und Garten ordnete er einen Wohnkomplex an. Dies wurde durch die Existenz des Gemüsegartens ermöglicht, der laut Palladios Angaben in den »Quattro Libri« um einiges größer war, als das der veröffentlichte Holzschnitt darstellt. Palladio entschuldigt diese maßstäbliche Reduzierung mit der nicht ausreichenden Größe des Blattes, auf das gedruckt werden sollte, wodurch andernfalls die Wiedergabe des gesamten Komplexes nicht möglich gewesen wäre. Jedenfalls konnte sich Palladio diese doppelte Möglichkeit, den Räumen Licht zuzuführen, bei seiner Grundrißplanung zunutze machen. Im Vergleich mit dem siebzehn Jahre zuvor entstandenen Palazzo Iseppo Porto

S. 178: Erstmals an einem seiner Stadtpaläste wendet Palladio an einer Fassade eine kolossale Pilasterordnung an. Die Wand ist mehrfach in die Tiefe hinein abgestuft. Ihr Begrenzungscharakter ist dadurch verunklärt. Bei dem Fassadenentwurf hat Palladio die Einbindung des Palazzo Valmarana in die bereits bestehende Straßenflucht bedacht: An den äußeren Achsen ist die Kolossalordnung aufgegeben. Die Pilaster werden dort im Piano nobile von sogenannten Telamonen weitergeführt.

erscheint die Grundrißdisposition des Palazzo Valmarana erheblich weniger kompliziert. Die Bindung an die antiken Vorgaben, die dort nach Palladios Auffassung die Integrierung eines Peristylhofes erforderlich gemacht hatte, ist nun überwunden. Die Form wird nunmehr dem Zweck untergeordnet, so daß im Hof nur noch an zwei einander gegenüberliegenden Seiten eine Sechssäulenstellung zur Anwendung kommen sollte. Die als solche schon relativ schlichte ionische Ordnung des Pianterreno an der Hoffassade war ein weiterer Schritt, das Dekorum den räumlichen Verhältnissen anzupassen. Die Abfolge der Säulen ist nicht regelmäßig. Das Interkolumnium nach der dritten Säule ist breiter als die anderen Interkolumnien. Wie sehr sich das in Palladios Bestreben einfügt, dem Grundriß einen dynamischen Ausdrucksgehalt zu verleihen, wird im weiteren deutlich werden. Wie für nahezu alle Entwürfe Palladios kennzeichnend, ist auch der Palazzo Valmarana durch die strenge Einbindung in ein vertikales Achsenschema bestimmt (der Palazzo Thiene stellt in diesem Zusammenhang einen Sonderfall dar), dem kein horizontaler Richtungsimpuls entgegengesetzt wird. Dadurch wird die Tiefenerstreckung des Palastes deutlich gemacht und in ihrer Intensität bestärkt. Dennoch handelt es sich nicht um eine reine Raumaddition (Palladio trug in keiner Phase seines Schaffens diesem Renaissanceschema Rechnung), sondern vielmehr um eine gezielt konzipierte Raumerschließung.

Der Besucher betritt den Palast durch die schmale Eingangshalle, die nicht (wie beispielsweise beim Palazzo Chiericati) mit der Raumflucht verschmolzen ist. Direkt in den Hof führend, findet sie ihre Entsprechung auf der Gegenseite des Hofes, wo eine Halle zwischen den dort

*MARIA, AUSTRIA. CAROLI V. MASSIMIL. II. RODULPHI II. IMP. FILIA. UXOR. ET MATER. A. PHILIPPO. FRATRE. HISPANIARUM. REGE. POTENTISS. AD. REGENDUM. E. GERMANIA. ADSCITA. PER ITALIAM. ITER. FACIENS. IN. HIS. AEDIBUS. QUOD. IPSA. IN. VETEREM. AUSTRIANORUM. PRINCIPUM. ERGA. HANC. DOMUM. CLIENTELAM. MAXIME. VOLUIT. CUM. MARGARETA. MAXIMILIANOQUE. FILIIS. ARCHIDUCHIBUS. A. LEONARDO. VALMARANA. COMITE. EIUSDEMQUE. PHILIPPI. REGIS. PENSIONARIO. SPLENDIDISSIMO. APPARATU. ACCEPTA. FUIT.
ANNO MDLXXXI VII KAL. OCT.*

zusammentretenden Wohnflügeln hindurch in den Garten geführt haben sollte. Die sechs Säulen im Hof des ausgeführten Teiles sind sämtlich freistehend. Auf der gegenüberliegenden Seite hätten zwei Räume aus dem Gebäudekern heraustreten sollen, die die Hofloggia eingeschmälert hätten. Die beiden äußeren Säulen der Säulenstellung, die die gleiche Unregelmäßigkeit in der Abfolge aufgewiesen hätte wie die ihnen gegenüberliegenden, hätten dadurch in den Gebäudekern eingezogen werden müssen.

Diese Beobachtungen sollen nicht ohne Grund vorgestellt worden sein. Mit ihrer Hilfe sei nun der Raumeindruck beschrieben, der sich bei planungsgemäßer Ausführung des Entwurfes geboten hätte. Bereits in der Eingangshalle wären die beiden Raumfluchten durch die Ausklammerung der Eingangshalle aus dem Bauorganismus als separate Flügel mit deutlicher Längsausrichtung erschienen. Die Erweiterung des Raumeindruckes wäre stufenweise zunächst durch das verbreiterte mittlere Interkolumnium der Säulenstellung des Hofes erfolgt. Am extremsten hätte die Mittelachse im Hofe den Raumeindruck bestimmt: Durch das Fehlen der seitlichen Säulenstellung wäre ihr eine Intensität verliehen worden, die den Eindruck hervorgerufen hätte, als sei sie es, die die Wohnräume gleichsam in die Seitenflügel preßt. Am Ende des Hofes wäre eine optische Einschnürung durch den leicht vorgezogenen Baukörper erfolgt, eine Einschnürung, die die Dynamik der Mittelachse durch den schmalen Durchgang geradezu gezwängt hätte, ohne dem Eindruck von ihrer Intensität entgegenarbeiten zu können. Das hätte zusammenfassend die Umkehrung eines traditionellen Verhältnisses bedeutet. Die Mittelachse wäre nicht das Resultat der zweiflügeligen

Die Inschrift über dem Portal des Palazzo Valmarana kündet von einem Ereignis aus dem Jahre 1581: Kaiserin Maria von Österreich, die Tochter Karl V., Gattin Maximilian II und Mutter Rudolph II ist mit großem Gefolge im September des Jahres 1581 in diesem Palast des Leonardo Valmarana aufgenommen worden. Der Palast muß zu diesem Zeitpunkt also fertiggestellt und mit repräsentativem Schmuck versehen gewesen sein. Im II. Weltkrieg fiel der Palazzo Valmarana einem Luftangriff zum Opfer, wurde jedoch wieder restauriert.

Andrea Palladio: Detailzeichnung der Fassade des Palazzo Valmarana aus den »Quattro Libri«. Bereits in dem Entwurf eines Palastes für Giacomo Angarano entschied sich Palladio für die Verwendung einer kolossalen Säulenordnung an einer Straßenfassade. Am Palazzo Valmarana gelangte eine solche Kolossalordnung erstmalig in Palladios Schaffen zur Anwendung.

Palastanlage gewesen; vielmehr wäre umgekehrt der Eindruck entstanden, daß die Anlage der Gebäudeflügel aus der, wie es in der manieristischen Architektur versucht worden ist, dieser Achse innewohnenden, gleichsam zu den Seiten hin drängenden Kraft hervorgegangen wäre. So faszinierend sich dies im Entwurf ausnimmt, so bedauerlich ist die tatsächliche Durchführung dieses Planes, die bereits hinter der ersten Säulenstellung des Hofes ihr Ende fand.

Daß verschiedentlich versucht wurde, dieses Grundrißkonzept als manieristisch zu bezeichnen, kann nur aus einem Mißverständnis der Absichten Palladios herrühren. Die Idee, einen Innenraum durch die Fassadengestaltung außen zu konzipieren, wie es in der manieristischen Architektur versucht worden ist, um somit das bestehende Verhältnis von Innen und Außen umzukehren, liegt weder diesem noch anderen Grundrißentwürfen Palladios zugrunde und ist noch viel weniger in Palladios Denken zu verankern. Das überaus spannungsreiche Verhältnis von Einschnürung und Öffnung, die dazu erforderliche Organisierung der Raumanlage und deren Sichtbarmachung durch den Baukörper zeigen Palladio eher als Wegbereiter barocker Ausdrucksformen denn als Architekten, der zeitgenössisches Formdenken zur ästhetischen Perfektion führt. Der überaus dynamische Grundrißentwurf des Palazzo Valmarana ist in diesem Sinne die Übertragung eines neuen Verständnisses von Baubehandlung auf einen Grundriß, eines Verständnisses, das mehr und mehr auch an Palladios Fassaden Gestalt gewinnt, nämlich die Sichtbarmachung einer den Baukörper konstituierenden Kraft. Galt in der Renaissance ein gegenseitiges Abstimmen von stützenden und lastenden Bauteilen und wurde fernerhin dieses Verhältnis in der manieristischen Architektur ins Gegenteil verkehrt, so beginnt sich allmählich ein Konzept zu entwickeln, das den stützenden Teilen des Baukörpers eine dominierende Funktion zuweist. In diesem Sinne präsentiert die Fassade des Palazzo Valmarana diesen als ein überaus modernes Bauwerk, dem es in der Zeit um 1565 verständlicherweise gänzlich an Vorbildern fehlt.

Die Dominanz der stützenden Kraft tritt an der Fassade des Palazzo Valmarana zunächst und vor allem durch sechs kolossale Pilaster zutage, die die beiden Palastgeschosse übergreifen und eine stark vorspringende Attika tragen, der das Mezzaningeschoß aufruht. Diese Pilaster stehen auf einem durchlaufenden Gebäudesockel, der sich unterhalb der Pilaster zu Postamenten verkröpft, die, auf ebener Erde stehend, mit Rustikaquadern eingefaßt sind. In der vertikalen Fassadengliederung sind die Pilaster das am stärksten vortretende Gestaltungselement, von denen ausgehend die Wandfläche äußerst differenziert in die Tiefe hinein gestaffelt wird. Durch die Wahl der Kolossalpilaster anstelle einer im Entwurfsstadium geplanten kolossalen Säulenordnung wird dem Palazzo Valmarana innerhalb des Straßenzuges eine exponierte Stellung verliehen; gleichzeitig wird er in die bereits bestehende Häuserzeile integriert. An die Stelle der rhythmischen Schwellbewegung einer kolossalen Säulenordnung tritt somit die statische Ruhe der Pilasterordnung, die der strengen Vertikalgliederung der angrenzenden Gebäude entspricht. Wie sehr sich Palladio um eine Integrierung des Palazzo Valmarana in die Straßenflucht bemüht hat, zeigen die beiden äußeren Joche der Fassade. Die Kolossalordnung der Pilaster ist hier aufgegeben. Vielmehr reichen die Eckpilaster nur bis zum Geschoßgesims des Pianereno und werden im Piano nobile von Kriegerskulpturen abgelöst, die das vorspringende Attikagesims stützen. Die Kolossalordnung des Palazzo Valmarana wird so organisch in die zweigliedrige Geschoßordnung der angrenzenden Gebäude überführt.

Dieser geänderten Geschoßordnung entspricht die Durchfensterung in den beiden äußeren Fassadensegmenten. Sowohl im Pianereno als auch im Piano nobile sind die Geschoßfenster kleiner als an der übrigen Fassade. Auf zweifache Weise wird in diesen Fassadensegmenten das vertikale Streben der Palastfassade abgefangen: Im rustizierten Pianereno tritt oberhalb der Geschoßfenster – von diesen abgegrenzt durch ein schmales, dreistufiges Gesimsband – ein in starkem Maße schattenfangendes Mezzaninfenster an die Stelle der Relieffelder, die oberhalb der verbleibenden vier Geschoßfenster eingelassen sind. Im Piano nobile sind die Fenster der äußeren Joche die einzigen, die mit einem Dreiecksgiebel abgeschlossen werden. Wird hier also unter Einbeziehung von schattenfangenden Elementen der strengen Kolossalgliederung der Fassade entgegengearbeitet, ordnen sich die von diesen Segmenten eingeschlossenen Glieder der Fassade ganz der Dominanz der Kolossalpilaster unter.

Die Geschoßabgrenzung kommt durch ein stark zergliedertes Gesimsband zum Ausdruck, das von den Pilastern durchschnitten wird. Um neben den Pilastern, die die Attika tragen, ein Stützsystem zu konstituieren, das innerhalb des Gebäudekerns das Piano nobile trägt, sind im Pianereno zu seiten der Kolossalpilaster weitere Pilaster eingestellt, deren Kapitellen das Geschoßgesims aufliegt. Eine weitere, in glattem Quaderwerk ausgeführte Pilasterstellung differenziert das Stützsystem um ein weiteres: Sie stützt den von Relieffeldern bestimmten Mezzaninbereich des Pianereno und bildet gleichzeitig die Laibung der Geschoßfenster.

Bemerkenswert ist, daß die einzelnen Pilasterstellungen mit der Abnahme der zu stützenden Last immer stärker in die Wand zurücktreten und diese dadurch zur Tiefe hin abstufen. Dieses Bemühen, dem vertikalen Streben nicht entgegenzuarbeiten, wird im Piano nobile fortgeführt. Die Fenster sind nur schwach profiliert, und ihre Höhe ist bis an das Attikagesims hinaufgezogen. Die sie unterfangenden Baluster werden durch die Fensterbreite begrenzt und unterstützen somit die Vertikalgliederung der Fassade, wobei ihr Vorspringen und das damit verbundene Zurücktreten der Fenster der Wandabstufung des Pianereno entspricht. Als Horizontalwerte sind Sockel und Attikageschoß ausgewiesen und erfahrbar.

Das starke Vorspringen des Attikagesimses darf in diesem Zusammenhang als Antwort auf die in gleichem Maße aus dem Gebäudekern heraustretende Sockelzone verstanden werden.

Überdeutlich werden die das Gebäude stützenden Kräfte zur Schau gestellt, während alle übrigen Fassadenteile in dieses Kräftefeld eingeordnet werden. Die zu stützende Last als gestalterisches Element hingegen ist an der Fassade des Palazzo Valmarana nahezu gänzlich zurückgetreten und der optischen Wirksamkeit entzogen.

Palladio zeigte sich stets überaus einfallsreich, wenn es darum ging, seine Bauschöpfungen in ihre Umgebung einzugliedern. Der Verzicht auf eine konsequente Anwendung der kolossalen Säulenordnung an den Palastecken – die Funktion der tektonischen Stütze im Piano nobile übernehmen sogenannte Telamonen – legt davon ein deutliches Zeugnis ab.

Palazzo Schio
Contrada San Marco 39 (Vicenza)

Andrea Palladio begann seine Arbeit an der Gestaltung der Fassade des Palazzo Schio im Jahre 1565 und beendete sie wahrscheinlich bereits im Jahre 1566. Der Auftrag zu dieser Arbeit an dem bereits bewohnten Palast ging auf eine testamentarische Verfügung Bernardo Schios zurück.

Die von Palladio zu gestaltende Schauseite war relativ schmal und umfaßte lediglich drei Achsen.

Ein Vergleich des heutigen Zustandes des Palastes mit Zeichnungen der Architekten Francesco Muttoni und Ottavio Bertotti-Scamozzi macht Abweichungen von einem Zustand deutlich, der im 18. Jahrhundert offensichtlich noch existiert haben muß: Über den Fenstern des Piano nobile war noch eine Folge von drei Mezzaninfenstern angeordnet. Sie dienten der Lichtführung in einen dahinter liegenden Getreidespeicher. Im Jahre 1825 wurden diese Mezzaninfenster zugemauert. Doch ihre vormalige Existenz läßt Palladios Absicht bei der Gestaltung der Palastfassade deutlich zutage treten.

Ist die Fassade des Piano nobile auch streng geometrisch aufgeteilt, so zeigt sich doch deutlich das Bestreben, unartikulierte Mauerfläche zu vermeiden. Um dies organisch zu verwirklichen, zerlegte er die Wand in mehrere Tiefenschichten. Zunächst sind der Wandfläche vier Dreiviertelsäulen mit korinthisierenden Kapitellen vorgelegt, deren Basen in die Rustizierung des Sockelgeschosses eingebunden sind. In den Interkolumnien befinden sich drei Fenster, deren Sohlbänke dem Sockelgeschoß aufliegen. Damit der Eindruck von korrekter Einbindung der Fenster in das Mauerwerk nicht gestört wird, treten Baluster vor die Fenster. Der Bereich zwischen dem Fenster und dem Architravgebälk wird von einem stark aus der Wand hervorspringenden Dreiecksgiebel ausgefüllt. Auch die Profile der Fenster greifen schattenwerfend aus der Wand heraus. Das Licht, das auf die Fassade des Palastes fällt, wird somit zu einem entscheidenden Gestaltungselement, indem die noch verbleibende Wandfläche durch die fallenden Schatten moduliert wird. Die ehemals vorhandenen Mezzaninfenster dürften diese Wirkung noch erhöht haben. Palladio benahm ihnen ihre mehr oder minder untergeordnete Rolle an der Fassade, indem er sie aus ihrem Geschoß herausgreifen und das Architravgebälk durchstoßen ließ.

Ein Blick in den Hof des Palazzo Schio. Die Arbeiten im Hof können Palladio nicht zugeschrieben werden. Für Bernardo Schios Palast sollte Palladio lediglich die Fassade gestalten. Die Skulpturen in den beiden Nischen sind späteren Datums. Auch die von Efeu umrankte Portalsbekrönung durch einen vorspringenden, von Rollwerk gestützten Giebel deutet auf ein späteres Entstehungsdatum des Hofes hin.

Von den Arbeiten am Palazzo Schio geht nur die Fassadengestaltung auf Andrea Palladio zurück. Da der Palast sich zwischen zwei bereits bestehende Gebäude einzufügen hatte, geriet die repräsentative, der Straße zugekehrte Seite mit drei Achsen etwas schmal. Die Entwicklung Palladios zur Dynamisierung seiner Palastfassaden gelangt dennoch deutlich zur Anschauung.

Vom Piano nobile ist das in Rustika ausgeführte Sockelgeschoß abgesetzt. In gleichem Maße wie das Piano nobile ist auch hier das einfallende Licht als Gestaltungselement mit einbezogen. Wie im Piano nobile ist die Wand in zwei Schichten gegliedert: Unterhalb der Sohlbänke der Fenster springt der in einem Block zusammengefaßte sternförmige Abschluß der Kellerfenster hervor.

Eine weitere Steigerung erfährt die dynamische Wirkung der Palastfassade dadurch, daß Palladio die Monotonie der Schichtung von langen und kurzen Bossen in Horizontalstreifen vermeidet und gleichsam malerisch mit ihnen verfährt, indem er mit ihnen die Form, die sie umschließen, nachbildet und sie, am Portal besonders deutlich sichtbar, aus der horizontalen Gliederung ausbrechen läßt.

La Rotonda
(Vicenza)

Kein anderer Villenbau Palladios hat in gleichem Maße die Bewunderung von Zeitgenossen und nachfolgenden Generationen gefunden wie die Villa Rotonda. Südöstlich von Vicenza im Hügelgebiet des Monte Berico gelegen, scheint sie unmittelbar aus der Landschaft herauszuwachsen: Die an allen vier Seiten gleichmäßig mit einem Portikus geschmückten Fassaden nehmen in den Treppenläufen den Anstieg des Geländes auf, die zentrale Kuppel ist als eine Überhöhung der Hügelkuppe zu begreifen. Bildet der Zentralbau die Krönung des Geländes – oder wächst umgekehrt der Hügel durch den Bau hindurch?

Palladio selbst hat in seinen »Quattro Libri dell'Architettura« auf die enge Verbindung von Landschaft und Bauwerk hingewiesen: »Der Ort ist schön gelegen und einer der lieblichsten und reizvollsten, die man finden kann; denn er liegt auf der Anhöhe eines Hügels, auf den man sehr leicht gelangt. Um ihn reihen sich die lieblichsten Hügel, die den Ausblick in ein riesiges Theater gewähren...; weil man sich auf alle vier Seiten hin der schönsten Aussicht erfreut, wurden auf allen Fassaden Loggien errichtet.« Einerseits also ist die enge Verschmelzung, ja Durchdringung von Landschaft und Architektur kennzeichnend, andererseits steht das nach strengen Maßen errichtete, die Idee des Zentralbaues in vollkommener Weise verkörpernde Gebäude als »reines« Kunstgebilde im Gegensatz zur gewachsenen Natur. Konkretes – die Natur – und Abstraktes – die genau durchdachte architektonische Form – treten in Gegensatz zueinander. In diesem Spannungsverhältnis stellt die Villa Rotonda auf einer ersten Ebene der Anschauung ein Werk des Manierismus dar.

Die Klärung der Entstehungsgeschichte wird in doppelter Weise erschwert: Erstens fehlen eindeutige Dokumente über die Ausführung des Baues, und zweitens sind keine Entwürfe Palladios überliefert. Grundriß und Aufriß, die er 1570 in den »Quattro Libri« abbildet, zeigen erhebliche Abweichungen von dem bestehenden Bau und dürfen bereits als eine Redaktion der Planung für die damals noch nicht in allen Teilen vollendete Villa gelten.

Immerhin hat sich heute ein allgemeiner Konsens hinsichtlich der Bauzeit und damit der entwicklungsgeschichtlichen Einordnung in Palladios Werk herstellen lassen. Früher nahm man eine Entstehung um

S. 187: Grundriß und Ansicht der Villa Rotonda aus den »Quattro libri«. Die Villa Rotonda steht auf quadratischem Grundriß. Von den Loggien führen schmale Korridore auf den auf rundem Grundriß errichteten Hauptsaal der Rotonda zu. Im Gegensatz zu den übrigen Räumen nimmt dieser Saal die gesamte Höhe des Baukerns ein und findet in der Kuppel der Villa seinen oberen Abschluß.

S. 188/189: »Der Ort ist schön gelegen und einer der lieblichsten und reizvollsten, die man finden kann; denn er liegt auf der Anhöhe eines Hügels, auf den man sehr leicht gelangt. Um ihn reihen sich die lieblichsten Hügel, die den Ausblick in ein riesiges Theater gewähren...; weil man sich auf alle vier Seiten hin der schönen Aussicht erfreut, wurden auf allen Fassaden Loggien errichtet.« (A. Palladio 1570)

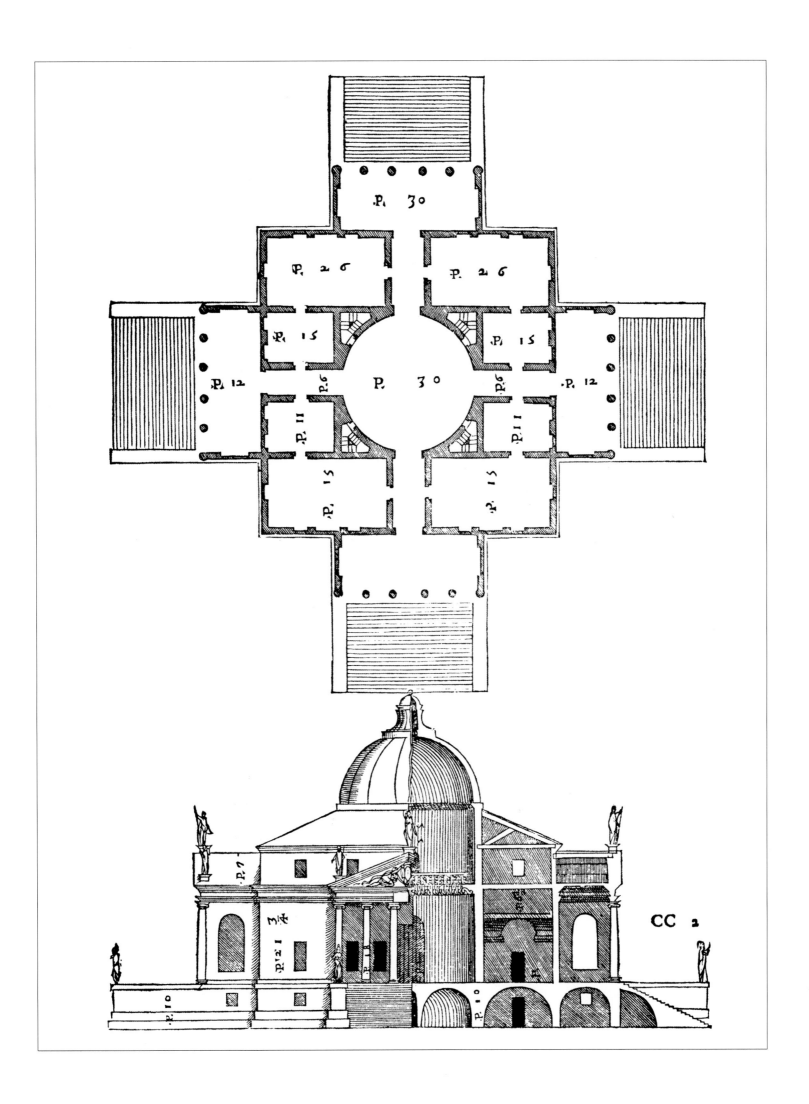

1550 an, da ein Dokument überliefert, der Graf Paolo Almerico habe 1553 »an seinem lustvollen Ort auf einer Anhöhe vor Vicenza« ein festliches Gastmahl für Lucrezia Gonzaga gegeben. Da er auf die Begegnung drei Jahre habe warten müssen, sei eine Entstehung um oder sogar vor 1550 anzunehmen. Freilich bleibt diese Nachricht unverbindlich, da die Familie in dieser Gegend umfangreichen Landbesitz hatte und das Gastmahl durchaus in einem kleinen, weniger aufwendigen Gebäude stattgefunden haben kann.

Entscheidender ist da die Tatsache, daß Giorgio Vasari, der Biograph der italienischen Künstler von Cimabue bis in seine eigene Gegenwart hinein, während eines Aufenthaltes in Venedig und Umgebung 1566 zahlreiche Nachrichten sammelte, in denen auch die Werke Palladios erschienen, nicht zuletzt die Stadtpaläste in Vicenza. Die Villa Rotonda allerdings wird nicht erwähnt. Vasari dürfte ein solches herausragendes Werk nicht entgangen sein. Zudem erwähnt Palladio selbst den Kanonikus Paolo Almerico aus Vicenza als Auftraggeber der Villa; unmittelbar

Links: Auf einer der vier Loggien ist durch eine Inschrift Marius Capra als Besitzer der Villa ausgewiesen. Die Rotonda war nur eine Generation lang im Besitz der Almerico. Da ihr kein landwirtschaftlicher Betrieb zugehörte, konnten die erheblichen Kosten kaum noch aufgebracht werden. Der Sohn des Bauherrn mußte die Rotonda verkaufen. Der neue Besitzer gliederte ihr einen Landwirtschaftsbetrieb an, dessen Wirtschaftskomplexe unterhalb der Villa errichtet wurden.

S. 191: Die Villa Rotonda befindet sich in der Nähe von Vicenza. Palladio erwähnt in seiner Beschreibung, daß sie weniger als vier Meilen vom Zentrum entfernt sei. »Die Zeichnung erschien mir wegen der Nähe zur Stadt nicht geeignet, sie unter die Villen zu reihen, könnte man doch sogar sagen, sie läge in der Stadt selbst.« (A. Palladio, 1570)

nach seiner Rückkehr aus Rom, wo er Referendar der Päpste Pius IV. und Pius V. gewesen sei, habe er die Planung beginnen lassen. Das Pontifikat Pius' IV. umfaßte die Jahre 1559–66, das seines Nachfolgers begann 1566. Das alles spricht für eine Bauzeit in den späten sechziger Jahren. Am 23. Juni 1569 müssen Teile der Villa bewohnbar gewesen sein: damals wird in der »Reonda« eine Urkunde ausgestellt. Es ist das erste gesicherte Dokument, das sich auf den Bau bezieht. Es folgt am 13. September 1571 das Testament, das Paolo in seiner »Ridonda« diktiert.

Umstritten ist ebenfalls die Antwort auf die Frage, wie weit Palladios Ideen getreu ausgeführt wurden.

Wir wissen, daß erst zwischen 1725 und 1740 die kleinen Räume auf der Attika, also in Höhe der Dreiecksgiebel, errichtet wurden. Wären sie nicht von Anfang an geplant gewesen, könnte man sich für die Kuppel eine beherrschendere Wirkung als die heutige vorstellen. Andererseits zeigt Palladios Aufriß in seinen »Quattro Libri« bereits dieses Attikageschoß. Stark unterschieden von Palladios veröffentlichter Zeichnung ist auch die Form der ausgeführten Kuppel: heute in verschiedenen Ringen abgetreppt, bei Palladio als im Umriß straff gespannte Halbkugel mit Laterne ausgebildet.

Wir haben von der heutigen Erscheinung des Baues auszugehen. Einem über quadratischem Grundriß errichteten Kubus sind an allen vier Seiten untereinander vollkommen gleichmäßig gestaltete Säulen-

Blick durch eine der vier Säulenvorhallen der Rotonda. Gegen Ende des 16. Jahrhunderts stieg die Bedeutung der Gärten für die Villen. Im Zuge ihrer wachsenden Wertschätzung schmückte man diese mit Brunnenanlage, Labyrinthen und Skulpturen. Zu Beginn des 17. Jahrhunderts schuf Agostino Rubini den Skulpturenschmuck der Rotonda.

Dem Entwurf dieser Skulpturengruppe liegt ein Thema aus dem Leben des Herakles (römisch Herkules) zugrunde. Dargestellt ist der griechische Halbgott mit einer Ziege auf dem Arm. Daß eine Skulpturengruppe dieses Themas aufgestellt wurde, wird verständlich, wenn wir zum einen daran denken, daß zu der Zeit, in der das Skulpturenprogramm ausgeführt wurde, die Rotonda bereits im Besitz der Familie Capra war, und zum anderen bedenken, daß das italienische Wort »capra« nichts anderes als Ziege bedeutet.

portiken vorgelagert, die den Gesamtumriß in Form eines griechischen Kreuzes erweitern. Breite Treppen mit jeweils rund zwanzig Stufen führen zwischen horizontalen Wangenmauern zur Säulenstellung, die auf allen Seiten weit in den Garten vorspringt. Palladio verwendet hier erneut das Motiv einer rechtwinklig aus der Mauer heraustretenden Arkade auf massiven Pfeilern, gegen die sich die jeweilige Ecksäule freistehend absetzt. Von den fünf Interkolumnien ist das mittlere durch etwas größere Breite akzentuiert. Ihm entspricht an den Wänden des kubischen Hauptbaues das reich profilierte, übergiebelte Hauptportal. Die plastisch kräftig hervortretenden Türgiebel werden mit den seitlichen Rahmungen durch elegant geschwungene Voluten verbunden. Die begleitenden Öffnungen, fast bis auf Bodenhöhe herabgezogene Fenster, sind in der Achse der seitlichen Säulenstellungen schlicht in die Mauerfläche eingeschnitten.

Palladio wählt für seine Portiken die ionische Ordnung, deren Kapitelle mit den seitlich sich einrollenden Voluten von der Vertikale der Säulen in die Horizontale des Gesimses und die Basis der Dreiecksgiebel überleiten.

Die Inschrifttafeln über den mittleren Säulenstellungen beziehen sich auf den Grafen Capra, der 1591 die Villa erwarb, sind also nachträgliche Hinzufügungen. Die von einem kräftigen Konsolenprofil gerahmten Giebel öffnen sich in zwei querovalen Fenstern, die jeweils ein Wappen rahmen.

Wie stets verbindet Palladio die einzelnen Teile des Baues durch Formentsprechungen oder doch -verwandtschaft. Das Gesims zwischen Portikussäulen und Dreiecksgiebeln wird um den ganzen Bau herumgeführt, wobei Palladio das seit der »Basilica« vertraute weich vorschwingende Profil auch hier nachdrücklich betont. Die Fenster in den Wandflächen neben den Säulenfronten übernehmen die Rahmung der Hauptportale – Verbindung von Portikus und Wandflächen einerseits, von den rechtwinklig zueinander geordneten Wänden andererseits. Das Sockelgeschoß, dessen Höhe die seitlichen Treppenmauern übernehmen, entspricht in seiner Höhe wie in seiner Durchfensterung annähernd dem Attikageschoß, erscheint allerdings in seiner Funktion als Postament für den Gesamtbau durch schlicht abgetreppte Profile massiver.

Maß und Regel werden mit geradezu mathematischer Präzision am Grundriß deutlich. Die Portiken nehmen die halbe Breite des kubischen Mittelbaues ein. Der halben Tiefe des Kernbaues entsprechen jeweils Säulenvorhallen und Treppen. Mit anderen Worten: Die Summe der vier Portiken und Treppen bedeckt die gleiche Fläche wie der Hauptbau. (Bereits Goethe notierte am 21. September 1786 den Tatbestand sogar etwas übertreibend: »Der Raum, den die Treppen und Vorhallen einnehmen, ist viel größer als der des Hauses selbst: denn jede einzelne Seite würde als Ansicht eines Tempels befriedigen.«) Von jeder Seite

Unten links: Mit den Skulpturenprogrammen wird vielfach die Antike heraufbeschworen. Auch die Villa Rotonda bildet da keine Ausnahme. Der Jüngling, der eine Lyra in den Händen hält, ist möglicherweise eine Darstellung des Orpheus.

Unten rechts: Zwei weitere Skulpturen, die seitlich des Zugangs zur Rotonda auf einer Brüstung aufgestellt sind.

An dem Skulpturenprogramm der Villa Rotonda waren mehrere Bildhauer beteiligt. Palladio selbst erwähnt in seinen »Quattro libri« jenen Meister, der die Skulpturen auf den »äußeren Enden der Postamente, die die Treppen der Loggia stützen«, angefertigt hat, nämlich Lorenzo Vicentino.

führt ein schmaler, tonnengewölbter Gang in einen über kreisförmigem Grundriß errichteten Mittelraum, dessen Durchmesser der Breite der Säulenvorhallen, also der halben Quadratseite des Kernbaues entspricht. Um den mittleren Kuppelraum sind rechteckige Zimmer in gleichmäßiger Folge angeordnet.

Außenansicht, Grundriß und Schnitt der Villa Rotonda scheinen das Ideal des Zentralbaues in einer Reinheit zu verkörpern, wie sie die Hochrenaissance häufig erdacht, aber nur selten verwirklicht hat. Um so größer ist die Überraschung des Besuchers, der den Kuppelraum betritt. Zwar wird die Mitte der Zentralanlage nochmals durch einen in den Fußboden eingelassenen Löwenkopf betont, von dem im Wechsel rote und weiße Muster wie Speichen eines Rades ausstrahlen, aber der Eindruck eines alle Kräfte in sich sammelnden Zentrums vermag sich

Rechts: Der große Saal der Rotonda nimmt zwar die gesamte Höhe des Gebäudekerns ein, ist jedoch durch eine Balustrade horizontal gegliedert, die der Geschoßaufteilung der übrigen Räume entspricht. Allerdings ist dieser Saal, da er sich inmitten des Gebäudes befindet, nahezu gänzlich auf künstliches Licht angewiesen. Natürliches Licht vermag lediglich durch die vier Korridore in den Saal zu dringen, die diesen mit den Loggien verbinden.

S. 196: Die Themen der Fresken im unteren Bereich des großen Saales der Villa Rotonda sind der antiken Mythologie entlehnt. Im Anklang an die repräsentative Funktion der Villa sind hier keine Szenen der »vita in villa« dargestellt, sondern einzelne antike Götter (zum Beispiel Zeus, röm. Jupiter, links neben der Tür).

nicht einzustellen: Ohne jedes direkte Licht bleibt der Raum dunkel, notwendigerweise ziehen die fast schachtartigen Korridore auf allen vier Seiten den Blick nach außen, in Richtung des Lichtes. An die Stelle von zentripetalen Kräften, auf die das Ganze wie die Einzelheiten hin angelegt zu sein scheint, treten umgekehrt zentrifugale Bewegungsimpulse. Vergleichbar dem Spannungsverhältnis zwischen Natur und Kunst in der Außenansicht interpretiert Palladio in der Raumgestaltung seiner Villa Rotonda ein klassisches Prinzip in einem strikt antiklassischen Sinne.

Wie weit der überreiche Schmuck mit Skulpturen und Malereien Palladios Intentionen entsprochen hätte, wissen wir nicht. Noch zu Palladios Lebzeiten wurden die Statuen von Lorenzo Rubini auf den Treppenwangen aufgestellt (vermutlich vor 1570, denn Palladios Zeichnungen in den »Quattro Libri« deuten sie bereits an). Die Stuckornamente im Kuppelsaal und an den Decken werden der Werkstattgemeinschaft von Agostino Rubini, Ruggiero Bascapé und Domenico Fontana zugeschrieben; die Anwesenheit der drei Künstler ist am 1. September 1581 in der Villa nachweisbar. Lassen die Fresken von Alessandro Maganza in der Kuppelzone die architektonische Struktur noch einigermaßen unangetastet, so hat Ludovico Dorigny zwischen 1680 und 1687 die Wände unterhalb der Balustrade im Sinne eines üppigen illusionistischen Barock ausgestattet. Anders als in der Ausstattung der Villa Barbaro durch Veronese, die eine Erweiterung der Räume anstrebte, veränderte Dorigny die Wände durch gemalte Architekturen und scheinbar vor die Wand gestellte Skulpturen in Richtung auf das Kleinteilige und Vielfältige, das in Gegensatz zum architektonischen Konzept Andrea Palladios tritt.

Die Nachfolge der Villa Rotonda verdiente jeweils im Maß der Übereinstimmung wie der Variationen ein eigenes Kapitel. Wenigstens ein Beispiel sei hervorgehoben: Merewoth Castle (Kent), das Colin Campbell 1722–25 errichtete.

Kuppelfresko im großen Saal der Villa Rotonda. Ausführender Meister dieser Fresken war Alessandro Maganza. Die äußere Struktur der Kuppel ist auch im Innern der Villa ablesbar. Die mehrfache Abstufung der Kuppel scheint die allegorischen Fresken mit mehreren konzentrischen Kreisen zu umschließen. Kernpunkt bildet die Laterne, von der aus die Rahmung der Fresken sternförmig wegtritt.

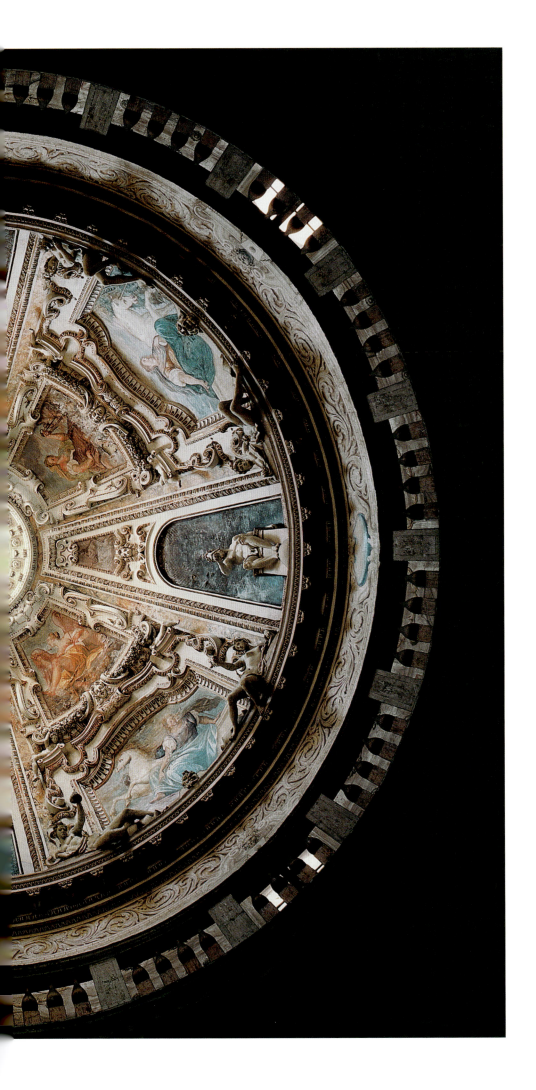

S. 200/201: Der große Saal der Villa Rotonda. Palladio hat die Ausgestaltung des Saales durch Ludovico Dorigny und einem weiteren, unbekannten Meister nicht mehr erlebt. Die Freskierung, die durch ihre illusionistische Malerei die harmonischen Proportionen des Innenraumes überspielt und verunklärt, wäre nicht in seinem Sinne gewesen.

Villa Sarego
Santa Sofia di Pedemonte (Verona)

Im Jahre 1387 wurde die Herrschaft der Scaliger gestürzt, die sich unter anderem auch auf das Gebiet um Verona erstreckte. Die darauffolgende Herrschaft der Visconti über diese Gegend war nur von kurzer Dauer und 1405 unterwarf sich Verona der Republik Venedig. Noch in die Zeit der Scaliger fällt die Schenkung eines Besitzes bei Santa Sofia an die Familie Sarego. 1381 überließ Antonio della Scala eine Villa »mit Taubenschlag, Zisterne, Weinkelter und anderen Gerätschaften« dem Cortesia Sarego. Das Gebiet, in dem das Anwesen der Sarego lag, war sehr fruchtbar, und die Familie Sarego zeigte in der Folgezeit, daß sie dies zu nutzen wußte.

Einer der Nachfahren Cortesia Saregos, Marcantonio Sarego, suchte bei Palladio fast zweihundert Jahre nach der Schenkung um den Entwurf für einen Neubau einer Villa auf dem Anwesen bei Santa Sofia nach. Das war nicht das einzige Angebot, das die Sarego bei Andrea Palladio einholten. Aus zeitgenössischen Quellen geht hervor, daß sie überdies an einer Errichtung von Villen in Miega, Veronella, Beccacietta und Cucca durch Palladio interessiert waren. Michelangelo Murraro sieht den Grund dafür, daß von diesen Projekten kaum eines zur Ausführung kam, darin, daß die Sarego von Palladio verlangten, er müsse die Bauunternehmungen persönlich leiten, was hinsichtlich der Überlastung Palladios mit Aufträgen kaum möglich gewesen wäre. Gleichviel, in Santa Sofia bei Verona ist uns eine seiner Bauschöpfungen für die Sarego überkommen, allerdings nur als Fragment.

Über die Aktivitäten der Sarego in der Mitte des Cinquecento sind wir recht gut informiert, seit deren Privatarchiv der Forschung zugänglich gemacht worden ist. Ihre Tätigkeiten erstreckten sich sowohl auf den politischen als auch auf den landwirtschaftlichen Bereich. Einem ihrer Mitglieder begegnen wir sogar als Botschafter der Republik Venedig. Um so erstaunlicher ist die Tatsache, daß es über den Bau in Santa Sofia gänzlich an Dokumenten fehlt. Die Annahme, daß Marcantonio Sarego einen Neubau anläßlich seiner Vermählung mit Ginevra Alighieri in der Zeit um 1550 in Erwägung zog, kann nur als Vermutung gelten. Eine grobe Festlegung der Entstehungszeit der Villa Sarego ließe sich mit dem Zeitraum zwischen 1560 und 1570 umreißen. Dieser Zeitraum läßt sich noch mehr einschränken, wenn man mit James Ackermann bereit ist,

S. 203: Grundriß und Ansicht der Villa Sarego aus den »Quattro libri«. Die Sarego waren in der Gegend um Verona eine einflußreiche Adelsfamilie. Entsprechend waren ihre Ansprüche an den von Palladio zu entwerfenden Bau. Palladio entwarf für die Sarego ein Anwesen von imposanter Größe, das sich deutlich an der römischen Tradition orientierte.

S. 204/205: Hofansicht der Villa Sarego. Im 19. Jahrhundert wurden Restaurierungsarbeiten an dem Bau durchgeführt, die über die Tatsache, daß es sich bei dem Bau um ein Fragment handelt, hinwegtäuschen könnten. Von dem Bauvorhaben ist nur ein geringer Teil ausgeführt worden. Die abgebildete Hofansicht entspricht lediglich dem linken Teil vom Innenhof des Entwurfes.

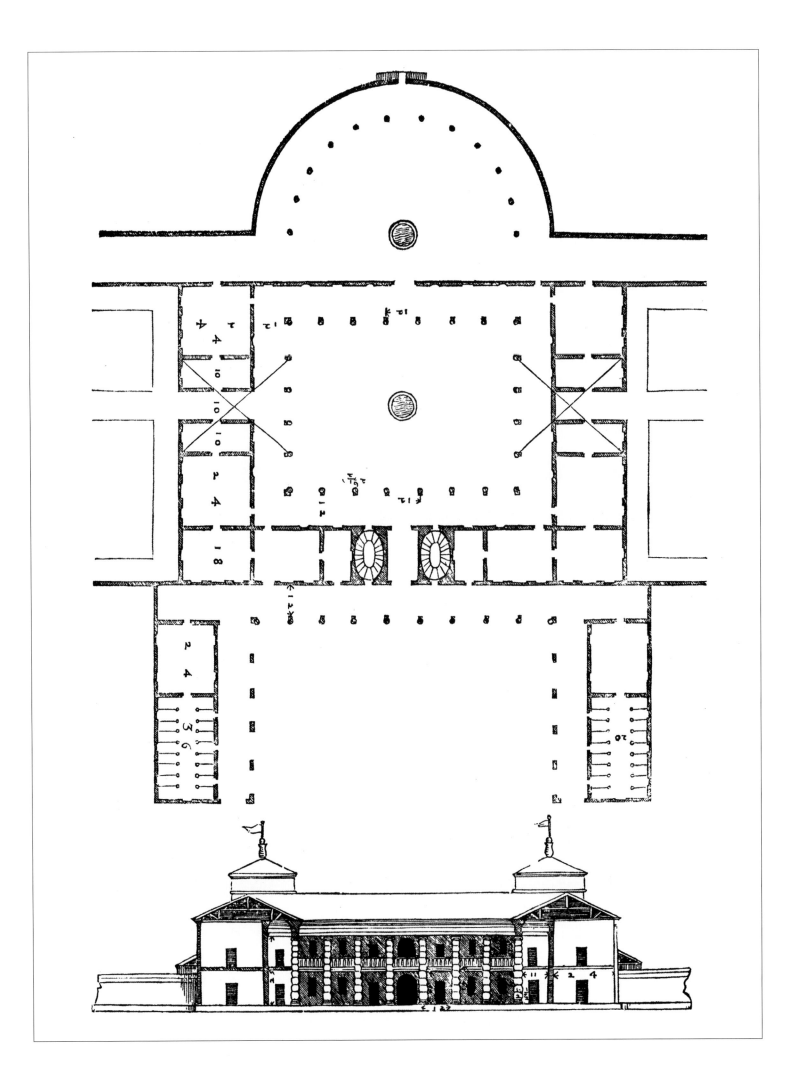

aus den groben Abweichungen des (wenn auch nur fragmentarisch ausgeführten) Gebäudes von dem in den »Quattro Libri« veröffentlichten Entwurf auf eine Übereilung des Architekten zu schließen, der den Entwurf noch unbedingt in sein Traktat mit aufnehmen wollte. Durch eine solche Annahme würde ein Beginn der Bauarbeiten auf die Zeit um 1569 nahegelegt. Dem Testament Marcantonio Saregos zufolge muß 1572 bereits ein bewohnbarer Bau bestanden haben. Palladio schien zudem 1570 sehr zuversichtlich zu sein, daß sein Entwurf zur Gänze ausgeführt werden würde, denn in seinem Architekturtraktat wird die Villa Sarego bereits als ein fertiger Bau beschrieben.

Im Rahmen seines Schaffens ist dieser Entwurf Palladios allerdings ziemlich ungewöhnlich. Ob Ambitionen des Bauherrn, durch die Architektur seinen Machtwillen sinnfällig werden zu lassen, in Palladios Entwurf mit hineinspielen, muß dahingestellt bleiben. Daß die gesamte Anlage jedoch, wäre sie fertiggestellt worden, aufgrund ihrer massiven Erscheinung in keiner Weise mit der umgebenden Landschaft zu einer Einheit verschmolzen wäre, sondern sich eher festungsartig einem solchen Zusammenwirken entgegengestellt hätte, darf nicht übersehen werden. Die Vermutung, daß Palladio mit seinem Entwurf einen Verweis auf die ausgeprägte militärische Tradition der Veroneser habe geben wollen, könnte eine Begründung für das ungewöhnliche Vorgehen des Architekten sein.

Oben: Die kolossalen Säulen des Innenhofes sind in grober Rustika ausgeführt. Palladio griff damit Stilelemente auf, die zum einen in Verona häufig Anwendung fanden, zum anderen die Villa Sarego aber auch in die Nähe manieristischer Architektur rücken.

Rechts: Eingefaßt von halbrunden Hecken stehen zwei aus berischem Kalkstein gefertigte Skulpturen vor der Villa Sarego. Durch die feingliedrige Ausarbeitung ihrer Hauptansichtsseiten und ihre schlanken Formen – hier offensichtlich eine Darstellung der Diana – wirken sie auf der Folie des wuchtigen Baufragmentes etwas verloren.

Muß die Annahme eines solchen Traditionsverweises auch Spekulation bleiben, so ist das Aufgreifen einer anderen Tradition für uns recht deutlich erkennbar. Palladio selbst gibt den entscheidenden Hinweis in der Beschreibung der Villa in seinen »Quattro Libri«. Im selben Atemzug, mit dem er die Schönheit der Liegenschaft lobt, berichtet er, daß dieser Ort auch zur Zeit der Römer nicht wenig geschätzt worden sei. Wenn wir uns vergegenwärtigen, daß das Andenken an die spätrömische Architektur gerade in Verona durch die Bauten Sanmichelis besonders lebendig war, kann eine solche Aussage als eine weitere Nobilitierung des Anwesens gelten. Daß sich Palladio bei seinem Entwurf der Villa Sarego wieder einmal mit dem »Wohnhaus der Römer« – einem auf seine Vitruvstudien zurückzuführenden Idealtypus – beschäftigte, ist nicht zu bezweifeln.

»Die Säulen sind von ionischer Ordnung und aus unbearbeiteten Steinen zusammengesetzt, wie es eine Villa anscheinend überhaupt erfordert, der unverfälschte und einfache Dinge besser stehen als zierliche.«
(Andrea Palladio, 1570).

Wie nun hat man sich eine vollständig errichtete Villa Sarego vorzustellen? Ein Besucher wäre zunächst auf einen Hof getreten, der zur Rechten wie zur Linken durch Wirtschaftsflügel begrenzt gewesen wäre. Ob diese Wirtschaftsflügel, denen offensichtlich eine Rundbogenstellung hätte vorgezogen werden sollen, in Entsprechung zum Herrschaftshaus auch zweigeschossig errichtet werden sollten, darüber kann man nur Vermutungen anstellen. Palladio spricht in seiner Beschreibung lediglich von überdachten Anlagen zu beiden Seiten des Hofes, »die dem dienen, was in einer Villa an Arbeit anfällt«. Die vordere Front des Herrenhauses wäre dem Besucher in gebieterischer Majestät vor Augen getreten. Vorgesehen war eine doppelgeschossige Loggia mit kolossaler Säulenordnung. Hinter diese Säulen gestellte Pilaster im Bodengeschoß hätten das Gewicht der oberen Loggia aufgenommen. Die Flügel, die

»In Santa Sofia, fünf Meilen von Verona, ist der folgende Bau des Grafen Marc' Antonio Sarego an einem wunderschönen Ort gelegen, nämlich zwischen zwei Tälern auf einem Hügel, der leicht ansteigt und von dem aus man einen Teil der Stadt erblickt. Die umliegenden Hügel sind anmutig und reich an besten Wassern, weshalb dieser Bau mit wunderschönen Gärten und Brunnen geschmückt ist. Wegen seiner Anmut war dieser Ort die Freude der Herren dalla Scala, und aufgrund einiger Überreste kann man annehmen, daß dieser Ort zu Zeiten der Römer nicht weniger geschätzt wurde. Der Teil des Gebäudes, der von dem Herrn und der Familie benutzt wird, hat einen Hof mit umlaufenden Säulengängen...
Diese Säulen stützen das Gesims, das auch die Traufe bildet, in die das Wasser vom Dach herabfließt. Im inneren Portikus haben die Säulen angefügte Pilaster, die das Gewicht des darüberliegenden, also des zweiten Fußbodens der oberen Loggien, stützen.
In diesem zweiten Stockwerk liegen zwei Säle, einer dem anderen gegenüber, deren Größe im Grundriß durch die einander überkreuzenden Linien angegeben ist, die von den äußeren Mauern des Baus bis zu den Säulen gezogen sind. Neben diesem Hof gibt es einen weiteren, der für die gewöhnlichen Angelegenheiten der Villa bestimmt ist und auf dessen beiden Seiten jeweils überdachte Anlagen liegen, die dem dienen, was in einer Villa an Arbeit anfällt.«
(Andrea Palladio, 1570)

von den Sarego bewohnt worden wären, hätten sich rechtwinkelig um einen Hof gelegt, ohne diesen jedoch zu umschließen. Die dem Eingang gegenüberliegende Seite wäre durch eine Mauer abgeschlossen worden, die aber noch einen Durchgang in den hinter ihr liegenden, halbkreisförmigen Garten gewährt hätte. Für den Hof war ein umlaufender Säulengang vorgesehen, dessen Säulen von kolossaler Ordnung gewesen wären. Wie auch im vorderen Hof, so wären auch hier hinter die Säulen Pilaster getreten, die das Gewicht der oberen Loggia aufzunehmen gehabt hätten.

Mit diesem Hof scheint Palladio zwei Elemente des aus den Texten Vitruvs und Leon Battista Albertis rekonstruierten römischen Wohnhauses zu verschmelzen, nämlich das Atrium und den Peristylhof. Die Grundfläche dieses Hofes ist offensichtlich nach Palladios Forderungen für die Grundfläche eines Atriums bestimmt worden. Um die Länge eines solchen Atriums festzulegen, habe man zunächst ein Quadrat zu bilden, so schreibt er, dessen Seitenlänge durch die Breite des Atriums gegeben sei; die Diagonale durch dieses Quadrat sollte das Maß für die Länge des Atriums abgeben. Genau dieses Prinzip liegt offensichtlich dem Grundrißentwurf für den Innenhof der Villa Sarego zugrunde. Ausgeführt wurde von Palladios Entwurf die linke Hälfte des Herrenhauses mit den dazugehörigen Loggien.

Ob die Anlage eines Hofes mit umlaufendem Säulengang in Verbindung mit der kolossalen Säulenordnung als geglückt gelten darf, kann mit Recht bezweifelt werden. Insbesondere darf man sich nicht von dem jetzigen Zustand der Villa Sarego irritieren lassen: Im Jahre 1857 wurde an ihr eine Restaurierung durchgeführt, deren Ergebnis den Eindruck hervorzurufen vermag, als handele es sich bei dem tatsächlichen Torso um ein abgeschlossenes Bauwerk. Was wir heute sehen, ist nur eine Hälfte des geplanten Hofes. Doch stellen wir uns einmal diesen Hof vor, wie er fertiggestellt gewirkt hätte. Die wuchtigen, kolossalen Säulen hätten eine Kraft freigesetzt, deren Entfaltung der Hof keinerlei Raum gegeben hätte. Hinzu kommt noch, daß die in der Vertikalen wirkende Kraft der Säulen an keiner Stelle gebremst oder in die Horizontale abgelenkt wird. Eine Möglichkeit, einen solchen Kräfteausgleich zu bewirken, hätte die Balustrade der oberen Loggia geboten. Das Gegenteil jedoch ist der Fall: Durch ihr leichtes Zurücktreten wirkt sie weniger wie eine umlaufende Balustrade als vielmehr wie eine aus Segmenten bestehende, die zwischen die Säulen gestellt wurde. Dürfen wir also auf der einen Seite eine ausgeklügelte Verschmelzung von Atrium und Säulenhof annehmen, steht diesem Raffinement auf der anderen Seite ein visueller Eindruck gegenüber, der in der Unverhältnismäßigkeit der eingesetzten gestalterischen Mittel den Hof in die Nähe manieristischer Architektur rückt. Auf dieses Mißverhältnis ist in der Forschung bereits hingewiesen worden, und Erik Forssmann schreibt, daß es die Bewunderung für Palladio überfordern hieße, wenn man diesen Kunstgriff unüberlegt als schön oder auch nur adäquat bezeichnen wollte.

Geht man von der vorgeschlagenen Datierung auf die Zeit um 1569 aus, ist die Villa Sarego das letzte Villenprojekt Palladios. Noch einmal erinnert er sich in seiner späten Phase an seine Verpflichtung an die römische Antike.

San Francesco della Vigna

Campo di San Francesco della Vigna
(Venedig)

Die Arbeit Palladios an der Kirche San Francesco della Vigna in Venedig ist auf die Gestaltung der Fassade beschränkt. Jacopo Sansovino hatte bereits im Jahre 1534 ein Modell für die Kirche geliefert, das mit Abänderungen als langgestreckter Saal mit Seitenkapellen ausgeführt wurde.

Nach 1562 erhielt Palladio den Auftrag, die Fassade nach eigenem Entwurf auszuführen. Die genaue Entstehungszeit ist nicht bekannt, doch dürfte sie sich annähernd aus der künstlerischen Entwicklung Palladios ableiten lassen: Sie stellt einerseits eine »Redaktion« der vermutlich 1565 entworfenen Fassade von San Giorgio Maggiore dar, erreicht andererseits noch nicht die Geschlossenheit der Schauseite des Redentore, wobei die größere Nähe zu San Giorgio offensichtlich ist. Eine Datierung gegen 1570 ist daher wahrscheinlich.

Palladio berücksichtigt den Kirchenraum nur insoweit, als er in der vertikalen Dreiteilung die Disposition von Saalraum und angegliederten Kapellen erkennen läßt. Wie in San Giorgio verzichtet er auf die in der venezianischen Tradition übliche horizontale Unterteilung in zwei Geschosse. Wiederum beherrscht den Mittelteil eine kolossale Säulenordnung mit Attika und Dreieckgiebel, und auch hier scheinen die Wandvorlagen als Dreiviertelsäulen nahezu freiplastisch aus der Mauerfläche herauszutreten. Gleichwohl stellt sich nicht der Eindruck eines freistehenden Portikus ein, hinter dem unmittelbar eine Wand gezogen ist. Die kleinen Säulen, die das Portal flankieren, und deren weit vorspringendes Gebälk bewirken eine Verschmelzung von Kolossalordnung und Fassadenwand.

Bei allgemeiner Verwandtschaft im Umriß werden auch die Seitenteile der Fasade enger mit der Mitte verbunden. Über die gesamte Breite der Fassade entwickelt sich ein gleichmäßig gestufter Sockel, der zur Mitte hin zwar stärker vorspringt, aber für alle Gliederungselemente die gleiche Höhe bietet. Vor allem aber erhalten die seitlichen Achsen ein dem Hauptteil eng verwandtes Gliederungsmotiv. Bestimmen in San Giorgio rahmende Pilaster die äußeren Stirnwände der Seitenschiffe, so sind es in San Francesco ebenfalls als Dreiviertelsäulen aus der Wand hervortretende Vorlagen, die in Verbindung mit den halben Giebeln unmittelbar auf die beherrschende Mitte bezogen sind.

Oben: Die zweite Franziskanerkirche in Venedig erhielt ihren Namen nach dem Weingarten (la vigna), den die einflußreiche Familie der Ziani 1232 dem Orden als Baugelände geschenkt hatte. Über das Aussehen der ersten Kirche wissen wir nichts.

S. 211: Der Beginn der Planung zu dieser Kirche geht noch auf die Zeit des Dogen Andreas Gritti zurück. Jacopo Sansovino sollte mit dem Entwurf des Kirchenbaus beauftragt werden. Auf Andrea Palladio sind Entwurf und Ausführung der Kirchenfassade zurückzuführen.

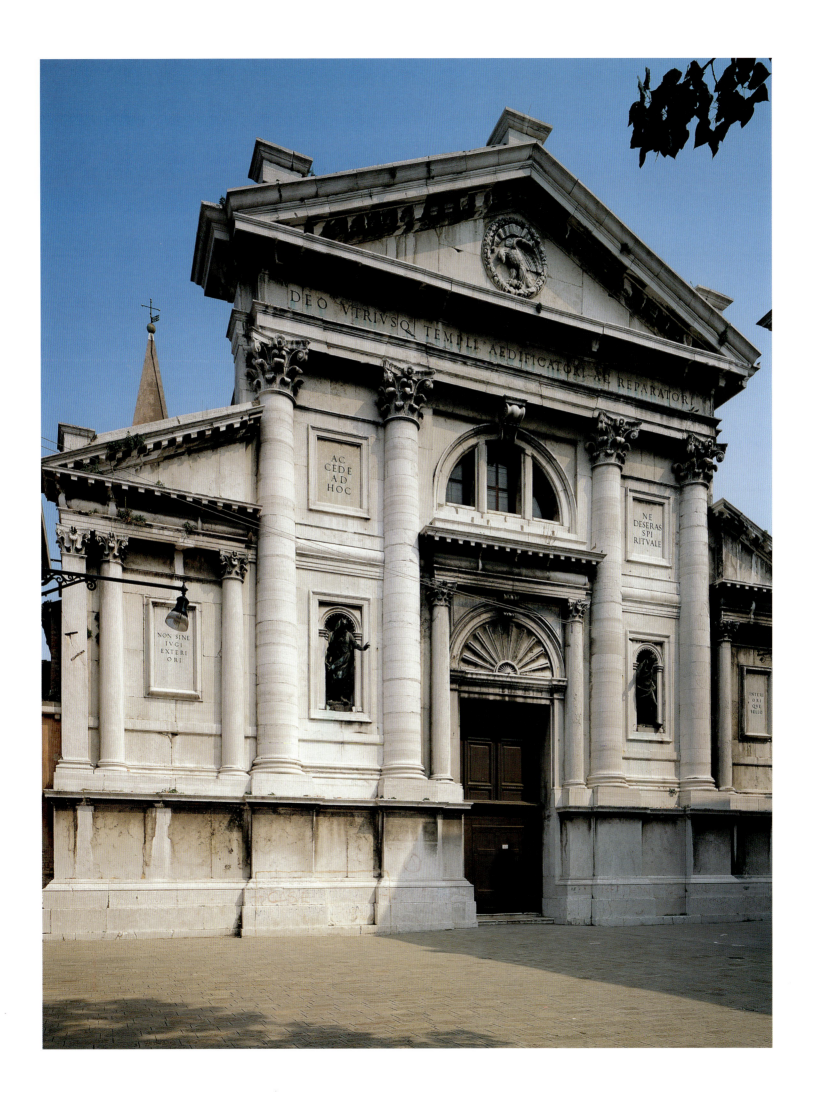

Palazzo Barbarano
Contrada Porti 11 (Vicenza)

Als Andrea Palladio von Montano Barbarano den Auftrag erhielt, für diesen einen Stadtpalast zu errichten, stellte ihn das zu bebauende Grundstück vor ein schwerwiegendes Problem: Wie viele seiner Stadtpaläste mußte sich auch der Palazzo Barbarano in die Tiefe erstrecken. Da in das Grundstück Marcanton Barbaranos auf der linken Seite zwei andere, bebaute Grundstücke einschnitten, stand Palladio für seine Grundrißdisposition kein regelmäßiges Rechteck zur Verfügung. Das wird ihn, der es mehr und mehr verstand, seine Raumverteilung zu dynamisieren, sehr verdrossen haben, war ihm doch die Möglichkeit genommen, ähnlich wie im Palazzo Valmarana eine durch Einschnürung und darauffolgendes Auseinandertreten bestimmte Raumachse zu konzipieren. Zudem mußte auf die Via di Riale Rücksicht genommen werden, deren schräger Verlauf die rechte Seitenfassade des zu errichtenden Palastes mit der Hauptfassade im stumpfen Winkel abschließen lassen mußte.

Der Entwurf, den Palladio sich trotz der mißlichen Bedingungen abrang und in den „Quattro libri" veröffentlichte, bot nur einen matten Nachhall von dem differenzierten und überaus dynamischen System von Einschnürungen und darauffolgenden Öffnungen, das er für den Grundriß des Palazzo Valmarana entwickelt hatte. Wenngleich der Entwurf eine ungebrochen verlaufende Mittelachse vorsah, verhinderte die Gestalt des Grundstückes deren Dynamisierung, da ein symmetrisches Verhältnis der beiden Raumfluchten zueinander nicht zu erreichen war.

Im Jahre 1570 wurde mit dem Bau begonnen, und schon bald muß ein großer Teil des rechten Palastflügels fertiggestellt gewesen sein – da kaufte Montano Barbarano die beiden einschneidenden Grundstücke an und forderte Palladio auf, diese nunmehr baulich zu nutzen, ohne jedoch vom bereits bestehenden Teil des Palastes etwas abzureißen. Somit war Palladios Grundrißplanung, die er sich im Widerstreit mit den unglücklichen Grundstücksverhältnissen abgerungen hatte, gründlich gescheitert. Dem nun ausgeführten Entwurf hat Herbert Pée zu Recht den Anspruch auf künstlerische Geltung abgesprochen; das Endergebnis wirkt den Umständen entsprechend in seiner unorganischen wie unsymmetrischen Disposition mehr als übereilt.

»Kein Kunstwerk ist unbedingt, wenn es auch der größte und geübteste Künstler verfertigt: er mag sich noch so sehr zum Herren der Materie machen, in welcher er arbeitet, so kann er doch ihre Natur nicht verändern. Er kann also nur in einem gewissen Sinne und unter einer gewissen Bedingung das hervorbringen, was er im Sinne hat, und es wird derjenige Künstler in seiner Art immer der trefflichste sein, dessen Erfindungs- und Einbildungskraft sich gleichsam unmittelbar mit der Materie verbindet, in welcher er zu arbeiten hat. Dies ist einer der großen Vorzüge der alten Kunst: und wie Menschen nur dann klug und glücklich genannt werden können, wenn sie in der Beschränkung ihrer Natur und Umstände mit der größten Freiheit leben, so verdienen auch jene Künstler unsere größte Verehrung, welche nicht mehr machen wollten, als die Materie ihnen erlaubte, und doch aber dadurch so viel machten, daß wir mit einer angestrengten und ausgebildeten Geisteskraft ihr Verdienst kaum zu erkennen vermögen.«
(Johann Wolfgang von Goethe, »Material der bildenden Kunst«, Okt. 1786).

Als künstlerische Leistung von hohem Rang darf jedoch die Hauptfassade gelten, wenngleich die nicht mehr zu korrigierende Störung des Gesamtentwurfes auch dort ablesbar ist. Die Bauarbeiten müssen schon so weit fortgeschritten gewesen sein, daß das Portal bereits eingemauert war. Da von dem bereits errichteten Gebäudeteil nichts abgerissen werden durfte, wirkt das eigentlich in die Fassadenmitte gehörige Portal gleichsam auf die rechte Fassadenseite gedrängt. Ungeachtet dieses Schönheitsfehlers präsentiert sich die Fassade des Palazzo Barbarano in überaus reichem Schmuck.

In den »Quattro Libri« schlägt Palladio zwei Möglichkeiten der Fassadenbehandlung vor: die Anwendung einer kompositen Kolossalsäulenordnung und die Übereinanderstellung von ionischer Säulenordnung im Sockelgeschoß und einer korinthischen Säulenordnung im Piano nobile. Wohl aus dem Grunde, daß die Fassade eine schmale Straße zu säumen hatte, entschied man sich für die zweite Lösung, da eine kolossale Säulenordnung in der schmalen Straße einen sehr erdrückenden Eindruck gemacht hätte. Die Basen der Säulen stehen auf ebener Erde und übergreifen ein dreigliedriges Sockelgeschoß. Dieses beginnt mit einem glatt verputzten Sockel, der durch ein vorspringendes Gesims abgeschlossen ist, das gleichzeitig den Fenstern als Sohlbank dient. Die Fensterlaibungen werden aus schmalen Pilastern gebildet, auf deren Kapitellen ein vorspringender Mezzaninbereich aufliegt. Oberhalb des glatten Sockels sind die Interkolumnien des Sockelgeschosses in betontem, glattem Steinschnitt ausgeführt. Dem Mezzaninbereich sind keine entsprechenden Fenster eingeschnitten; statt dessen wurden figürliche Reliefs eingelassen. Da der Palast ursprünglich nur sieben Achsen breit sein sollte, sind entsprechend dieser ersten Planung nur sechs Reliefs angefertigt worden. Allerdings befinden sich über den beiden äußeren Fenstern auf der linken Seite des Sockelgeschosses Einlaßstellen, die darüber Aufschluß geben, daß auch hier noch Reliefschmuck angebracht werden sollte. Das Sockelgeschoß wird durch ein

Ansicht des Palazzo Barbarano aus den »Quattro libri«. In einer weiteren Zeichnung von der Fassadenansicht verzichtete Palladio auf die Kolossalordnung der Säulen, ein Vorschlag, der auch dem ausgeführten Bau entspricht.

Rechts: Palazzo Barbarano. Fassade. Die Doppelgeschoßordnung unterstreicht die Tiefenfluchtung des Palastes. Das Erscheinungsbild der Palastfassade ist unsymmetrisch, da der Bau durch die nachträgliche Grundstückserweiterung um zwei Achsen erweitert wurde.

S. 214: Palazzo Barbarano. Detail eines Fensters aus dem Untergeschoß. Reliefs wie das hier gezeigte sollten über allen Fenstern im Untergeschoß eingelassen werden. Über zwei Fenstern jedoch fehlen solche Reliefs. Offensichtlich waren die Reliefs bereits zu Beginn der Bauarbeiten an dem Palast angefertigt worden, denn ursprünglich waren nur sechs Reliefs erforderlich.

reich mit Stuckgirlanden geschmücktes ionisches Gebälk abgeschlossen. Das darüber befindliche Piano nobile zeichnet sich im Gegensatz zu der relativen Strenge des glatten Steinschnitts im Sockelgeschoß durch reichen ornamentalen Schmuck aus. Abwechselnd mit Dreiecksgiebeln und Segmentbögen abgeschlossen, sind die Fenster des Piano nobile von stark vorspringenden Balustern unterfangen. Jeweils zwei Skulpturen ruhen den Fenstergiebeln auf und füllen die Fläche zwischen den Giebeln und dem korinthischen Gebälk aus, während zwischen den Säulen und den Fensterprofilen herunterhängende Stuckgirlanden die verbleibende Wandfläche auflösen.

Die Summe dieser Elemente präsentiert eine Fassade, die im bewegten An- und Abschwellen der Säulenstellungen sowie der überaus differenzierten Tiefenschichtung durch die außerordentlich reiche Ornamentierung die Fassade ihrer traditionellen Funktion als Gebäudeabschluß entkleidet, indem die Wandsituation völlig verunklärt wird. Durch das einfallende Licht und die Enge der Straße wird die Plastizität der Fassade noch um ein weiteres gesteigert und präsentiert sie weniger als Funktion des Palazzo Barbarano, sondern vielmehr als Funktion der Straße, die sie säumt.

Loggia del Capitaniato
Piazza dei Signori (Vicenza)

Die Loggia del Capitaniato, an der Piazza dei Signori der Hauptfassade der Basilica gegenüberliegend, ist das eindrucksvollste und kennzeichnendste Beispiel für ein Bauwerk städtischer Repräsentation aus Palladios Spätzeit. Über Postamenten, die aus weißem Haustein gearbeitet sind, erheben sich vier kolossale Dreiviertelsäulen. Ihr dynamischer Aufstieg setzt sich in den hohen Kapitellen fort, die als Kompositkapitelle aus der Durchdringung von korinthischer und ionischer Ordnung gebildet sind. Der vertikale Bewegungsduktus wird von der Verkröpfung des Gebälks und der umlaufenden Balustrade aufgenommen und klingt in den flachen Pilastern des abschließenden Halbgeschosses aus. So sehr der Farbwechsel zwischen weißem Haustein und rotem Backstein für die Gesamtwirkung entscheidende Bedeutung hat, so wenig entsteht der Eindruck eines vorwiegend in kleinteiligem Backstein aufgeführten Werkes: Die Monumentalität der Formgebung triumphiert, wie in anderen Werken Palladios, über das Material. Das starke Relief der Hauptfassade, schon durch die scheinbare Lösung der Säulenvorlagen aus der Wand bedingt, wird gesteigert durch die weit vorspringenden Balkons vor den Fenstern des Piano nobile und das kräftig ausladende Balustradengesims. Licht und Schatten verbinden sich mit dem Zweiklang des farbigen Materials. Demgegenüber vermag der reiche Stuckdekor an den verbleibenden Mauerflächen, vermutlich von der Werkstatt des häufig im Zusammenhang mit Palladio arbeitenden Lorenzo Rubini geschaffen, die architektonische Struktur nicht zu verunklären: Er wirkt als nachträglich applizierter Dekor, nicht als konstituierender Bestandteil des Bauwerkes.

In überraschendem Kontrast zu der Fassade steht die Gliederung der Seitenwand, die sich zur Via del Monte wendet. In Verwandtschaft zum Serliana-Motiv öffnet sich hier eine Arkadenstellung zwischen zwei allerdings geschlossenen Wandflächen, vor denen auf hohen Sockeln überlebensgroße Figuren stehen. Anders als an der Fassade ist die Wand hier horizontal gegliedert: Das Motiv der Balkons, an der Hauptseite auf die Breite der Fenster im Piano nobile beschränkt und von der die Gesamthöhe eindeutig zusammenfassenden Vertikalen der Dreiviertelsäulen beherrscht, wird hier als dominierendes Gliederungsmotiv zwischen die beiden Geschosse eingefügt. Die Wand des Piano nobile

»An der Loggia del Delegato (del Capitaniato, die Verf.), gegenüber der Basilika, hat Palladio mit Unrecht seine großen Formen an eine kleinräumige Aufgabe gewandt; dergleichen gelang der Frührenaissance besser. Die Seitenfassade, wo er den Säulen nur die Höhe des unteren Stockwerkes gab und das Ganze mehr dekorativ behandelte, läßt vermuten, daß er den Fehler erkannt habe.«
(Jacob Burckhardt, »Der Cicerone«, 1855)

erscheint von einem reichen figürlichen Stuckdekor geradezu überwuchert, dessen Programm den Sieg der Venezianer über die Türken in der Seeschlacht bei Lepanto 1571 verherrlicht.

Trotz einer reichen dokumentarischen Überlieferung gibt es sowohl hinsichtlich der Vorgeschichte als auch der Ausführung des bestehenden Baues eine ganze Reihe von ungeklärten Fragen. Wir wissen, daß zu Beginn des 15. Jahrhunderts ein Gebäude mit einer großen Säulenhalle errichtet wurde, das man 1404 zum Sitz des venezianischen Statthalters bestimmte. Das Aussehen dieses Gebäudes ist aus alten Stadtansichten Vicenzas nicht sicher rekonstruierbar. Noch 1521 werden Tizian und Paris Bordone beauftragt, die Fassade mit Fresken zu schmücken. Am 31. Januar 1565 erfolgt ein Beschluß des Stadtrates, alle Häuser und Werkstätten zwischen der Loggia und der Contra dei Gudei aufzukaufen und niederzureißen, um dort eine prächtige weitere Loggia zu errichten und darüber einen Saal für den Stadtrat zu erbauen. Aktivitäten irgendwelcher Art scheint dieser Beschluß jedoch nicht zur Folge gehabt zu haben.

Erst am 18. April 1571 wird der Zustand der alten Loggia in den Dokumenten als schadhaft bezeichnet.

Nach einer offenbar lebhaften Diskussion über die Frage nach der Restaurierung des alten oder der Errichtung eines neuen Baues entscheidet man sich für die Verwirklichung eines völlig neuen Projekts. Die Bauarbeiten sind nur langsam vorangekommen.

Die Loggia del Capitaniato ist mit Schmuckelementen regelrecht übersponnen. Das Stuckwerk wurde dem Mauerwerk aufgelegt. Viele dieser kleinen Arbeiten sind heute abgefallen, so daß in einzelnen Interkolumnien das nackte Mauerwerk zutage tritt.

An der Autorschaft Palladios kann kein Zweifel bestehen, da die Inschrift unter dem linken Balkon an der Fassade seinen Namen nennt: »Andrea Palladio i(nventore) archit(ecto).« Daß er die Ausführung selbst überwachte, ist kaum anzunehmen, da er in den siebziger Jahren des 16. Jahrhunderts durch seine Verpflichtungen in Venedig stark gebunden war.

Aber es bleiben noch weitere Fragen. Haben wir zwischen der Fassade und der zur Via del Monte gerichteten Seite einen Planwechsel anzunehmen? Die sehr unterschiedliche Gliederung legt den Gedanken nahe. Aber weder das eine noch das andere Konzept kann vor 1571 entstanden sein: Die Allegorien auf die Seeschlacht bei Lepanto an der seitlichen Front schließen eine Planung vor 1571 aus. Für die Fassade, die sich auf die Piazza dei Signori richtet, darf aber ein Entwurfsdatum vor 1570 ebenfalls ausgeschlossen werden: Hätte Palladio sonst in seinen »Quattro Libri«, die 1570 erschienen, ein Bauwerk von derartigem repräsentativem Rang unerwähnt gelassen? Wir haben also aller Wahrscheinlichkeit nach davon auszugehen, daß die bestehende Loggia del Capitaniato einem einheitlichen Entwurf entsprechend ausgeführt wurde.

Die zweite Frage lautet: Ist der nach 1571 errichtete Bau ein in sich abgeschlossenes Ganzes oder nur Teil eines ursprünglich geplanten größeren Ganzen? Die Vorgeschichte der Loggia – sei sie nun als Sitz des venezianischen Statthalters oder als Versammlungsort für den vicentinischen Rat gedacht gewesen – ließe eher auf ein Gebäude von größerer Ausdehnung schließen. In gleicher Richtung deuten Überlegungen zur städtebaulichen Situation: Obwohl doch offensichtlich eine Art Pendant zur Basilica, nimmt die Loggia del Capitaniato in keiner Weise auf deren Fluchtlinien Rücksicht.

Man hat aus diesen Gründen an ein ursprüngliches Projekt von fünf oder sogar sieben Achsen gedacht. Da Entwurfsunterlagen und eindeutige schriftliche Informationen fehlen, läßt sich weder die eine noch die andere These beweisen. Das Museo Civico in Vicenza besitzt eine Palladio zugeschriebene Studie für eine Loggia, die gelegentlich als ein früherer Entwurf für den 1571 begonnenen Bau angesehen wird. Allerdings läßt sich diese Zeichnung formal mit der heutigen Loggia del Capitaniato nicht in Verbindung bringen. Eine breite Freitreppe führt zu einer Bogenstellung von fünf Achsen, die kannelierte Halbsäulen flankieren. Über der Kapitellzone, die durch Rankenwerk über den Bögen zu einem reich dekorierten Horizontalwert entwickelt ist, trennt ein vielfältig ausgebildetes Gebälk ohne Verkröpfung die beiden Geschosse nachdrücklich. Das verhältnismäßig niedrige Obergeschoß öffnet sich zwischen flachen Pilastern in leicht hochrechteckigen Feldern. Auf dem locker verkröpften Abschlußgesims stehen Figuren vor einem flachen, an den Seiten abgewalmten Dach. Prinzipiell hat die Annahme einer ehemals auf fünf Achsen erweiterten Ausdehnung der Fassade der Loggia del Capitaniato insofern ihre Berechtigung, als zwei weitere nach links anschließende Säulenstellungen die Seitenwand präzise auf die Fluchtlinie der Basilica gebracht hätten.

Für den heutigen Betrachter allerdings wirkt die Loggia del Capitaniato ungeachtet der unterschiedlichen Gliederung ihrer Fassaden als

S. 218: An der Piazza dei Signori in Vicenza liegen sich zwei öffentliche Bauten Andrea Palladios direkt gegenüber: Die Basilica und die Loggia del Capitaniato. Aus dem Vergleich dieser beiden Bauten wird Palladios stilistische Entwicklung deutlich. Ist die Basilica noch deutlich im Denken der Renaissance verhaftet, so kündet sich in der Loggia del Capitaniato bereits der Barock an.

Oben und S. 221: An der Fassade der Loggia del Capitaniato erhebt Andrea Palladio die stützende Kraft zum gestalterischen Prinzip. Der aufsteigende Bewegungsduktus der Säulen wird durch die Verkröpfung des oberen Gesimses noch verstärkt.

»Und wenn das Gebäude mit Säulen oder Pilastern geschmückt werden soll, dann kann man die Basen, die Kapitelle und die Architrave aus natürlichem Stein, die anderen Teile aber aus gebranntem Stein machen«.
(Andrea Palladio, 1570)

ein Werk aus einem Guß, dessen Proportionen zwischen Breite und Höhe man sich nur mit Schwierigkeiten verändert vorstellen kann. Da sie der Hauptseite der Basilica unmittelbar gegenübergestellt ist, können wir uns exemplarisch Palladios Entwicklung von der Stufe seiner ersten Meisterschaft zu seinem Spätstil verdeutlichen. Dabei wird der Vergleich um so mehr herausgefordert, als die beiden Bauten sowohl in der städtebaulichen Situation – der Lage an dem weiten Platz – als auch in ihrer Funktion als Gebäude städtischer oder staatlicher Repräsentation miteinander verwandt sind.

Unter diesen Voraussetzungen sind die beiden in ihrer Entstehungszeit um rund zwanzig Jahre voneinander getrennten Bauten eher als Gegenpole denn als verschiedene Stationen einer gemeinsamen Entwicklungslinie zu begreifen. Herrscht bei der Basilica der Eindruck des Lagernden vor, so bei der Loggia del Capitaniato der des Aufgerichteten. Der Gedanke könnte naheliegen, für die Gliederung der Loggien an der Basilica den breit gestreckten Bau des älteren Palazzo della Ragione verantwortlich zu machen. Aber ein vergleichender Blick zeigt, wie stark Palladio in dem älteren Werk die horizontalen Richtungswerte nachdrücklich unterstützt, während diese an der Loggia del Capitaniato auf kleine, nicht zu einem Kontinuum zusammengeschlossene Ausschnitte reduziert werden. Ferner stellt Palladio in seinem Spätwerk dem gleichberechtigten Neben- und Miteinander der Teile die Herrschaft eines einzigen Motivs entgegen, dem sich die anderen, wenn auch reich instrumentierten Elemente, wie Nebenstimmen zuordnen. Nicht zuletzt weicht das zwar vielfach gestufte »Relief« der Loggien an der Basilica einer geradezu barocken Macht der Modellierung. Das wird besonders an den Kolossalsäulen deutlich, die nicht mehr als Halbsäulen aus der Wand hervorwachsen, sondern sich als nahezu »umgreifbare« Dreiviertelsäulen aus der Fläche lösen.

Die Loggia del Capitaniato vertritt exemplarisch Palladios Spätstil im Bereich städtischer Fassaden. Allerdings lassen sich die Wurzeln dieser Entwicklung in die vorangehenden Jahrzehnte zurückverfolgen. Den Gedanken an eine kolossale Halbsäulenordnung hatte Palladio um 1550 erstmals für die Hofgestaltung des Palazzo Iseppo Porto in Vicenza ins Auge gefaßt, aber nicht zur Ausführung gebracht. Allerdings hatte er damals nicht Dreiviertel-, sondern Halbsäulen vorgesehen, und Horizontalakzente hätten eine bedeutendere Rolle gespielt als später an der Loggia. Die Form der sich aus der Wand lösenden Dreiviertelsäulen tritt erstmals an der Fassade von San Giorgio Maggiore in Venedig in Erscheinung, deren grundlegender Entwurf ungeachtet der späteren Ausführung doch in die Jahre um oder kurz nach 1565 fallen dürfte. Der Zug zur Vereinheitlichung schließlich kennzeichnet mehr oder minder alle Bauten Palladios seit etwa 1565, und zwar sowohl in bezug auf Wände als auch auf Grundrisse.

Mag man die starke Zergliederung der Flächen und das Überspinnen mit Schmuckelementen auch als »manieristisch« empfinden, so weist der Gesamteindruck doch in die Zukunft, und der Gedanke an die Fragment gebliebene Fassade des später zu datierenden Palazzo Porto-Breganze bestätigt diesen Eindruck: Der Blick auf die Schwelle zum Barock scheint geöffnet.

Palazzo Porto-Breganze

Piazza Castello (Vicenza)

Das turmartig aufragende Fragment einer Palastfassade wird erst im 18. Jahrhundert als Werk Palladios erwähnt. Eindeutige Dokumente zur Baugeschichte und -planung fehlen. Vincenzo Scamozzi hat in seiner »Idea dell'Architettura Universale«, die 1615 in Venedig erschien, den Palast in die Reihe der anderen, vollendeten Fassaden dieses Typs eingeordnet. Heute wird die Autorschaft Palladios allgemein angenommen.

Unbekannt sind auch Baubeginn und die Gründe für den Abbruch der Arbeiten. Auf einer Stadtansicht aus dem Jahre 1571 existiert der Palast noch nicht. Palladios Urheberschaft vorausgesetzt, muß die Entstehung in Palladios letzte Lebensjahre fallen.

Tatsächlich bestehen in der extrem kräftigen plastischen Durchgestaltung der beiden Achsen und in der Dominanz vertikaler Richtungswerte enge Beziehungen zur Loggia del Capitaniato. Im Unterschied zur dortigen Gliederung sind die Säulenvorlagen, die sich ebenfalls in einer Dreiviertelrundung aus der Wand herausentwickeln, auf sehr hohe Postamente gestellt (man denkt an die Fassade von San Giorgio Maggiore). Die Säulenbasen setzen erst auf der Linie der Fensterabschlüsse im Untergeschoß an.

Um das Fragment in den richtigen Proportionen zu sehen, muß man

Fassadenansicht des Palazzo Porto-Breganze nach Ottavio Bertotti-Scamozzi. In seiner Zeichnung rekonstruiert Bertotti-Scamozzi den Palast nach dem Fragment, in das Vincenzo Scamozzi bereits verändernd eingegriffen hatte. Namentlich die Fruchtranken zwischen den Kapitellen bilden sich in der Rekonstruktionszeichnung zu einem Horizontalwert aus, der die Vertikalgliederung der Fassade gestört hätte.

Rechts: Der Palazzo-Breganze wird im Volksmund auch „Ca' del diavolo" – Teufelshaus – genannt. Diese Bezeichnung mag darauf zurückgehen, daß sich in seiner Nähe ein Bordell befand.

sich die Fassade um mutmaßlich fünf weitere Achsen ergänzen. Eine Zeichnung von Francesco Muttoni gibt uns hier Anhaltspunkte: auf eine nach links hin anschließende weitere Achse gleicher Durchbildung wäre ein durch etwas größere Breite ausgezeichneter Mittelteil gefolgt, das Ganze dann spiegelsymmetrisch durch drei weitere Achsen ergänzt zu denken. Erst in dieser mehrfachen Wiederholung hätte die Fassade ihre volle Wirkung erhalten und ihre entwicklungsgeschichtliche Bedeutung erkennen lassen. Bei aller Unterschiedlichkeit der Einzelformen lassen die hohe Aufsockelung der Wandvorlagen, die Verselbständigung der Säulen gegenüber der Wand und die starken Verkröpfungen oberhalb der Kapitelle an hochbarocke Palastbauten wie das 1669–92 von dem oberitalienischen Architekten Francesco Caratti erbaute Palais Czernin auf dem Hradschin in Prag denken.

Le Zitelle
Giudecca (Venedig)

Zwischen dem Redentore und der Isola di San Giorgio gelegen, bildet die Fassade am Canale di Giudecca einen schönen städtebaulichen Akzent. Die Beziehungen zum Werk Palladios sind ebenso ungeklärt wie die Baugeschichte. Dokumentarisch überliefert ist, daß die Jesuiten 1561 auf der Giudecca ein Grundstück erwarben, auf dem ein Institut »alla Presentazione della Vergine« zur Erziehung mitteloser Mädchen errichtet werden sollte. Der Kirchenbau, der zudem später verändert wurde, dürfte nach archivalischen Indizien nach 1580 begonnen und 1586 vollendet worden sein.

Die durch ein unverkröpftes Horizontalgesims strikt in zwei Geschosse geteilte, übergiebelte Fassade beschränkt sich auf eine rahmende Gliederung durch flache Doppelpilaster. Lediglich das von

Unten: Die Urheberschaft Andrea Palladios an der Kirche „Le Zitelle" in Venedig wird erstmalig im 17. Jahrhundert erwähnt. Die Kirche ist dem Institut „alla Presentazione della Vergine" angegliedert.

Halbsäulen flankierte und durch einen kräftig aus der Wand hervortretenden Giebel abgeschlossene Portal setzt einen nachdrücklichen plastischen Akzent. Das Obergeschoß öffnet sich in einem weitgespannten Thermenfenster. Die Silhouette des Gesamtbaues mit den kleinen Glockentürmen über der Fassade und der dominierenden Kuppel erinnert an Palladios spätesten Kirchenbau, den Tempietto bei der Villa Maser.

Erst zu Beginn des 17. Jahrhunderts wird die Kirche als nach einem Modell Palladios errichtet bezeichnet. Eine von A. Visentini erhaltene Fassadenzeichnung nach Palladio zeigt enge Beziehungen zu Le Zitelle, dürfte aber ein früheres Stadium der Planung wiedergeben. Die Fenster des Untergeschosses sind mit dem übergiebelten Portal in harmonischen Einklang gebracht, Türme und Kuppel fehlen. Horizontale und vertikale Richtungswerte stehen in vollkommenem Ausgleich. Der ausgeführte Bau widerspricht dieser Zeichnung in verschiedener Hinsicht. Es ist daher mehr als wahrscheinlich – wenn man bereit ist, der Zeichnung Visentinis zu unterstellen, daß sie einen Entwurf Palladios wiedergibt –, daß Jacopo Bozzetto, der ausführende Architekt, eine Redaktion dieses Entwurfes vorgenommen hat, der in die frühen sechziger Jahre des 16. Jahrhunderts zu datieren wäre. Mit Sicherheit kann eine solche Annahme natürlich nicht verfochten werden, solange es an gesicherten Dokumenten fehlt.

Der Bau der Kirche „La Zitelle" wurde zum größten Teil während des 18. Jahrhunderts ausgeführt. Dennoch dürfen wir, da deren Fassade trotz stilistischer Unstimmigkeiten palladianisches Formengut aufweist, immerhin mutmaßen, daß Andrea Palladio zumindest am Entwurf der Fassade beteiligt war.

»Unter einem wirtschaftlich-gesellschaftlichen Gesichtspunkt waren in Venedig zur Zeit des größten wirtschaftlichen Aufschwungs die Vorzüge und Fehler einer modernen Großstadt vereint. Auch wenn ein Großteil der Bewohner, die sich dort zusammendrängten, eine Arbeit hatten..., blieben die Unterschiede doch beträchtlich. Sie wurden noch durch eine Welle des Konsumrausches verschärft... Diese Welle hob jedoch die Lebensbedingungen der Armen noch mehr hervor, die zwar durch ein 1529 erlassenes Gesetz zur Regelung der öffentlichen Fürsorge geschützt waren, aber aufgrund der Hungersnöte und der Steigerungen des Getreidepreises zeitweise schlimmen Beschränkungen ausgesetzt waren.«
(Alvise Zorzi, 1985)

Teatro Olimpico
Piazza Matteotti (Vicenza)

Seit der Konstituierung der Olympischen Gesellschaft in Vicenza, zu deren Gründungsmitgliedern Palladio gehörte, hatte man sich mit Theateraufführungen in dem Hause der Akademie, der »Casa academica« begnügt, großenteils unter Verzicht auf einen Bühnenapparat. In den siebziger Jahren des 16. Jahrhunderts begannen Pläne für die Errichtung eines Theaterbaues konkrete Formen anzunehmen. 1579 wurde ein Gelände im Bereich der aufgelassenen Festung erworben. Am 15. Februar 1580 folgte der Beschluß zur Ausführung des Theaters. Palladio wurde um Entwürfe und ein Modell gebeten, und schon am 20. Februar 1580 konnte mit den Bauarbeiten begonnen werden. Leider haben wir keine Vorstellung von dem Modell. Lediglich eine Zeichnung der Bühnenfassade, der »scenae frons«, überliefert uns Palladios Idee.

Daß der Architekt offenbar in kürzester Zeit den Entwurf liefern konnte, hat in einer mehr als zwei Jahrzehnte währenden Auseinandersetzung mit der Aufgabe einer Theatergestaltung seinen Grund. Die früheste Beschäftigung mit dem Thema des Theaterbaus schlägt sich in dem Versuch einer Rekonstruktion von Vitruvs Theater nieder, die

Schnitt durch das Teatro Olimpico. Palladio konnte den Entwurf zum Teatro Olimpico in relativ kurzer Zeit liefern. Grund dafür war die zwanzig Jahre zuvor begonnene Auseinandersetzung mit der Aufgabe einer Theatergestaltung. In dieser Zeit versuchte er gemeinsam mit Daniele Barbaro eine Rekonstruktion des Vitruvschen Theaters.

Palladio als Holzschnitt für die 1556 erschienene Vitruv-Ausgabe von Daniele Barbaro lieferte. Sie basiert auf Studien der antiken Theaterruinen in Verona, Rom, Pola und Vicenza selbst. Dabei sind die Straßenperspektiven, die in den Bogengängen erscheinen, lediglich auf Flächen aufgezeichnet. Schon 1558 hatte Palladio die Bühnenausstattung für die »antiken olympischen Spiele« der Akademie entworfen. Herkules, der Gründer der Olympischen Spiele, sollte gefeiert werden. Wir haben keine bildliche Vorstellung von Palladios in diesem Rahmen entwickelten Ideen, und auch die schriftliche Überlieferung bietet uns keinen nur einigermaßen klaren Hinweis. Aus Fresken der neunziger Jahre sind wir in groben Umrissen über das Aussehen einer 1561–62 im Saal des Palazzo della Ragione, der sogenannten Basilica, aus Holz gefertigten und wohl bald zerstörten Anlage unterrichtet. Sie scheint gewisse Grundzüge des späteren Teatro Olimpico vorweggenommen zu haben. Schließlich hatte Palladio 1564–65 in Venedig für die Compagnia della Calza degli Accesi ein »Halb-Theater aus Holz« ausgeführt, das offenbar im Kreuzgang des Klosters der Carità stand. Vasari notiert, Palladio habe »den Herren der Compagnia della Calza ein hölzernes Amphitheater in Form eines Kolosseums gebaut«. Die Frage, ob es sich hier wirklich um ein über elliptischem Grundriß errichtetes, allseitig von ansteigenden Sitzreihen umgebenes Theater nach dem Vorbild des Kolosseums oder des Marcellustheaters in Rom handelt, muß offenbleiben. Vermuten darf man eine mehrstöckige Außenfassade.

Jedenfalls konnte Palladio 1580 bei den Entwürfen zum Teatro Olimpico auf eine Fülle vorangehender Überlegungen zurückgreifen. Er plante eine überaus reich durchgegliederte, in Holz errichtete Bühnenwand in drei Geschossen, die vielfältig gegeneinander differenziert werden. Das Untergeschoß präsentiert sich in Form eines erweiterten Triumphbogenmotivs: Freistehende Säulen vor Pilasterrücklagen bilden links und rechts je drei Achsen, deren mittlere von einer rechteckigen Tür durchbrochen sind, während die seitlichen von Tabernakelnischen

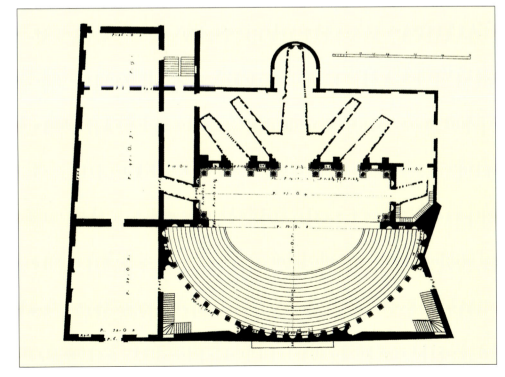

Grundriß des Teatro Olimpico. Die Olympische Gesellschaft Vicenzas war maßgebend für die Vergabe eines Auftrages zur Gestaltung eines Theaters. Bei Palladios Tod 1580 muß ein Großteil des Entwurfes ausgeführt gewesen sein. Für die Straßenperspektiven zeigte die Olympische Gesellschaft zunächst wenig Verständnis. Der Regisseur Angelo Ingegneri legte die Einrichtung der geplanten Straßenperspektiven für die Aufführung des Dramas »Oedipus Rex« nahe.

S. 228/229: Die Gestaltung des oberen Abschlusses des Zuschauerraumes fand im Jahre 1914 statt. Dem ursprünglichen Entwurf dürfte diese Lösung weitgehend entgegenkommen, da auch an anderer Stelle des Theaters die Illusion eines Freiraumes angestrebt wird.

Auch im Zuschauerraum wird auf die Illusion eines Freiraumes angespielt: Er ist mit einer Kolonade umgeben, deren Interkolumnien zum Teil – wie in dieser Ansicht – geöffnet sind. In die übrigen Interkolumnien sind mit Statuen versehene Nischen eingelassen.

mit vorgestellten kleineren Säulen und Dreieckgiebeln eingenommen werden. Das Zentrum dieser »scenae frons« bildet ein breiter Rundbogen auf ebenfalls freistehenden Säulen, der beträchtlich in das mittlere Geschoß hineinragt. Dieses ist etwas niedriger gehalten und zugleich im Maß der plastischen Modellierung zurückgenommen. Halbsäulen vor Pilasterrücklagen flankieren in den seitlichen Achsen drei maßstäblich gleiche Figurentabernakel, die aber gleichwohl rhythmisiert werden: Während die seitlichen Nischen in segmentbogenförmigen Giebeln schließen, erhält der jeweils mittlere einen Dreieckgiebel. Das Gesims oberhalb dieses mittleren Geschosses wiederholt prinzipiell die Profile des zwischen die beiden Untergeschosse eingeschobenen Gebälks, aber in Entsprechung zu der Abnahme der Geschoßhöhe in reduzierten Ausmaßen. Den oberen Abschluß bildet, in Höhe und plastischer Modellierung wiederum zurückgenommen, eine Art von Attikageschoß, dessen Achsen lediglich durch Pilaster getrennt werden, zwischen denen die Wandfelder sich nicht mehr in schattenfangende Nischen öffnen, sondern für Reliefdarstellungen bestimmt sind.

Von unten nach oben zeigt sich also ein »Diminuendo« in den Abmessungen und in der Modellierung der Wand. Daß im Reichtum der

Die »Scenae frons« des Teatro Olimpico: Durch Ansteigen des Fußbodens und die allmähliche Verengung der Straßenfluchten wird die ungeachtet der reichen Durchgliederung doch geschlossene Bühnenwand aufgebrochen. In den oberen Relieffeldern sind Szenen aus dem Leben des Herkules dargestellt.

Variation alle Einzelheiten sowohl aufeinander bezogen als auch miteinander verknüpft sind, ist in Anbetracht der vorangehenden Werke Palladios selbstverständlich. Nie zuvor aber hatte Palladio horizontale und vertikale Richtungswerte in ein derart differenziertes und dichtes Netz von einander durchdringenden Elementen gesetzt.

Der reiche Schmuck mit Skulpturen aus Stuck war von Anfang an eingeplant, dürfte aber nicht Palladios besonderes Interesse gefunden haben. Die Statuen in den Nischen stellen Mitglieder der Akademie in antikisierenden Gewändern dar. Wie im Zusammenhang anderer Werke Palladios sind hier unter anderem Agostino Rubini, Ruggero Brascate und Domenico Fontana tätig gewesen. Das abschließende Attikageschoß schmücken Reliefs mit den Taten des Herkules, des Patrons der Olympischen Gesellschaft in Vicenza, von Agostino Caneva.

Rechtwinklig in Richtung des Zuschauerraumes vorspringende Zungenwände begrenzen das Proszenium seitlich. Sie sind in Anlehnung an die Bühnenfassade, aber entsprechend der reduzierten Ansichtigkeit etwas weniger aufwendig durchgebildet.

Dagegen treten Bühnenfront und Zuschauerraum in einen lebhaften

Gegensatz zueinander. Um das Halbrund der »Orchestra« steigen die Stufen des Zuschauerraumes auf. Dieser wird nach rückwärts von einer Säulenstellung korinthischer Ordnung begrenzt, die teilweise geschlossene, teilweise geöffnete Interkolumnien zeigt. Auch hier hat der Architekt wiederum lebhaft rhythmisiert: Auf drei geschlossene Felder folgen sieben geöffnete, in der Mitte neun geschlossene, auf der anderen Seite erneut der Wechsel von sieben und drei. In die geschlossenen Felder sind Nischen eingetieft, die alternierend rundbogig und rechtwinklig schließen. In ihnen stehen ebenfalls Statuen aus Stuck. Auf der das gesamte Halbrund nach hinten und oben abschließenden durchbrochenen Balustrade steht eine weitere Folge von stuckierten Figuren, die als Überleitung in den offenen Himmel gedacht sind. Damit stellt sich die Frage nach dem ursprünglich geplanten oberen Abschluß des Zuschauerraumes. Die heutige Lösung als Flachdecke mit Himmelblau und leichter Bewölkung stammt aus dem Jahre 1914. Sie dürfte aber den Plänen des 16. Jahrhunderts nahekommen, da ohne Zweifel die Illusion eines nach oben geöffneten Raumes beabsichtigt war, wie auch die das Zuschauerrund abschließende Kolonnade auf die Situation in einem Freiraum anspielt.

Palladio hat die Vollendung des Teatro Olimpico nicht mehr erlebt. Trotz eines offenbar zunächst zügig voranschreitenden Bauverlaufes zog sich die Vollendung des Ganzen über mehrere Jahre hin. Am 6. Mai

Unten links und rechts: Die »Scenae frons« des Teatro Olimpico ist reich mit in Nischen eingestellten Statuen geschmückt. Eine Verpflichtung der Mitglieder der Olympischen Gesellschaft aus dem Mai des Jahres 1580 sah vor, daß jedes Mitglied sich auf eigene Kosten eine Statue aus Stuck anfertigen lassen solle, die in die Nischen des Aufbaues zu stellen sei.

1584 wurde ein Vertrag mit Vincenzo Scamozzi abgeschlossen, der eine Reihe von Änderungen an dem ursprünglichen Projekt vornahm. Er zog, in Fortsetzung der rückwärtigen Kolonnade, die seitlichen Wände zwischen Zuschauerraum und Proszenium ein, das auf diese Weise in einen abgeschlossenen Bühnenraum verwandelt wird. Seine Selbständigkeit betont die wenig originelle Kassettendecke. Bewirkte Scamozzi auf diese Weise eine Zweiteilung der vermutlich von Palladio beabsichtigten Einheit von Proszenium und Zuschauerraum, so griff er auch nachdrücklich in die Gesamtwirkung der Bühnenfassade ein. Erst damals, nachdem weiteres Gelände angekauft worden war, wurden die kunstvoll perspektivisch verkürzten Straßeneinblicke durch die Zugänge der »scenae frons« geschaffen. Durch Ansteigen des Fußbodens und allmähliche Verengung der Straßenfluchten, an denen in reichem Wechsel Tempel, Paläste und Häuser als Attrappen aufgestellt sind, wird die ungeachtet der reichen Durchgliederung doch geschlossene Bühnenwand aufgebrochen. Um diesen Effekt noch zu vergrößern, hat Scamozzi offenbar die seitlichen Durchgänge erhöht, über denen Palladio Relieffelder vorgesehen hatte, und auch die Öffnungen in den seitlich vorspringenden Wänden in diese illusionistische Raumerweiterung mit einbezogen.

1584 konnte das Theater mit einer Aufführung der Tragödie »Ödipus Rex« von Sophokles eingeweiht werden.

Die Statuen in den Nischen stellen niemand anders dar als die Mitglieder der Olympischen Gesellschaft höchstpersönlich. In ihren Nischen treten sie in antikisierenden Gewändern auf. Das Ruhmbedürfnis der Stifter und der augenscheinliche Wunsch, einen Tugendspiegel als ikonographisches Programm zu konstituieren, durchdringen einander.

Tempietto Barbaro
Maser (Treviso)

Am Ende seines Lebens erhielt Palladio die Gelegenheit zur Errichtung eines kirchlichen Zentralbaues: des Tempietto Barbaro in Maser. Die Verbindung einer »Tempelfront« mit einem Kuppelbau verweist auf das Vorbild des Pantheon in Rom. Tatsächlich allerdings durchdringen sich im Grundriß zwei Formen des Zentralbaues: der Kreis und das griechische Kreuz. Der Außenbau, heute zwischen Gartenmauern eingeengt, ist ganz auf die Fassade hin angelegt. Ein weit vorgezogener Portikus von ungewöhnlich steilen Proportionen leitet mit den Giebelschrägen in zwei kleine Glockentürme über, die ihrerseits die aufsteigende Tendenz an die Kuppel weitergeben. Die fünf Interkolumnien werden von Pfeilern gerahmt, die sich durch Entasis (Schwellung des Schaftes) und Verjüngung den mittleren vier Säulen angleichen. Ursprünglich dürfte die Fassade sich auf einen kleinen Platz geöffnet haben.

»So lesen wir, daß die Alten bei der Erbauung der Tempel bemüht waren, den passenden Schmuck zu beachten, in dem der schönste Teil der Architektur besteht. Und so suchen auch wir, die wir keine solch falschen Götter besitzen, das Vollkommenste und Hervorragendste aus, um dem schicklichen Schmuck hinsichtlich der Tempelform zu genügen. Und weil dies die Kreisform ist, so machen wir unsere Tempel rund.«
(Andrea Palladio, 1570)

Der Raum zeigt zwischen acht gleichmäßigen Halbsäulenvorlagen abwechselnd tiefe Nischen über rechteckigem Grundriß und geschlossene Wandfelder mit Figurentabernakeln. Ein ununterbrochen durchlaufendes Gesims, dessen Profilierung – drei flache, durch Eierstäbe gegeneinander abgesetzte Bänder – von den Arkadenbögen übernommen wird, schließt den Unterbau ab. Ein vermutlich nicht im Sinne Palladios reich mit Puttenköpfen und Ranken dekoriertes Gebälk und eine durchbrochene Balustrade bilden den Übergang zur Kuppelwölbung. Der leicht nach außen verschobene Ansatz der Kuppel wird nicht sichtbar – in Fortsetzung der für die Vierungskuppel von San Giorgio Maggiore konzipierten Lösung scheint sie über dem Raum zu schweben, Inkunabel verwandter Lösungen im Spätbarock.

Sosehr man versucht ist, aufgrund der allgemeinen Disposition an das römische Pantheon zu denken, sosehr macht ein vergleichender Blick

Grundriß und Ansicht des Tempietto nach Bertotti-Scamozzi. „Die vollkommenste und hervorragendste Form der Gotteshäuser ist die runde . . .; da sie schließlich in allen ihren Teilen gleich weit vom Mittelpunkt entfernt ist, ist sie am geeignetsten, die Einheit, das unendliche Wesen, die Gleichförmigkeit und die Gerechtigkeit Gottes zu bezeugen."
(Andrea Palladio, 1570)

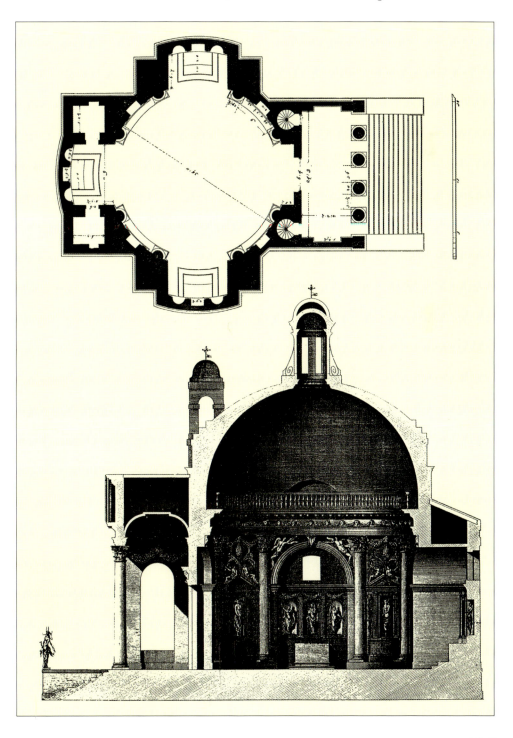

235

Rechts: In dem als Zentralbau konzipierten Tempietto Barbaro wird die Eingangsseite deutlich betont. Auf dieser Seite ist dem Gebäudekern eine „Tempelfront" vorgelegt. Zwei kleine Glockentürme betonen die Eingangsseite um ein Weiteres.

S. 236: Der Tempietto Barbaro ist das letzte Projekt Andrea Palladios. Im Auftrage Marcantonio Barbaros entstand dieser Sakralbau direkt neben der Villa Barbaro in Maser.

die Unterschiede deutlich: In dem antiken Bau erscheinen aufgehendes Mauerwerk und Wölbung als Teile eines einheitlichen, festen, wenn auch im einzelnen reich durchgliederten Raummantels. Palladio setzt in seinem Spätwerk die beiden Formen Zylinder und Halbkugel durch die mehrfache Betonung der Horizontalen deutlich gegeneinander ab und trennt darüber hinaus in eine plastisch greifbare irdische und eine lichterfüllte, für den Blick nicht präzise meßbare himmlische Zone.

Die überreiche Stuckdekoration aus dem Umkreis des Bildhauers Alessandro Vittoria kann nicht in der Absicht Palladios gelegen haben. Mit Recht konnte über den Raum in seiner endgültigen Erscheinung gesagt werden: »Dieses respektlose Kind des Pantheon hat mehr mit dem Rokoko gemein als mit römischer Architektur« (J. S. Ackerman).

Nachwirkung
Palladio und die Folgen

Palladio hat durch seine Selbstäußerungen jeden Interpretationsansatz in Richtung auf die Vorbildlichkeit der Antike gelenkt – oder doch wenigstens die Antike als einzigen adäquaten Maßstab zur Beurteilung seiner eigenen Werke nahegelegt. Aber kein Meister entwickelt sich unabhängig von dem künstlerischen Umfeld, in dem er aufwächst. Entsprechend lassen sich im Kontext der damals zeitgenössischen oder kurz voraufgehenden Architektur die Wurzeln der Stilbildung Palladios aufspüren. In seinen frühen Villenbauten, etwa der Villa Godi in Lonedo, setzt Palladio nicht nur den im Veneto ausgeprägten Typ der Zweiturmvilla fort, sondern greift auch in der rhythmischen Zueinanderordnung von geschlossenen Wandflächen und Öffnungen auf Vorbilder seiner Lehrergeneration zurück. Die plastische Durchgliederung der Wand tritt hinter der dominierenden Fläche zurück.

In den folgenden Jahren kehrt Palladio das Verhältnis zwischen Seitenteilen und Mittelbau um: Nicht mehr die Eckrisalite treten nach vorn, sondern die Mittelachse, die zudem durch einen Giebel ausgezeichnet wird. Dabei kann der Mittelteil sich entweder in Form des sogenannten Serliana-Motivs (Villa Forni-Cerato in Montecchio Precalcino) – oder in drei gleichmäßigen Rundbogenstellungen öffnen (Villa Gazzotti-Grimani in Bertésina). Erstmals zeichnet sich eine Tendenz zur Betonung des Volumens und zur Zentrierung ab. Erst 1552, in der Villa Pisani in Montagnana, und ein Jahr später in der Villa Cornaro in Piombino Dese, wählt Palladio einen doppelgeschossigen Portikus zur Hervorhebung des Mittelbaues, 1554 in der Villa Chiericati in Vancimuglio eine »kolossale« Säulenordnung unter einem Giebel, eine »Tempelfront«, als beherrschendes Motiv. Die Eindrücke, die die Studien in Rom hinterlassen hatten, sind im gesamten wie in der Durchbildung des Details unverkennbar, andererseits sollten wir nicht vergessen, daß schon 1472 Leone Battista Alberti für die Kirche San Sebastiano in Mantua eine übergiebelte Säulenordnung vorgesehen und Giuliano da Sangallo in den achtziger Jahren des Quattrocento der Fassade der Villa Poggio a Caiano bei Florenz eine fünfachsige Säulenstellung mit bekrönendem Giebel integriert hatte.

Jeder Versuch, in Palladios Werk entweder eine invariable Konstante oder in seiner Entwicklung eine unveränderliche Richtung aufzuspüren,

Titelkupfer von Andrea Palladios »I Quattro Libri dell' Architettura«, die 1570 in Venedig erschienen. Im Jahr 1698 erschienen die ersten beiden Bände in einer deutschen Übersetzung von G.A. Böckler. Weitere Übersetzungsversuche blieben in den Ansätzen stecken. Erst in unserem Jahrhundert wurde Palladios Werk von Andreas Beyer und Ulrich Schütte vollständig ins Deutsche übertragen (1983).

muß scheitern. Erstens war Palladios künstlerisches Temperament zu beweglich, um nicht stets neue Eindrücke aufzunehmen und zu verarbeiten – jene Fähigkeit, die Goethe vermutlich mit dem Begriff der »Versabilität« umschrieb –, und zweitens reagierte er überaus sensibel auf die jeweiligen Bedingungen, die die Auftraggeber, die Funktion eines Bauwerkes und dessen Lage stellten.

Um 1542 erhält Palladio seinen vermutlich ersten Auftrag zum Bau eines Stadtpalastes, nämlich des Palazzo Thiene in Vicenza. Bereits in dieser frühen Phase zeigt Palladio seine Fähigkeit, sich auf Bedürfnisse und Ansprüche der Auftraggeber einzustellen. Seine Auseinandersetzung mit der zeitgenössischen Architektur sei in diesem Zusammenhang nicht übersehen. Namentlich seine Sympathie für das Formengut Giulio Romanos vermag er nicht zu verhehlen. Dennoch geht er über eine reine Motivübernahme – beispielsweise das mit Kragsteinen eingefaßte Fenster – hinaus und benutzt das Motiv, indem er mit den Kragsteinen Säulen umschließt, zur Bekräftigung seiner eigenen architektonischen Aussage.

Mit den Loggien für den Palazzo della Ragione in Vicenza, der sogenannten Basilica, erreicht Palladio den ersten Höhepunkt seines Schaffens. Die Basilica, neben der Villa Rotonda und der Kirche Il Redentore das Werk mit der vielseitigsten Nachfolge, bietet uns gleichsam den Maßstab für Palladios Verhältnis zur römischen Antike. Die Verwendung antikisierender Einzelformen bedarf nicht der Erläuterung. Daß die Übereinanderordnung gleichmäßig ausgebildeter Bogenstellungen an römische Theaterbauten der Antike, etwa das Kolosseum oder das Marcellus-Theater, erinnert, ist ebenso richtig wie die Feststellung, daß auf die dorische Säulenordnung im Untergeschoß die ionische im Obergeschoß folgt. Aber bleiben solche Hinweise nicht zu oberflächlich? Die antikisierenden Details sind damals längst Allgemeingut der italienischen Architektur geworden, der Rückgriff auf die geschoßweise wechselnden Säulenordnungen findet sich bereits seit längerer Zeit im kirchlichen (Santa Maria dele Carceri in Prato, 1484 bis 1495 von Giuliano da Sangallo) wie im profanen Bereich (vor 1546 im Hof des Palazzo Farnese in Rom von Giuliano da Sangallo dem Jüngeren). Wichtig erscheint hier der Hinweis auf die oberitalienische Tradition: Das Motiv der doppelgeschossigen Loggien findet sich beispielsweise am Palazzo della Ragione in Padua. 1420–35 errichtet, entspricht hier zwar einer Bogenstellung im Erdgeschoß ein Doppelbogen im Obergeschoß, aber das Motiv ist vorgegeben – und mehr als dieses: Bereits dort finden sich die Oculi in den Zwickeln der Bogenstellungen. Daß Palladio das Motiv aus Padua übernahm, dürfte nicht zu bezweifeln sein. Wichtiger noch als Bezugspunkt ist die 1532 von Jacopo Sansovino begonnene Bibliothek auf dem Markusplatz in Venedig: Sansovino unterscheidet zwar zwischen der Loggia des Erdgeschosses und den Fensterfolgen des Obergeschosses, aber er bietet die Vorstufe zu jener Form, die man künftig als »Palladio-Motiv« bezeichnen wird: In den Fensterachsen ist jeweils eine Serliana angedeutet, die aber entgegen der Tradition in den Raum, d. h. in die dritte Dimension projiziert wird, indem jeweils zwei Säulen *hintereinander* gestellt werden. Auf der Folie solcher Vorbilder wird Palladios eigenschöpferische

---

»Vor einigen Stunden bin ich hier angekommen, habe schon die Stadt durchlaufen, das Olympische Theater und die Gebäude des Palladio gesehen. Man hat ein sehr artiges Büchelchen mit Kupfern zur Bequemlichkeit der Fremden herausgegeben mit einem kunstverständigen Texte. Wenn man nun die Werke gegenwärtig sieht, so erkennt man erst den Wert derselben: denn sie sollen ja durch ihre wirkliche Größe und Körperlichkeit das Auge füllen und durch die schöne Harmonie ihrer Dimensionen nicht nur in abstrakten Aufrissen, sondern mit dem ganzen perspektivischen Vordringen und Zurückweichen den Geist befriedigen; und so sage ich vom Palladio: er ist ein recht innerlicher und von innen heraus großer Mensch gewesen.«
(Johann Wolfgang von Goethe, 19. Sept. 1786 in Vicenza)

»Kein Architekt des 16. Jahrhunderts hat dem Altertum eine so feurige Hingebung bewiesen wie er, keiner auch die antiken Denkmäler so ihrem tiefsten Wesen nach ergründet und dabei noch so frei produziert. Er beinahe allein hat sich nie an einen dekorativen Einzeleffekt gehalten, sondern ausschließlich von der Disposition und von dem Gefühl der Verhältnisse aus seinen Bauten organisiert.«
(Jacob Burckhardt, »Der Cicerone«, 1855)

»Die höchste Schwierigkeit, mit der dieser Mann wie alle neueren Architekten zu kämpfen hatte, ist die schickliche Anwendung der Säulenordnungen in der bürgerlichen Baukunst; denn Säulen und Mauern zu verbinden, bleibt doch immer ein Widerspruch. Aber wie er das untereinander gearbeitet hat, wie er durch die Gegenwart seiner Werke imponiert und vergessen macht, daß er nur überredet! Es ist wirklich etwas Göttliches in seinen Anlagen, völlig wie die Farce des Dichters, der aus Wahrheit und Lüge ein Drittes bildet, dessen erborgtes Dasein uns bezaubert.«
(Johann Wolfgang von Goethe, 19. 9. 1786, Vicenza)

Leistung erst recht deutlich: Er schafft durch die *gleichmäßige* Ausbildung von Ober- und Untergeschoß ein höheres Maß an Einheit, und indem er die waagerecht abgeschlossenen Interkolumnien zu echten Öffnungen erweitert, bildet er eine Raumhülle, die jetzt ihrerseits von Raum durchdrungen, gleichsam mit Raum durchsetzt ist. Außen- und Innenraum sowie die gegliederte Wand bilden Teile eines gemeinsamen Ganzen.

Was bleibt jenseits der Übernahme von Einzelformen aus dem Bereich der antiken römischen Architektur an Vorbildlichkeit des von Palladio so gepriesenen Altertums übrig? Es ist jene unabhängig von einzelnen formalen Anleihen jedem Werke Palladios innewohnende Gesetzmäßigkeit, die der von ihm so hochverehrte Vitruv etwa folgendermaßen umschrieb: daß in einem guten Bauwerk jeder Teil ebenso in harmonischer Übereinstimmung mit dem benachbarten Teil wie mit dem Ganzen stehen müsse. In diesem übergreifenden Prinzip hat sich Palladio der Antike verwandt gefühlt.

In dieser Gesetzlichkeit unterscheidet sich Palladio zugleich von seinen Vorbildern. Unter Verzicht auf jedes dekorative Beiwerk bildet er sowohl die beiden Geschosse als auch die Abfolge der Bogenstellungen in völliger Übereinstimmung aus. Horizontale und Vertikale werden im absoluten Gleichmaß gehalten, das Gesims zwischen den Geschossen hat sowohl eine klar trennende als mittels der Verkröpfung auch eine verbindende Funktion, im Gegensatz etwa zu Sansovinos venezianischem Bibliotheksbau.

Mit dem Palazzo Iseppo Porto wird der Blick wieder auf die Antike zurückgelenkt. In dem vermutlich 1549/50 begonnenen Projekt versuchte Palladio, die Raumgliederung der Alten – in seinem Traktat erwähnt er besonders die Griechen – wieder aufleben zu lassen. Das bezieht sich sowohl auf die Konzeption des Peristylhofes als auch auf die strikte Trennung des Wohnbereiches des Hausherren von jenem seiner Gäste.

Die Fassade des Palazzo Iseppo Porto hingegen ist aus den Formgedanken von Palladios eigener Zeit heraus geboren. Das Untergeschoß und das Piano nobile sind deutlich voneinander getrennt: Die Rustikaquaderung des Untergeschosses tut ein übriges, um diese Trennung vor Augen zu führen, eine Trennung, die sicherlich auch den unterschiedlichen Bedeutungen der beiden Geschosse entgegenkommt.

In den Werken seiner Reife- und Spätzeit jedoch wendet sich Palladio der Idee der Zusammenfassung einer Fassade durch eine ungebrochene vertikale Gliederung zu und beginnt, die spezifisch manieristische Zergliederung der Wandflächen zugunsten von übergreifender Einheit zu überwinden. Daß Palladio prinzipiell die Idee der Zusammenfassung einer Fassade durch eine ungebrochene vertikale Gliederung aufnimmt und entwickelt, beweisen die Werke seiner Reife- und Spätzeit; die Villa Barbaro in Maser, für die in den Jahren 1557/58 die Entwürfe entstehen, akzentuiert den Hauptbau durch eine kolossale Säulenordnung, die sich dem Blick frontal darbietet. Als weitere Beispiele seien genannt: die Fassade der Kirche San Giorgio Maggiore in Venedig, der 1565 projektierte Palazzo Valmarana in Vicenza, in verschiedenen Varianten dann die Spätwerke wie die Loggia del Capitaniato und der Palazzo Porto-

»Allerdings ließ ihm bei den Palästen der vicentinische Adel eine Freiheit, wie sie jetzt keinem mehr gegönnt wird; die Bequemlichkeit wurde der Schönheit des Grundrisses, der Fassade und des Hofes mannigfach aufgeopfert.«
(Jacob Burckhardt, »Der Cicerone«, 1855)

Breganze in Vicenza, die Villa Sarego in Santa Sofia die Pedemonte und die Fassade der Kirche Il Redentore in Venedig.

1560 gelang es Palladio erstmals, in Venedig Fuß zu fassen, und zwar auf dem Gebiet des Kloster- und Kirchenbaues. Auf die Ausführung des Kreuzganges von Santa Maria della Carità (1560–61) und des Refektoriums von San Giorgio Maggiore (1560–1562) sowie den Entwurf zur Fassade von San Francesco della Vigna (nach 1562) folgt 1565 der Auftrag zur Ausführung der Benediktinerklosterkirche San Giorgio Maggiore, 1576/77 als Krönung seiner Tätigkeit auf dem Gebiet des Kirchenbaues die Planung der Votivkirche Il Redentore. Daß Palladio, dessen architektonische Vorstellungen im Gegensatz zur venezianischen Tradition stehen, jetzt doch im Zentrum der Republik mit den repräsentativsten Aufgaben bedacht wird, dürfte nicht nur an den freundschaftlichen Beziehungen zum venezianischen Patriziat liegen. Tatsächlich gab es in Oberitalien nach der Mitte des 16. Jahrhunderts weder in künstlerischer noch technischer Hinsicht einen ernsthaften Konkurrenten. Das traditionelle Schema der Kreuzkuppelkirche hatte in Bauten wie San Salvatore in Venedig (1507–34, vermutlich nach Entwürfen Tullio Lombardis und unter Beratung durch Jacopo Sansovino ausgeführt) und Santa Giustina in Padua (1532 von Andrea Moroni begonnen) eine abschließende Verfeinerung erfahren. Der beratende Architekt der Republik, Jacopo Sansovino, konnte schon 1553 beim Beginn der Neubauarbeiten für die Kirche San Guliano in Venedig keine innovativen Gedanken beisteuern: Es entstand ein schlichter Saalbau mit drei Kapellen am Presbyterium. Die Wahl Palladios dürfte aber nicht nur im Hinblick auf seinen allseits gefestigten Ruf erfolgt sein, sondern auch aufgrund der besonderen Voraussetzungen: Sowohl bei San Giorgio Maggiore als auch beim Redentore waren städtebauliche Bedingungen in hohem Grade zu berücksichtigen. Die Fassaden hatten über den Bacino di San Marco beziehungsweise über den Canale di Giudecca hinweg die optische Beziehung zur Piazzetta di San Marco herzustellen. Und kein anderer Architekt seiner Zeit war durch die Berücksichtigung landschaftlicher oder städtebaulicher Situationen, durch Einrechnung eines entfernten und variablen Betrachterstandpunktes für diese Aufgabe in gleichem Maße prädestiniert wie Palladio.

Palladio hat seine Aufgaben mit der Souveränität eines scheinbar durch langjährige Erfahrungen geprägten Spezialisten bewältigt. Obwohl die beiden großen Kirchenbauten typologisch grundverschieden sind – San Giorgio Maggiore folgt dem Schema einer dreischiffigen, kreuzförmigen Basilika, der Redentore dem Prinzip eines Saalraumes mit zentralisierendem östlichem Abschluß –, vertreten sie eng verwandte gestalterische Kennzeichen: In beiden Fällen strebt Palladio einen hell durchlichteten Einheitsraum an, hier wie dort wird die Wand als Summe plastisch kräftig entwickelter Einzelelemente erfahren, in beiden Bauten bemüht sich Palladio um eine Durchdringung von Längs- und Zentralbau. Dabei darf der Redentore als die höher differenzierte Form von San Giorgio Maggiore angesehen werden.

Ungeachtet der so verschiedenartigen Bedingungen von Situation, Funktion und materiellen Möglichkeiten des jeweiligen Auftraggebers stellt sich für die Werke Palladios gleichermaßen die Frage nach der

»An den ausgeführten Werken Palladios, besonders den Kirchen, habe ich manches Tadelnswürdige neben dem Köstlichsten gefunden. Wenn ich nun so bei mir überlegte, inwiefern ich recht oder unrecht hätte gegen einen solchen außerordentlichen Mann, so war es, als ob er dabei stünde und mir sagte: Das und das habe ich wider meinen Willen gemacht, weil ich unter den gegebenen Umständen nur auf diese Weise meiner höchsten Idee nahekommen konnte.«
(Johann Wolfgang von Goethe, 6. Okt. 1786 in Venedig)

»In seinen Kirchenbauten ... ist Palladio – zunächst betreff der Fassaden – gegenüber dem bisher vielgliedrigen System der Venezianer, welchem sich noch Jacopo Sansovino anbequemt hatte, ein großer Neuerer ...
Die strenge Einfachheit des Details, die beständige Berechnung der Teile auf das Ganze bringt bei ihm immer einen zwingenden Eindruck hervor.«
(Jacob Burckhardt, »Der Cicerone«, 1855)

»Bevor man mit dem Bauen beginnt, soll man sorgfältig jeden Teil des Grundrisses und des Aufrisses des Gebäudes studieren, das errichtet werden soll. Bei jedem Bau sollen, wie Vitruv lehrt, drei Dinge beachtet werden, ohne die ein Gebäude kein Lob verdient. Diese drei Dinge sind: der Nutzen oder die Annehmlichkeit, die Dauerhaftigkeit und die Schönheit. Denn ein Gebäude, das nützlich, aber von geringer Lebensdauer ist oder aber stark und fest, ohne bequem zu sein, oder auch die beiden ersten Bedingungen erfüllt, aber jeder Schönheit ermangelt, kann nicht als vollkommen bezeichnet werden. Annehmlichkeit erzielt man, wenn jedem Teil der ihm angemessene Ort und die Lage zugeteilt werden, die weder geringer sein dürfen, als es seine Würde verlangt, noch größer, als es seinem Gebrauch zukommt; ... Dauerhaftigkeit wird dadurch erreicht, daß man alle Mauern lotrecht errichtet, sie unten breiter als oben macht und mit guten ausreichenden Fundamenten versieht. Darüber hinaus müssen die Säulen genau übereinander stehen und ebenso alle Türen und Fenster, damit Gemauertes über Gemauertem und Leeres über Leerem zu stehen kommt. Schönheit entspringt der schönen Form und der Entsprechung des Ganzen mit den Einzelteilen, wie der Entsprechung der Teile untereinander und dieser wieder zum Ganzen, so daß das Gebäude wie ein einheitlicher und vollkommener Körper erscheint. Entspricht doch ein Teil dem anderem, und sind doch alle Teile unabdingbar notwendig, um das zu erreichen, was man gewollt hat.«
(Andrea Palladio, 1570)

künstlerischen Konstante wie nach der stilistischen Entwicklung. Auf die Konstante wurde bereits hingewiesen: Sie liegt in dem untrüglichen Gefühl für Maß, Gesetzlichkeit und Ordnung, die Palladio mit der Antike verbindet und die er an der Antike bewunderte. Zugleich aber läßt sich ein Weg von erstaunlicher entwicklungsgeschichtlicher Spannweite nicht übersehen, der von den frühen Werken in die Spätzeit führt. In erster Linie strebt Palladio von Jahrzehnt zu Jahrzehnt ein höheres Maß an Einheit an. Erscheint zunächst das Ganze als Summe seiner Teile, also als eine Art von »Addition«, so entwickelt Palladio zunehmend eine Ganzheitsvorstellung, in der die Einzelheiten ihren unverrückbaren Platz erhalten. In seinen Fassaden und Höfen, nicht zuletzt aber in seinen kirchlichen Bauten erreicht Palladio diese Einheit vornehmlich durch eine Zusammenfassung in vertikaler Richtung, in den Grundrissen durch die Tendenz zur Ausbildung eines Zentrums, um das sich die Nebenräume symmetrisch gruppieren, wenn auch ökonomische Bedingungen die Vollendung dieser Ideen häufig verhinderten. Im gleichen Zuge treten die dekorativen Elemente, von Palladio zugunsten der reinen Erscheinung von Architektur von Anfang an nur sparsam verwendet, zunehmend zurück. Wo sie im Spätwerk Palladios in geradezu verschwenderischer Fülle verwendet werden – etwa an den Fassaden des Palazzo Barbarano oder der Loggia del Capitaniato –, sind sie lediglich appliziert, den Flächen nachträglich aufgesetzt, aber niemals aus der Struktur des Baues heraus entwickelt.

Schließlich zeigt sich in den vier Jahrzehnten, in denen wir Palladios Werk verfolgen können, zunehmend eine Tendenz zu plastischer Durchbildung von Fassaden und Räumen, die im Spätwerk bis an die Grenze einer an- und abschwellenden Modellierung von Flächen führt. In dieser Beziehung hat Andrea Palladio eine ähnlich zukunftsweisende Bedeutung wie Michelangelo mit seiner Tätigkeit für die Peterskirche in Rom.

Mit den Fragen nach den Konstanten und den Variablen in Palladios Werk stellt sich zugleich das Problem einer stilgeschichtlichen Einordnung. Als »Klassizist«, der sich vorwiegend an der römischen Architektur der Antike orientiert haben sollte, wäre er am ehesten als ein Nachfahre der Hochrenaissance zu klassifizieren. Tatsächlich führt er die Hochrenaissance in verschiedener Hinsicht weiter. Darauf deutet die immer wieder erneuerte Auseinandersetzung mit der Idee des »reinen« Zentralbaues, den er jedenfalls zweimal – in der Villa Rotonda und im Tempietto bei der Villa Barbaro – in die Wirklichkeit umsetzen konnte. Auch die Konzentrierung des Raumes auf eine beherrschende Kuppel in seinen beiden großen Kirchenbauten läßt sich als Erbe der Hochrenaissance verstehen, und ebenso seine Bewunderung für Michelangelo, sofern wir diesen der von Heinrich Wölfflin so genannten »klassischen Kunst« der nachantiken Stilepochen zurechnen dürfen. Schließlich ist es die Harmonie der jeweils anschaulich aufeinander und auf das Gesamtkonzept bezogenen Teile, die Palladios Werke der Einordnung in seine eigene, heute gemeinhin als »Manierismus« bezeichneten Epoche zu entziehen scheint.

Andererseits erweist sich gerade an dem Phänomen Palladio, wie schillernd dieser Begriff des Manierismus ist.

Denn so sehr sich Palladios Schaffen aus der Epoche der Hochrenaissance herleiten läßt, so sehr erweist er sich in Einzelheiten im Sinne des 16. Jahrhunderts als anti-klassisch. Eine aufmerksame Betrachtung seiner Werke macht das vielfach deutlich: So ist die Durchsetzung einer Wand mit Raum, wie sie für die Basilica in Vicenza »erfunden« wird, weder aus Voraussetzungen der Antike noch der Hochrenaissance erklärbar. Die Verwirklichung des »idealen« Zentralbaues bei gleichzeitiger Umkehrung dieses Gedankens – nämlich zunächst Konzentration des Raumes auf die Mitte hin und dann Einsatz ausschließlich zentrifugaler, nach außen auseinanderstrebender Kräfte –, wie sie die Villa Rotondo bestimmt, darf als ein Grundprinzip manieristischer Kunst gelten: Interpretation eines »klassischen« Modells mit anti-klassischen Mitteln. In verwandter Weise bietet die Villa Rotonda die Synthese eines weiteren Widerspruchs: Das vollkommen gleichmäßig aus- und durchgebildete Modell eines Kubus mit vier Säulenportiken, ein Abstraktum sozusagen, verschmilzt in unübertroffener Weise mit den Vorbedingungen der umgebenden Landschaft: Abstraktes und Konkretes, Rationales und Emotionales durchdringen einander. Ferner: Die Säulenstellungen, die in San Giorgio Maggiore und im Redentore das Presbyterium vom Mönchschor trennen, geben den Blick in eine für das Auge vom Langhaus her nicht meßbare Tiefe frei – tatsächliche und optische Erstreckung treten auseinander. Mit aller Vorsicht sei an die scheinbar unendlichen Tiefenfluchten in der geichzeitigen Malerei, etwa bei Jacopo Tintoretto, erinnert.

Die Reihe von Beobachtungen, die Palladio als einen Künstler des »Manierismus« ausweisen, ließe sich vermehren. Zugleich aber muß die Unzulänglichkeit, weil notwendigerweise mit Verallgemeinerungen arbeitende Kennzeichnung unserer Stilepochen berücksichtigt werden. Denn die Aufhebung von eindeutig definieten Raumgrenzen, das Auseinandertreten von tatsächlichem und optischen Raumquantum sind zugleich grundlegende Kennzeichen des Barock. Und auf die Architektur des Barock weisen ebenso die Tendenz zur Zusammenfassung durch vertikale Blickbahnen wie der Weg von der Betonung der Fläche zur Dominanz plastischer Glieder. In diesem Sinne darf Palladio, zweifellos der bedeutendste europäische Architekt zwischen Michelangelo einerseits, Bernini und Borromini andererseits, als entscheidender Wegbereiter des Barock bezeichnet werden. So sehr Vignola mit dem Bau seiner 1568 begonnenen Kirche Il Gésu in Rom zur Entwicklung der barocken Sakralarchitektur auch beigetragen hat, in der kleinteiligen Zerlegung der Wandflächen sowohl an der Fassade wie im Inneren, mit der eindeutigen Bestimmung der Raumgrenzen bleibt er der Spätrenaissance weitaus tiefer verpflichtet als Palladios Redentore.

Einzelne Werke Palladios haben eine fast unübersehbare Nachfolge in Form von direkten Kopien oder Varianten gefunden. Palladios prägende Kraft für den »style classique«, d. h. den Barock in Frankreich und England, sowie den Klassizismus des späten 18. und frühen 19. Jahrhunderts ist einzigartig.

Aber darüber hinaus sollten wir nicht verkennen, daß Palladio speziell mit seinem Spätwerk den Weg in den gesamten Bereich des so vielfältig differenzierten europäischen Barock öffnet.

»... du bist romantisch, hat Herbert immer zu mir gesagt, wenn ich ihn bat, das Auto zu stoppen, weil ich mir eines dieser Häuser ansehen wollte, irgendwo, er hatte nie einen Blick für sie, er hatte immer Blicke für Kirchen und Palazzi, für seine Palladios und Sansovinos und Bramante, den ganzen kunstgeschichtlichen Tinnef...«
(Alfred Andersch, »Die Rote«, 1960)

»Am meisten aber ist man in dem Hauptpunkt zurückgeblieben, man hat das Eigentliche der Fiktion, das Schickliche der Nachahmung selten verstanden, da man es doch am nötigsten brauchte, in dem man das, was sonst nur Tempeln und öffentlichen Gebäuden angehörte, auf Privatwohnungen herüber trug, um ihnen ein herrliches Aussehen zu geben. Man kann sagen, daß in der neueren Zeit auf diese Art eine doppelte Fiktion und mehrfache Nachahmung entstanden ist, welche sowohl bei ihrer Anwendung als auch bei der Beurteilung Geist und Sinn erfordern.
Hierinne hat niemand den Palladio übertroffen, er hat sich in dieser Laufbahn am freiesten bewegt, und wenn er ihre Grenzen überschritt, so verzeiht man ihm doch immer, was man an ihm tadelt.«
(Johann Wolfgang von Goethe, »Baukunst«, 1795)

Bibliographie

Ackermann, James S., Palladio, Stuttgart 1980

Bertotti-Scamozzi, Le fabbriche e i disegni di Andrea Palladio, Bd. 1–4, Vicenza 1776–1783

Beyer, Andreas, Andrea Palladio. Das Teatro Olimpico, Frankfurt am Main 1987

Constant, Caroline, Der Palladio Führer, Braunschweig, Wiesbaden 1988

Forssmann, Erik, Palladios Lehrgebäude, Uppsala 1965

Goethe, Johann Wolfgang von, Die italienische Reise, München 1960

Muraro, Michelangelo, Die Villen des Veneto, München 1986

Muttoni, Francesco, Architettura di Andrea Palladio Vicentino con le osservazioni dell'Architetto N.N., 9 Bde., Venedig 1740–1748

Palladio, Andrea, Die vier Bücher zur Architektur. Nach der Ausgabe Venedig 1570 »I Quattro libri dell'Architettura« aus dem Italienischen übertragen und herausgegeben von Andreas Beyer und Ulrich Schütte, Zürich, München 1988

Pée, Herbert, Die Palastbauten des Andrea Palladio, Würzburg 1941

Puppi, Lionello, Andrea Palladio. Das Gesamtwerk, 2 Bde., Stuttgart 1977

Vitruv, Des Marcus Vitruvius Pollio Baukunst, übers. von August Rode, Zürich und München 1982

Zorzi, Alvise, Venedig – die Geschichte der Löwenrepublik, Düsseldorf 1985

Lageplan der Bauwerke

- ❶ Villa Godi
- ❷ Villa Piovene
- ❸ Villa Forni-Cerato
- ❹ Villa Gazotti
- ❺ Villa Pisani (Bagnolo)
- ❻ Villa Saraceno
- ❼ Villa Thiene
- ❽ Palazzo Thiene
- ❾ Villa Poiana
- ❿ Palazzo della Ragione (Basilica)
- ⓫ Palazzo Iseppo Porto
- ⓬ Palazzo Chiericati
- ⓭ Villa Cornaro
- ⓮ Villa Pisani (Montagnana)
- ⓯ Villa Chiericati
- ⓰ Palazzo Antonini
- ⓱ Villa Badoer
- ⓲ Villa Barbaro
- ⓳ Villa Foscari »La Malcontenta«
- ⓴ Santa Maria della Carità
- ㉑ San Giorgio Maggiore
- ㉒ Il Redentore
- ㉓ Villa Emo
- ㉔ Palazzo Valmarana
- ㉕ Palazzo Schio
- ㉖ La Rotonda
- ㉗ Villa Sarego
- ㉘ San Francesco della Vigna
- ㉙ Palazzo Barbarano
- ㉚ Loggia del Capitaniato
- ㉛ Palazzo Porto – Breganze
- ㉜ Le Zitelle
- ㉝ Teatro Olimpico
- ㉞ Tempietto Barbaro

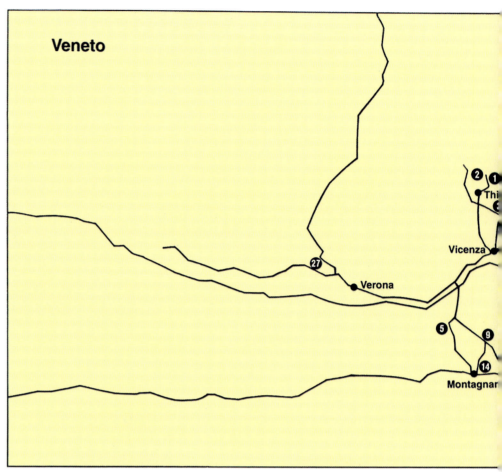

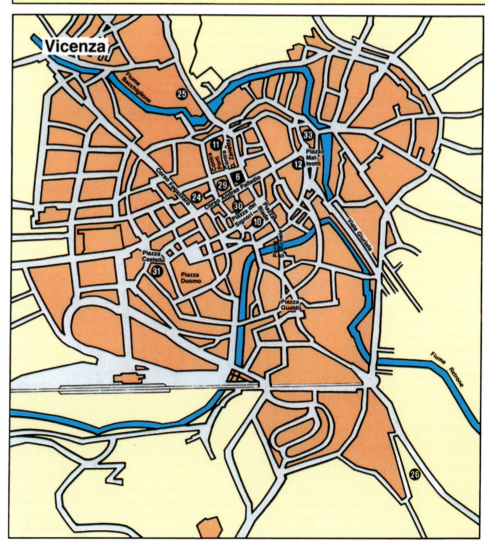

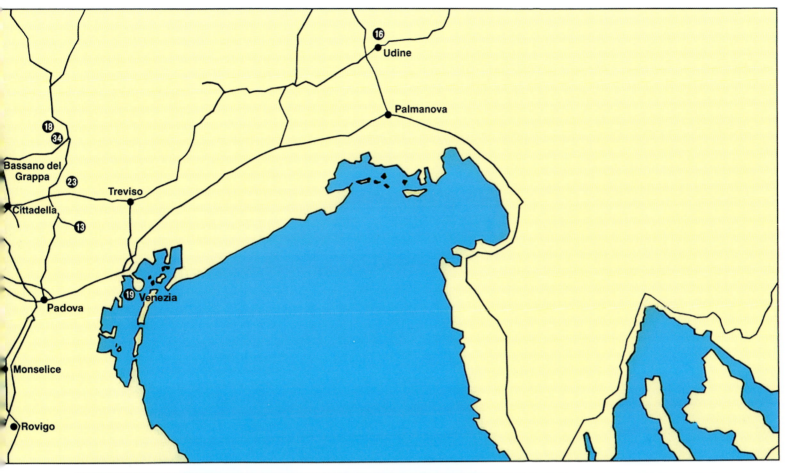
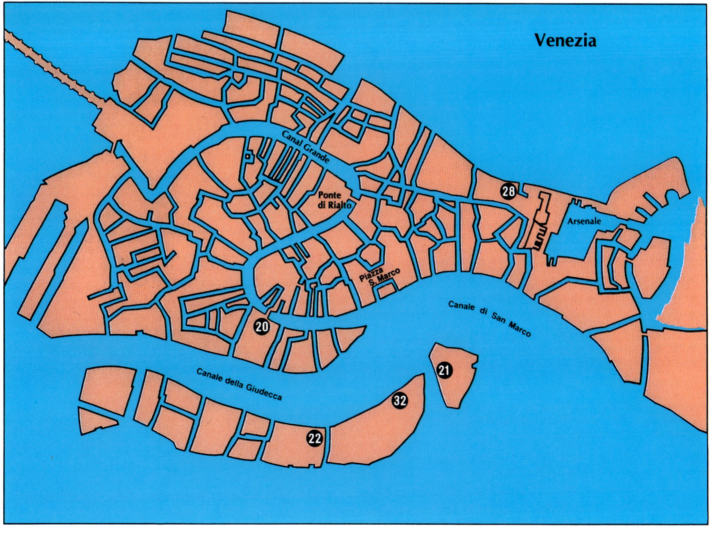

Fachbegriffe

Architrav,
waagerechter Hauptbalken, der den Oberbau eines Bauwerks trägt

Arkade,
Bogenstellung, bestehend aus Pfeilern und darauf aufliegendem Bogen

Attika,
niedriger Aufbau über dem Hauptgesims eines Bauwerkes. Die Attika ist zumeist mit einem nach oben abschließendem Gesims versehen

Barchesse,
Bogenstellungen oder Säulengang vor den Wirtschaftsflügeln einer Villa

Bosse,
roher, an der Vorderseite unbearbeiteter Stein; Bestandteil der Rustika

Bukranion,
Stierschädel, der als Schmuckmotiv neben den Triglyphen im dorischen Gebälk Anwendung fand. Häufig werden auch mehrere Bukranien nebeneinander gereiht: ein solches Fries nennt man Bukranienfries

Columbarien,
(columba, lat. Taube) Taubenhäuser

Fuß (vicentinischer),
Palladio gibt die Maße seiner Bauten in vicentinischem Fuß an, den er in 12 Zoll und jeden einzelnen Zoll in je vier Minuten unterteilt. Die Fußmaße waren von Stadt zu Stadt verschieden, bezeichneten zumeist jedoch eine Länge um 30 cm. Der venezianische Fuß betrug ca. 35 cm

Ikonographie,
die Ikonographie befaßt sich mit der Erforschung und Deutung von Bildprogrammen

Interkolumnium,
der Bereich zwischen zwei Säulen, gemessen von Säulenmitte zu Säulenmitte

Kannelur,
konkave Einkerbungen an Säulenschäften

Kragstein,
aus der Fassadenfläche hervorspringender Stein

Laterne,
lichteinlassender Aufsatz, zumeist auf einer Kuppel

Loggia,
Halle oder offener Gang an der Front eines Gebäudes

Metope,
plastisch geschmücktes Feld (z. B. durch Bukranien oder Rundscheiben) zwischen den Triglyphenfeldern der dorischen Ordnung. Palladio gestaltet in einigen Bauten das dorische Fries durch einen regelmäßigen Wechsel von Triglyphe – Rundscheibe – Triglyphe – Bukranion

Mezzaningeschoß,
Halbgeschoß, in dem sich Gesindestuben oder Wirtschaftsräume befanden

Obergaden,
Lichtzone des Mittelschiffes einer Basilika. Der Obergaden ist über die an das Mittelschiff angrenzenden Seitenschiffe erhöht

Oculi,
Rundfenster

Peristylhof,
Hof mit umlaufendem Säulengang

Pfeilerweite,
Abstand zwischen zwei Pfeilern, wie das Interkolumnium gemessen von Pfeilermitte zu Pfeilermitte.

Piano nobile,
Hauptgeschoß eines Gebäudes

Pilaster,
eckige Wandvorlagen mit Basis und Kapitell

Proscenium,
erhöhte Bühne vor der scenae frons

Risalit,
auf ein Bauwerk auf ganzer Gebäudehöhe vorspringender Gebäudeteil

Rustika,
Ausführung einer Fassade mit roh zugehauenen Werksteinen (Bossen)

Sala,
der große Saal im Piano nobile

scenae frons,
Element des Theaterbaus. Gemeint ist die Rückwand der Bühne, die architektonisch gegliedert wird.

Serliana,
Bogenstellung, die von zwei mit geradem Gebälk abgeschlossenen Öffnungen flankiert wird. Antikes Motiv, das von Serlio häufig verwendet und von Palladio weiterentwickelt wurde, daher auch Palladio-Motiv

Sohlbank,
unterer, vorkragender Abschluß eines Fensters

Sohlbankgesims,
unter den Fensteröffnungen unverkröpft umlaufendes Gesims

Tambour,
zylindrischer Unterbau einer Kuppel

Telamon,
männliche, ein Gebälk tragende Figur

Terraferma,
Festlandbesitzungen der Republik Venedig

Travée,
durch architektonische Form gekennzeichneter Bauabschnitt

Triglyphen,
durch drei Einkerbungen gekennzeichnetes Relieffeld in der dorischen Ordnung

Vestibül,
Vor- oder Eingangshalle eines Hauses oder eines Palastes

Vierung,
durch Durchdringung von Langhaus und Querhaus im Kirchenbau entstehender Raumteil auf quadratischem Grundriß